어둠 그너머 순결로
WHITE SPECIAL

목차

씨 뿌리는자 (그리고 견인) — 01
협력하는선 — 08
집단무의식과 대결하시는 하나님 — 14
포도원 — 21
창조와 태극생양의(太極生兩儀) — 28
세례 — 34
세상이라는 큰 운동장에서 — 42
동시성(SYNCHRONICITY) — 49
신의 죽음 (엘리 엘리 라마 사박다니) — 56
오병이어 — 62
히브리인 — 68
겨자 씨 — 76
귀신 (과 돼지) — 83
과거로 가는 타임머신 — 92
진주 — 99
영원한 생명 — 105
빛 과 어둠 그리고 (삼손과 데릴라) — 111
불의의 재물로 그리고 십일조 — 119
셋째하늘 (VER2.0) — 127

선악과와 양자역학의 관계 VER 1.14Z	135
문자와 언어	143
빛의 시작과 끝의 어두움	152
신의 부활	159
떡과 포도주 , 그리고 나	165
무엇이든지 구하라! 그러면 다 이루어지리라	171
재물 과 심판	176
신은 죽었다	183
차원의 문으로	189
십일조	198
성령 9 기도	204
성령 8 혼인잔치	210
성령 7 창조	216
성령 6 여섯날개 와함께	226
성령 5 (암탉)	231
성령 3 도면 이 있는 책	237
성령	243
친구를 위하여는	252
하늘에 것	258

머리말
— 시인의 언어로 성경 앞에 서다

저는 종교인이 아닙니다. 신학자도, 설교자도 아닙니다. 저는 다만 시인입니다. 시인으로서 저는 성경 말씀 속에 담긴 '그림들'에 주목하였습니다. 말씀은 단지 명령이나 교훈이 아니라, 수많은 비유와 상징, 그리고 반복과 점층의 언어적 기법을 통해 우리에게 말을 걸어오고 있습니다. 저는 그 메시지를 현대 사회의 삶과 환경에 비추어 문자로 풀어내고자 하였습니다.

성경은 단지 과거의 기록이 아닙니다. 그것은 오늘을 살아가는 우리 삶의 결속에도 여전히 스며들어 있습니다. 우리의 시간 속에서도 말씀은 끊임없이 간섭하고, 때로는 속삭이며, 때로는 침묵으로 말을 건넵니다. 그 동질성과 연속성은 말씀을 읽는 이로 하여금 자신의 삶을 비추게 만듭니다.

이 글은 짧고 함축적인 표현들이 많아 다소 어렵게 느껴지실 수도 있습니다. 그러나 그것이 오히려 말씀이 지닌 깊이와 상징, 그리고 그 방향성을 더욱 풍성하게 느끼게 해주는 방식이라고 믿습니다. 저는 그것을 시인의 시선으로 해석해 보려 하였습니다. 이 책은 신앙을 가르치려는 것도, 교리를 설파하려는 것도 아닙니다. 그저 말씀 앞에 선 한 시인이 느낀 울림을 조심스럽게 풀어놓은 것입니다.

끝으로 출간에 도움을 주신 분들께 감사드립니다.

'어둠 그너머 순결로'
WHITE SPECIAL

씨 뿌리는자 (그리고 견인)

막 4:20 좋은 땅에 뿌려졌다는 것은 곧 말씀을 듣고 받아 삼십 배나 육십 배나 백 배의 결실을 하는 자니라

필자는 그리고 독자와 우리 주변의 인간과 생명으로 이루어진 모든 만물은 그가 스스로의 자발적인 현존재 상태로, 탄생되지 않았다는 것을 직시할 수 있습니다. 우리에게서 동의한 적 없고 사전에 알려 주거나 약속하지도 않은 각각의 형태로 나누어진 것입니다. 다시 말해, 거대한 껍질에 둘러싸인 이 구속된 육체에 제한을 입고서 빠져나갈 수 없게 살아가고 있다는 것을 알 수 있습니다. 적어도 이 땅에 이 공간에 나오는 모든 생명체는 그렇게 이곳을 창조할 수 있는 권한 및 능력이 없는 상태로 만들어졌고, 도리어 누군가가 만들었다는, 창조하였다는 놀라운 질서를 유지한 채 그 질서의 설명을 남겨놓은 설명서와 같다는 것을 알아가게 된다는 데에 동의할 것입니다.

인류가 번성하는 유전학적 질서의 형성과 자연과의 생존 관계를 시간이라는 타임테이블로 분류하면 마치 꺼지지 않고 타오르는 촛농에 작은 불처럼 쉼 없이 끊임없이 스스로의 불빛을 밝혀내어 그 특성을 나타내고 있다는 것을 알 수 있습니다. 살아있고 그로 존재한다는 것은 무엇 때문일까 고민하다 보면 앞서 말한 모든 만들어진 세상의 형상을 가진 물질적 존재는 절대로 스스로 있을 수 없다는 한계에 부딪히고 맙니다. 노자가 태극에서 밝혔듯이 존재하지 않는 것이 존재로의 형성의 순환이야말로 보이지 않는 것이 보이는 것을 설명해내는 무언의 필연적 인과관계를 말하고 있다는 것입니다. 창조자의 모든 숨결이 담겨있는 고뇌의 작품은 그를 설명해내고 그를 느낄 수

있는 결과라는 것을 설명하고 있습니다. 나는 그 창조자의 대표일 수 있고 너도 창조주의 대변인이 될 수 있습니다. 그리고 우리 주변 또한 그분의 숨결을 그대로 담고 운행하고 있다는 것을 알 수 있습니다. 이것은 그를 나타내고 설명하지만 절대적으로 그가, 본인이 아니라는 점을 우리는 쉽게 알 수 있습니다. 이 점에서 이단들이 흔들리는 차이라고 할 수 있습니다. 신이신 그 창조주의 말을 그가 그로 이곳에서 나타내고자 함을 우리 인간이 우리를 위하여 말할 수는 없다는 차이점은 중요한 근본적 차이점입니다. 나를 설명하는 것은 그분, 창조주가 될 수 있어도 나는 창조주가 아니라는 것입니다.

이것을 비유로 쉽게 구성할 수 있고 그로 나타낼 수도 있습니다. 이런 원리로 씨 뿌리는 자에게로 접근한다면 숨겨진 진실과 그 말을 이해하는 데 동의할 수 있습니다. 물론 단편의 지식으로만 여겨질 수도 있습니다. 결실이라는 주제에 씨가 떨어지는 환경을 기준으로 한다면 서로 다른 장소의 환경이 너무 다르다는 것을 나타냅니다. 씨가 자랄 수 있는 최적의 곳은 좋은 밭 하나만 나타나고 나머지는 길가, 가시나무, 돌들이 있는 곳은 씨가 무엇이건 그것이 자라기 힘든 환경에 처해 있다는 것을 의미합니다. 그냥 씨를 낭비하는 것 같은 모습이거나 마치 힘든 상황에서 어떻게 자랄 수 있을까? 더 나아가 이곳에 씨를 뿌리면 안 되지 않을까? 하는 의구심을 가지고 있다는 것입니다.

누가 길가에 씨를 뿌립니까? 돌밭이나, 가시떨기가 있는 그런 곳에 씨를 뿌린다는 마치 자연환경에서 꽃이 떨어지고 씨가 바람에 날아가서 무작위로 떨어지는 듯한 이 그림은 교회 안에서 불신자들이 행위에 대한 결과로 그 과정이 불완전한 모습을 그려내는 상황으로 여겨 버리는 것으로 해석할 수도 있습니다. 씨를 받기는 받았는데 그것을 우리가 잘 자라게 해야만 하듯이 그 열매에 결과를 이행할 수 없는 조건만 나열하고 있는 듯합니다. 그래서 열심을 내어 좋은 열매를 맺을 수 있는 땅을 만들자고 생각할 수 있는 여지가 생기게 될 수도 있을 겁니다. 그럼 불교나 타 종교와 차이가 없어지게 되고 인간의 가능성을 조금이라도 추가하게 된다면 우리의 죄사함을 위하신 분의 공로에 단 1% 인간 쪽에서의 의를 보탬은 불완전한 십자가, 자기 백성의 죄사함은 약간 변경해야 하는 사건이 되는 것입니다. 어쩌면 씨를 마구 버리는 현상같이 여겨질 수 있습니다. 소중한 씨를 그냥 쓸데없는 곳, 싹이 나면 안 되는 그런 장소에 뿌려서 그래 어디 한번 너희들의 노력과 정성으로 아름다운 열매를 맺어볼래라고 마치 강요를 짐처럼 압박으로 주는 듯한 문장으로 볼 수도 있다는 것입니다. 정성을 다하여 좋은 밭이 되도록 하여 우리의 마음과 환경을 넘어서 인간들의 욕망을 대변할 수도 있을 것 같습니다.

그래야 좋은 열매를 맺는 밭으로의 성장을 추구하듯이 말입니다. 하지만 마구 버려지는 씨, 이 모습 속에는 너희는 절대로 씨를 좋은 열매로 맺을 수 없다는 반문은 아닐까요?

이것은 마치 세상 자본시장의 흐름과도 같습니다. 정작 인간이 살아가는 데에는 먹을 식량과 입을 옷 몇 벌 정도, 그리고 추위를 피할 지붕이 있는 집이면 살아가는 데는 문제가 없습니다. 더하여 약간의 편리와 아플 때 도울 수 있는 상황만 주어진다면 선진국이나 개발도상국이나 사람 살아가는 모습은 그렇게 큰 차이가 나지 않을 겁니다. 하지만 인간은 그렇지 않은가 봅니다. 더 가지려 많은 돈을 사용하고 그것을 가치 없는 자기의 모습을 위장하는 것에 더 많은 돈을 지불합니다. 돈이 더 많은 곳으로 흘러서 그 자본이 사람을 살리기 위한 필요에 충족할 가치보다 더 많은 인간의 가치 형성과 유지에 사용된다는 것을 알 수 있습니다. 어느 곳은 얼마가 모자라 사람이 굶주리고 어느 곳에서는 돈이 남아서 그 돈으로 향락에 동원되기도 합니다. 아마도 그 가치는 서로가 다른 양상으로 인간의 연약함을 대변하는지도 모릅니다.

버려지는 씨, 씨를 뿌리는 주인의 의도는 아마도 세상에 사는 사람은 그것을 알면 안 되는 것 같습니다. 씨는 하나님의 말씀으로 여겨질 수도 있습니다. 창조주의 가치관을 함축한 의미일 수도 있습니다. 중요한 것은 세상은 그분이 만든 것이라서 그분을 나타내는 모든 것은 결국 그분 이외에 아는 이들은 거의 없다는 것을 의미하는지도 모릅니다. 씨의 낭비는 오히려 그 말씀 씨를 뿌림으로 그것의 진리를 바로 알지 못하는 현상을 나타낸다는 것을 말하고 있는 것은 아닐까 생각합니다. 몇몇 소수들이 그 씨를 받고 여러 배로 자라게 하는 말씀의 땅으로 지어가게 하시는 것은 그 씨의 주인이 가능하게 하는 일로 이는 이 말씀 전체를 눈이 멀게 하고, 듣기는 들어도 알지 못하게 하는 것을 말하고 있습니다.

막 4:12 이는 그들로 보기는 보아도 알지 못하며 듣기는 들어도 깨닫지 못하게 하여 돌이켜 죄 사함을 얻지 못하게 하려 함이라 하시고

이 말씀은 많은 무리 앞에서 선포하고, 그리고 제자들만 그 말씀의 비밀을 풀어서 들려주십니다. 이런 것은 하나님이 있기는 있는데, 그것은 너희 모든 인류와는 상관없고 오직 자신들이 선택한 그들에게만 구원하시겠다는 이기적인 편애성을 나타내고 있습니다. 세상에서 가장 관심을 가지는 것은 인류가 가지고 있는 불분명한 미래의 생존성과 지속 가능한 발전일 수 있다는 불확실한 이 세상의 그림 속에서 어느 누구 하나 빠져나갈 수 없는 한계를 붙들고 있는지도 모릅니다. 인간은 본인이 돈을 많이 벌면 자신이 그렇게 했다고 생각합니다. 자신의 능력이 자신 스스로 사유한 것이라는 착각을 하며 살고 있습니다.

신 8:18네 하나님 여호와를 기억하라 그가 네게 재물 얻을 능력을 주셨음이라 이는 네 조상들에게 맹세하신 언약을 오늘과 같이 이루려 하심이니라

우리는 인간의 탄생과 제작에 단 1%도 동의한 적이 없고, 이 우주와 지구를 그 누구도 의도하지 않은 채 엄마의 몸속 자궁이라는 그 작은 주머니에서 시작을 맞이하게 됩니다. 나를 형성하는 그 어떤 에너지를 원한 적도 없고, 그것을 본능이라는 생존의 구조로 원하지도 않았다는 것을 우리는 알아야 합니다. 나와 비슷한 형제라는 관계의 또 다른 생명체로 얽혀 공존하는 것 또한 선택하지 않았고, 가족이라는 물리적 존재가 어릴 때부터 나를 양육하여 이어지는 생존에 관여한다는 구조에 들어온 것뿐입니다. 남자와 여자로 다른 객체가 만나야만 우리와 같은 어린아이를 가지는 구조 또한 생명을 가진 인간이 원한 것은 더욱더 아니라는 근원적인 의심과 질문을 가져야 한다는 것입니다. 나는 왜 여기에 있는가? 나는 왜 나로 만들어 졌는가에 대한 수동적이고 피조물적 관념의 사고를 받아들여야 위에 씨 뿌리는 자의 의도와 그 말씀에서 말하고자 하는 뜻을 알 수 있다는 것입니다.

수십억의 사람들이 같이 살아야 하는 것 또한 합의하지 않은 채 살아가야 하는 이 현실이 너무 비현실적이고 이기적인, 나와 동의하지 않은 것임을 인간은 받아들이고 알아야 하는 것입니다. 이런 세상과 생명을 가지고 나타난 나라는 존재를 알고 받아들인다면 인간관계의 형성과 그것에서 발생하는 많은 것에 대한 사건과 이유는 절대적으로 나의 직접적인 문제는 아니라는 추론이 됩니다. 마치 물이 산에서 모여 냇가를 이루어 큰 강을 형성하여 바다로 더 큰 무리에 속하여 흐르듯, 작다고 그것을 다른 존재로 여기지 않고 크다고 하여 그 본질이 왜곡될 수 없는 특성은 우리 인간들의 현 사회에서 잘 드러나게 됩니다. 누구는 부모 없이 자라야 하는 상황에 녹록지 않은

환경을 감당하기 위해 주말도 쉬지 않고 일을 하는 사람이 있습니다. 누구는 그런 힘든 부모의 고통은 아랑곳하지 않고 자신의 이익과 이기적인 마음만을 가지고 살아가고 있습니다. 작은 가정이라는 구성에서 서로가 자신의 희생을 알아달라는 것으로 싸우며 다투고 정당화하고 있습니다. 마치 스스로가 그 환경을 이루었다는 착각 속에서 사는 사람이 대부분입니다. 하지만 철학과 신학과 하나님의 말씀은 분명 우리를 피조물이라고 단정합니다.

 필자는 더욱더 우리는 사람과의 관계 속에서만 존재할 수 있는 유일한 유기체라는 것을 너무 잘 알고 말하고 싶습니다. 스스로 머리가 똑똑하더라도 쓰임이 없다면 그것은 그냥 계산기에 지나지 않습니다. 오히려 악의 세력에 사용된다면 심각한 사회질서를 혼란에 빠뜨리고 맙니다. 인간은 단일한 성으로 아이를 가질 수도 없고, 우리의 부모를 선택하여 이곳에 나올 수도 없습니다. 더 나아가 우리의 성별을 정할 수도 없고, 우리의 생김새 또한 그 부모도 정하여 태어나게 할 수가 없습니다. 인간과 모든 생명체를 가진 유기체는 전부 그 이전에 근원에서부터 출발하여 이 세상이라는 곳에 그 창조주를 대변하고 설명하는 것으로 만들어졌다는 것을 아무도 모르게 숨기고 있다는 것을 위에 씨 뿌리는 자의 주권으로, 그 좋은 땅에게만 열매를 맺히겠다는 말씀으로 우리에게 선포하고 있습니다. 아무리 우리가 많이 배워도, 아무리 우리가 물질을 많이 가져도, 인간과 우리 주변과 서로 다른 환경 자체를 변화하거나 감당할 수는 없다는 것입니다.

버려지는 씨, 낭비되는 물질, 이런 것들이 말씀처럼 더욱더 우리의 이익과 절약하는 정신에 위배되는 비현실적인 사건들이 더 많아질 겁니다. 말씀하셨듯이, 그 씨 뿌리는 자가 하나님이라면, 소중한 독생자 예수만을 드러내기 위해서 더욱더 인간이 만드는 이 유한의 소유와 물질은 버려지는 씨로 나타난다는 말씀인 것입니다.

사라져가는 인간의 생명과 같이 이 땅에 잠깐 태어났다가 보이지 않게 그 창조주의 숨은 숨결로 다시 들어갈 때 우리가 알아야 할 중요한 것이 있다면, 그 씨 뿌리는 자의 그 씨가 무엇이고 열매가 무엇인지를 반드시 알아야 한다는 것입니다. 인간이 남녀가 관계를 가지고 자식을 낳는 것같이 씨로 인하여 생명이 잉태되는 그 과정을 통하여 하나님 아버지의 그 독생자 그리스도 예수를 반드시 알고, 그것을 그 씨로 숨겨 온 땅에 우리가 먹고 살아가는 열매와 곡식에 숨겨서 반드시 우리가 영생으로의 양식을 알아야 한다는 메시지를 담고 있습니다. 그리스도 예수의 그 십자가와 보혈, 죄사함 없이는 절대로 영생을 살 수 없으며, 영원한 지옥, 영원한 그곳에서 사망을 맞이한다는 것을 의미합니다.

인생은 우리의 조상들처럼 언젠가는 사라지고 맙니다. 이슬처럼 아침에 잠깐 보였다가 그 짧은 빛만 남기고 사라집니다. 필자는 고인이 되신 부모님들을 생각할 때면 언젠가 그곳, 그 영원한 곳에서 이별도 없고 눈물도 없이 이제 기쁨만을 말하기 시작하는 그 시간을 생각하면 가슴이 뛰곤 합니다. 어느 가정은 오래도록 나쁜 관계로 자식과 부모가 살아가지만, 필자에게는 너무 짧게 사랑했던 그 모습이 가슴 깊이 품으며 사는 것도 있습니다. 만약 우리가 어떻게 할 수 없는 것들이 있다면, 우리를 만드신 그분에게 나아가서 간절히 소망하고 기도할 때가 아닐까 생각합니다.

눅 18:7 하물며 하나님께서 그 밤낮 부르짖는 택하신 자들의 원한을 풀어 주지 아니하시겠느냐 그들에게 오래 참으시겠느냐

협력되는 선

롬 8:28 우리가 알거니와 하나님을 사랑하는 자, 곧 그 뜻대로 부르심을 입은 자들에게는 모든 것이 협력하여 선을 이루느니라.

어둠에 갇히게 되면 비로소 빛의 소중함을 알게 되는 시간을 보내게 됩니다. 해가 저물어 어두컴컴해지면 현대사회에서는 전기 등을 켜지만, 오래 전 옛날에 살던 사람은 호롱등에 기름으로 불을 밝혀 잘 보이지 않는 곳을 비추곤 하였습니다. 이마저도 없으면 달빛에 잔잔히 그 시간을 보내는 것 또한 나쁘지 않았습니다. 우리가 살아갈 날 중에 잘 이해가 되지 않는 그 많은 부분은 어쩌면 그것을 꼭 알아야 하는 '그것'으로 존재하지 않아도 될 수 있다는 것 같습니다. 누구는, 아는 지식을 최고의 가치로 여기며, 누구는 가진 재산을 최고로 여기기도 합니다. 누구는 본인의 육체적 외모를 최고로 여겨서 몸 관리에 최선을 다하는 것도 있습니다. 인간은 모든 것을 가질 수 없고 그렇게 있을 수 없다는 것은 누구나 다 아는 문제일 겁니다. 단지 조금의 촛불에 비치는 그 실체를 조금씩 더듬어 알아가는, 죽음의 문턱으로 향하는 것인지도 모릅니다. 모르는 것을 아는 것이라고 단정하지도 말며, 그래서 더 깊이 묵상하는 것이 마치 절정인 것도 아닐 수 있다는 것입니다. 하루를 나누어 그것들이 시간에 옷을 입혀 우리에게 말하고, 한 달이 나누어져 그 달의 이동으로 그가 우리에게 말하고 있다는 것을 느낀다면, 그렇게 12개월의 운행 중에 봄과 여름과 가을, 그리고 겨울로 가는 것이 우연히 그냥 오랫동안 존재하는 것이 아닌, 그 모습으로 우리에게 말하는 것만 우리가 느낀다면 그것으로 족할 수 있지 않을까 합니다. 나와 내 아내와 자녀와 부모의 관계에서도 서로에게 꼭 필요함을 가치로 여긴다면 우리는 서로에게 유익함을 끼치는 존재일 겁니다. 관계의 서투른 표현은 아직 우리에게서 이런 목적을 발견하지 않았다는 것일 수 있습니다. 이는 그것이 아직 아름답지 않아도 그것을 부정과 악으로 여기기엔 미리 예단할 수 있는 미숙한 과정이 아닌가 합니다. 사실은 잘못된 것이 아니라, 다만 과정일 뿐일지도 모릅니다. 우리가 잘되고 많이 안다고 해도 시간은 멈추지 않고, 우리의 노화도 멈추지 않습니다. 그렇다고 너와 우리의 관계도 기다려 주지 않습니다. 시간은 흘러서 사라져도 됩니다. 그냥 나도 죽음이라는 문턱을 넘어가듯이 모두가 그렇게 흐르는 것이 되어 가는 중의 모습일 수 있다는 것을 말하고자 합니다.

막 1:35 새벽 아직도 밝기 전에 예수께서 일어나 나가 한적한 곳으로 가사 거기서 기도하시더니

새벽으로 당신의 일을 행하실 때 아버지에게 묻는 것은 아마도 그 선한 뜻을 구하며 그것으로 인도하시길 원하는 것을 우리가 안다면, 그분도 우리에게 그 뜻으로 구할 수 있게 간구하심은 아닌가 합니다. 하나님의 아들이신 그분이 아버지와 하나였던 그분이 따로 시간을 정하여 그 새벽에 기도를 하신다면, 그 어둡고 힘든 때를 경계로 그 중보하심으로 그 의를 드러낸다는 것을 그 친구들이 보고 알았다면 우리에게서 그만큼의 유익은 없을 겁니다. 그렇게 새벽은 우리에게 아름다운 역사의 시작으로, 그 중보자 예수 그리스도로 밝게 빛나는 새 하늘과 새 땅을 상징하는지도 모릅니다. 그래서 온 우주를 때론 어두운 가운데 창조하신지도 모릅니다. 세상의 주인이 그 아들 예수만을 드러내기 위하여 헤아릴 수 없는 크기로 어둠에 감추게 하시고, 그 하늘에 빛나는 별처럼 나타내시는 그분의 그림을 우리가 본다면, 이 또한 커다란 유익이 되지 않을까 합니다.

막 16:9 예수께서 안식 후 첫날 이른 아침에 살아나신 후 전에 일곱 귀신을 쫓아내어 주신 막달라 마리아에게 먼저 보이시니

혼인잔치의 배경이 된 이 세상에서 장가오신 그분이 결국 죽음으로, 십자가의 그 피 흘림으로 우리를 사 버리는 사건은 누구나 다 강한 충격으로 우리의 마음에 새겨져 있음을 부정할 수 없습니다. 그분이 그 죽음을 거부하지 않고, 모든 것을 죽은 양 같이 응하셨다는 것은 아마도 그것으로 우리에게 나타날 큰 무엇이 있다는 것은 아닐까 합니다. 이로 아버지의 영광, 사랑으로 그 자녀들에게서 나타난 헌신이야말로 세상에 나타난 최고의 사랑이 아닐까 합니다. 그 이튿날 아침에 쓴 물로 여기는 불가능한 여인 마리아에게 나타나심은, 아침에 우리에게 말하는 것 같습니다. 새로운 문을 여시는 그 나라의 예고를 살짝 보이시는 것은 아닐까. 새벽을 통과해 이른 아침에 맞이하는 새로운 소식은, 그분이 살아나셨다는 그 메시지로 우리에게 늘 아침은 존재하고 있습니다. 아마 지구의 자전이 이상해져서 낮과 밤이 사라지지 않는 이상, 이 아침은 오랫동안 그분의 부활하심을 강하게 알리는 것은 아닐까 합니다.

요 11:9 예수께서 대답하시되 낮이 열두 시간이 아니냐 사람이 낮에 다니면 이 세상의 빛을 보므로 실족하지 아니하고

나사로의 죽음도 아마 그 창조주와의 관계에서 다시 살아나야 하는 필연의 사람으로 이 세상에 나왔다는 것을 설명합니다. 죽어서 굴에 무덤 속에 누워 있던 그 자가 일어나 다시 살아나는 것은, 빛의 시간에 대한 설명이 죽음을 넘어서 그 생명의 영원성을 드러내고, 다시 살아나는 그리고 영원히 살아야 하는 생명의 본질을 알게 하는 사건으로 우리 곁에서 그림을 그리고 계신다는 것은 너무 명확한 사건으로 구성되어졌다는 것입니다. 이뿐만이

아닌, 죽었다 살아난 백부장의 딸과 살이 썩는 한센병자들에게서 나타난 회복 또한 그분이 삶과 죽음에 대하여, 생명에 대한 절대 권위를 드러내는 것으로서 설명하시는 것입니다. 이를 낮이라는 때로, 아직 태양이 하늘 위에, 빛이 우리의 머리에서 내릴 때를 말하는 것입니다. 태양이 심겨진 농산물을 빠르게 자라게 하고, 모든 꽃에 열매를 풍성하게 달리게 하는 것을 그냥 우연의 일치로 여기는 것은 너무 어리석은 것 같습니다. 익숙함을 모르는 인간이 이기적인 것이야말로, 세상의 옷으로 당신을 설명하는 것을 알지 못한다는 증거가 아닐까 합니다.

눅 22:20 저녁 먹은 후에 잔도 그와 같이 하여 이르시되 이 잔은 내 피로 세우는 새 언약이니 곧 너희를 위하여 붓는 것이라

우리에게서 이 세상이라는 곳이 어쩌면 떼려야 뗄 수 없는 관계로 묶여 있는지도 모릅니다. 그래서 우리를 땅에서 낳았다고 하는지도 모릅니다. 그 말은 이곳에서 우리가 그분을 드러내야 하는 사명으로 모두가 나왔다는 것일 수도 있습니다. 땅의 사람들로 죄를 그려나가는 이 형상이 우리에게 죽음과 공포와 두려움, 그리고 이기적인 죄의 모든 언어들이 오직 순결한 그분의 의만을 드러내고 가리킬 때, 그 대척점에서 그분이 필요충족한 선물을 남기고 떠나신 것은 아닌가 합니다. 그 십자가에서 흘리신 그 피, 그것을 저녁에 그 사랑하는 자들과 같이 잔으로 그분을 설명하시고 나타내심을 우리가 이 성경의 이야기들로 너무 선명하게 볼 수 있는 것 또한, 어둠이 드리우는 시간에 자신을 내어주시는 분의 마음이 담겨 있지 않을까 합니다. 그렇게 그분이 십자가에서 한낮에 흑암이 땅에 덮여, 우리가 받을 저주를 대신하여 모든 것을 뒤덮어 쓰시고 죽음을 기다리는 시간이, 당신의 그 사망의 옷으로 입혀진 어둠을 우리는 볼 수 있을 겁

니다. 우리는 그저 그 밑에서 십자가 높은 곳을 올려볼 뿐, 당신의 그 어둡고 추운 사망으로 나와 우리의 죽음을 대신 느끼는 것은 아닐까 합니다.

마 27:46 제구시쯤에 예수께서 크게 소리 질러 이르시되 엘리 엘리 라마 사박다니 하시니 이는 곧 나의 하나님, 나의 하나님, 어찌하여 나를 버리셨나이까 하는 뜻이라

사랑하는 자에게 버려진다는 것은 너무 가슴 아픈 일인지도 모릅니다. 그렇게 세상은 아마도 당신의 사랑에서 분리되어 나온 자들을 다시 찾아나서는 그분의 여정이 아닐까 합니다. 우리가 다 죄인 되었을 때 그분이 우리에게 찾아온 것은 부정할 수가 없다는 데에 모두가 동의합니다. 우리는 우리가 알아서 그 무엇을 찾을 수 있는 존재 자체가 되지 않는 피조물입니다. 우리는 보이는 것도, 알 수 있는 것도 지극히 제한되어 있다는 것을 알 수 있습니다. 세상의 사랑도, 남녀의 사랑도 가슴이 아프게 그려 놓고 회복되지 않는다면 그것은 그분이 말하고 싶은 특별한 메시지 아닐까 합니다. 그렇게 고통의 옷을 우리에게서 입히실 때, 그분이 우리에게서 나타내려고 하시는 뜻이, 이 십자가에서의 단절, 절대적인 사랑의 관계에서 떨어져야만 하는 이 상태를 알게 하는, 그 많고 많은 방법으로 우리가 동원되었다는 것을 우리가 조금씩 알아가게 될 것입니다. 사람의 마음을 우리가 어떻게 할 수 없는 것처럼, 우리의 미움과 결핍과 사랑이 엉켜져 있다면 아마 그분에게 조용히 간구해 보시는 것은 어떨까 생각합니다.

단 2:1 느부갓네살이 다스린 지 이 년이 되는 해에 느부갓네살이 꿈을 꾸고 그로 말미암아 마음이 번민하여 잠을 이루지 못한지라
왜 하나님은 꿈을 통하여 다니엘이라는 자를 높게 하셨을까 고민하면, 그

아닌, 죽었다 살아난 백부장의 딸과 살이 썩는 한센병자들에게서 나타난 회복 또한 그분이 삶과 죽음에 대하여, 생명에 대한 절대 권위를 드러내는 것으로서 설명하시는 것입니다. 이를 낮이라는 때로, 아직 태양이 하늘 위에, 빛이 우리의 머리에서 내릴 때를 말하는 것입니다. 태양이 심겨진 농산물을 빠르게 자라게 하고, 모든 꽃에 열매를 풍성하게 달리게 하는 것을 그냥 우연의 일치로 여기는 것은 너무 어리석은 것 같습니다. 익숙함을 모르는 인간이 이기적인 것이야말로, 세상의 옷으로 당신을 설명하는 것을 알지 못한다는 증거가 아닐까 합니다.

눅 22:20 저녁 먹은 후에 잔도 그와 같이 하여 이르시되 이 잔은 내 피로 세우는 새 언약이니 곧 너희를 위하여 붓는 것이라

우리에게서 이 세상이라는 곳이 어쩌면 떼려야 뗄 수 없는 관계로 묶여 있는지도 모릅니다. 그래서 우리를 땅에서 낳았다고 하는지도 모릅니다. 그 말은 이곳에서 우리가 그분을 드러내야 하는 사명으로 모두가 나왔다는 것일 수도 있습니다. 땅의 사람들로 죄를 그려나가는 이 형상이 우리에게 죽음과 공포와 두려움, 그리고 이기적인 죄의 모든 언어들이 오직 순결한 그분의 의만을 드러내고 가리킬 때, 그 대척점에서 그분이 필요충족한 선물을 남기고 떠나신 것은 아닌가 합니다. 그 십자가에서 흘리신 그 피, 그것을 저녁에 그 사랑하는 자들과 같이 잔으로 그분을 설명하시고 나타내심을 우리가 이 성경의 이야기들로 너무 선명하게 볼 수 있는 것 또한, 어둠이 드리우는 시간에 자신을 내어주시는 분의 마음이 담겨 있지 않을까 합니다. 그렇게 그분이 십자가에서 한낮에 흑암이 땅에 덮여, 우리가 받을 저주를 대신하여 모든 것을 뒤덮어 쓰시고 죽음을 기다리는 시간이, 당신의 그 사망의 옷으로 입혀진 어둠을 우리는 볼 수 있을 겁

니다. 우리는 그저 그 밑에서 십자가 높은 곳을 올려볼 뿐, 당신의 그 어둡고 추운 사망으로 나와 우리의 죽음을 대신 느끼는 것은 아닐까 합니다.

마 27:46 제구시쯤에 예수께서 크게 소리 질러 이르시되 엘리 엘리 라마 사박다니 하시니 이는 곧 나의 하나님, 나의 하나님, 어찌하여 나를 버리셨나이까 하는 뜻이라

사랑하는 자에게 버려진다는 것은 너무 가슴 아픈 일인지도 모릅니다. 그렇게 세상은 아마도 당신의 사랑에서 분리되어 나온 자들을 다시 찾아나서는 그분의 여정이 아닐까 합니다. 우리가 다 죄인 되었을 때 그분이 우리에게 찾아온 것은 부정할 수가 없다는 데에 모두가 동의합니다. 우리는 우리가 알아서 그 무엇을 찾을 수 있는 존재 자체가 되지 않는 피조물입니다. 우리는 보이는 것도, 알 수 있는 것도 지극히 제한되어 있다는 것을 알 수 있습니다. 세상의 사랑도, 남녀의 사랑도 가슴이 아프게 그려 놓고 회복되지 않는다면 그것은 그분이 말하고 싶은 특별한 메시지 아닐까 합니다. 그렇게 고통의 옷을 우리에게서 입히실 때, 그분이 우리에게서 나타내려고 하시는 뜻이, 이 십자가에서의 단절, 절대적인 사랑의 관계에서 떨어져야만 하는 이 상태를 알게 하는, 그 많고 많은 방법으로 우리가 동원되었다는 것을 우리가 조금씩 알아가게 될 것입니다. 사람의 마음을 우리가 어떻게 할 수 없는 것처럼, 우리의 미움과 결핍과 사랑이 엉켜져 있다면 아마 그분에게 조용히 간구해 보시는 것은 어떨까 생각합니다.

단 2:1 느부갓네살이 다스린 지 이 년이 되는 해에 느부갓네살이 꿈을 꾸고 그로 말미암아 마음이 번민하여 잠을 이루지 못한지라

왜 하나님은 꿈을 통하여 다니엘이라는 자를 높게 하셨을까 고민하면, 그

꿈은 우리가 모르는 그 영역에 속해 있고, 그것을 움직이시는 분이 하나님임을 명백하게 말씀하십니다. 인간의 꿈, 아무것도 할 수 없이 그냥 그려지는 그 진행에 우리는 그냥 이 세상의 삶도 우리의 의도가 아닌, 그분의 영광을 드러내는 훌륭한 도구라는 역설을 담고 있다는 것을 의미합니다. 그분이 알려주지 않으면 그것을 아무도 모르고, 그렇게 박수와 술객과 점쟁이와 갈대아 술사들에게 꿈의 해석을 맡겨 알고 싶은 모습을 적나라하게 그리고 있습니다. 아직도 세상에 하나님도 모르는 머리만 큰 지식인들에게 그 꿈이 무엇인지를 묻고 답을 듣습니까? 그건 당신에게 아직 하나님의 간섭의 시간이 되지 않았다는 것일 수 있습니다.

아니면, 말씀이 들려주는 그 다니엘의 모습처럼, 그리스도 예수께서 그 모형으로 선 다니엘에게서, 세상의 모든 꿈꾸는 자는 아무것도 모르고 그 번민에 휩싸여 평생을 허비하는 모습을 그리고 있음을 나타내는 것은 아닐까요? 왜 이런 그림으로 그분은 하루 내내 우리에게 말씀하시는 것일까요? 이제 다시 새벽으로, 그리고 아침으로, 그리고 낮으로, 그리고 저녁이 되어 잠드는 그 꿈속까지, 하루 내내 그분이 관장하심을 느끼지 못한다면, 당신은 아마 죽은 자일 수도 있습니다. 말씀은 이렇게 시공을 가리지 않고 우리에게서 수많은 옷들로 보이시고, 입혀주시며, 먹이는 것으로 끝없이 설명하시는 것 같습니다. 우리의 부모로 그 아버지를 설명하고, 우리의 친구로 그분의 친구를 위한 사랑을 나타내며, 우리의 자녀에게 쏟는 그 사랑의 마음을 통하여 그 아버지의 사랑을 보게 하십니다. 그리고 가까운 자의 죽음과 그 너머의 소망으로 다시 그 나라를 그려가시는 이 위대한 여정이, 당신과 우리에게 주어진 크나큰 선물은 아닌가 합니다.

집단무의식과 대결하시는 하나님

막 12:26 죽은 자가 살아난다는 것을 말할진대 너희가 모세의 책 중 가시나무 떨기에 관한 글에 하나님께서 모세에게 이르시되 나는 아브라함의 하나님이요 이삭의 하나님이요 야곱의 하나님이로라 하신 말씀을 읽어 보지 못하였느냐

같은 말을 하고 같은 주제로 이야기를 나눈다고 하여도, 서로가 다시 그 마음과 머리에 있는 그 말과 언어에 대한 뜻과 형상의 일치의 형태는 조금씩 다를 수 있습니다. 그 형이상학적 '상(像)'은 우리들의 경험과 지식 속에서 습득된 형태를 반영하고, 조금씩 수정되고 다듬어져서 결국 정의화됩니다. 나는 남편을 남자로 더 생각한다거나, 남편을 아버지와 같은 이미지로 생각한다거나, 폭력을 휘두르는 무서운 범죄자에 가깝게 생각할 수도 있다는 것입니다. 이 가치의 기준은 현재 상황에 대한 자신의 기준에서 이루어지고 완성되는 진행 형태로, 그 모습의 가치를 범위로 그려 나가게 됩니다. 이 가치가 서로 차이가 나면 날수록, 서로에게 오해가 생기고 다툼과 분쟁까지도 일어나게 됩니다.

어느 누구에겐 노란색이 주황에 가깝고, 누구에겐 그린에 가까운 상황으로 인식할 수 있다는 것을 의미합니다. 본인의 성장 배경과 특성에 맞는 부분이 더욱더 간섭이 이루어진다고 할 수 있습니다. 물론 상처 및 좋지 않은 기억으로 전혀 다른 강력한 것들로 해석될 수도 있습니다. 이렇듯 우리가 내재된 가치의 상은 어쩌면 너무나도 주관적인 것들이 많아서, 그것을 기준으로 오차의 범주를 정한 것을 도덕과 사회, 법이라는 울타리인 지도 모

릅니다. 그 분류가 많을수록 많은 오차와 시행착오가 발생했다는 것이고, 더 많은 사람들의 비정상적 범주로 인하여 더욱 강하게 울타리를 그려 나간다고 할 수 있습니다. 도덕적 가치관이 넓어질수록 어쩌면 사는 것이 힘들어지고, 법규에서 자유로울 수 없다는 반문을 가진다고 할 수 있습니다. 어쩌면 우리의 뇌는 그 기준에 항상 다른 답안으로 작성하고, 그것을 절대 기준에 비교하기를 거부하는 것 같습니다. 이런 것을 개성이라 하고, 각자의 성향이라는 테두리도 양쪽을 나누는 경계의 형태로 사용하기도 합니다.

이와 같이 우리의 꿈도 나와 상관없는 이야기로 진행되는 경우라고 할 수 있습니다. 나이긴 한데 마치 다른 나로, 다른 행동을 일방적 방식으로 어느 이야기로 만들어가게 되는 것을 우리는 자주 꾸게 됩니다. 생각되거나 계획되지 않는 사건이 그냥 확 펼쳐지는 것을 우리는 다 공감할 수 있습니다. 전혀 다른 나의 존재를 내 머릿속에서 꿈을 통하여 확인되는 것은 무엇을 말하고 있는가를 고민하게 됩니다. 프로이트와 그의 제자 카를 구스타프 융의 저서를 읽다 보면, 그 관점은 항상 나에게서 찾으려고 애를 쓰는 듯한 모습이 있습니다. 종교마저 그 치유의 대상으로 회복을 통한 수단으로 말하고 있는 듯합니다. 특히 융의 저서 중 ("Modern Man in Search of a Soul" 中) 이 둘은 어떻게든 자신의 모습과 우리들에게서 나타난 그 존재론적으로 제한된 범주 밑에서 그 해결책을 찾은 듯합니다.

그러니까 우리의 꿈은 우리가 하는 것이 아닌, 다른 무언가의 집단무의식들이 나의 뇌에 영상을 재생하듯이 그렇게 동기화되는 것을 드러낸다는 것으로 이해된다는 것입니다. 그러니까 나는 그도 되는 것이고, 그도 내가 되는 것이며, 그 집단이 나로 귀결되고, 내가 그들의 대표가 되는 것일 수 있고, 그 무리가 아닌 그 하나의 덩어리로서의 존재를 우리의 각자가 드러낸다는 것을 읽을 수 있습니다. 이것을 기독교로 가져오면 하나님과 나는 같은 존재가 되는 것이고, 그 아들 예수님과 그리고 성령님, 그리고 모든 주변의 인간들도 같은 것으로 통합되는 원리로 설명이 가능하다는 것을 알 수 있습니다. 마치 위의 성경 말씀처럼, "나는 아브라함의 하나님, 이삭의 하나님, 야곱의 하나님"으로 같이 상관하고, 그 관계로 이어져서, 삼부자들과 우리는 다 하나여야 한다로도 해석될 수 있다는 의미입니다. 왜냐하면 삶의 형태는 달라도 간섭하시는 것은 비슷하였기 때문입니다. 오히려 그분이 요구하는 방식에 같은 모습을 동일하게, 그 모습을 잃지 않았기 때문입니다. 그런데 이 말씀은 어떻게 해석이 되는지 질문을 던집니다.

창 2:18 여호와 하나님이 이르시되 사람이 혼자 사는 것이 좋지 아니하니 내가 그를 위하여 돕는 배필을 지으리라 하시니라

여기서 '좋지' 것은 선이라는 말씀을 사용합니다. 토브, 좋았더라. 다르게 말하면 원래 한 존재로 있었는데 무엇인가를 창조하여 관계를 맺었다는 것을 알 수 있습니다. 그러니까 하나가 아니고 둘이 되고, 또 여자가 나오니 셋이 되고, 그 자식이 나오니 여럿에서 그분과 관계 형성이 되었다는 것을 알 수 있습니다. 하나님이 자기 자신을 똑같이 콜른처럼 만들었다가 아니라, 다르게 창조되었다는 것을 의미합니다. 그것도 가족이라는 형태로. 인간은 스스로 있는 것은 불가능하며, 나의 모습과 나의 죽음을 맞이해 가는 여정 또한 그냥 있는 대로 받아들일 수밖에 없습니다. 우리는 강력한 피조물의 특성을 그대로 가지고 있다는 것을 성경은 계속해서 말씀합니다. 그것도 죄인으로, 하나님이 되고 싶은 그 죄인. 그러니까 할 수 있는 모든 것이 다 될 수 있을 것 같은 마음을 가지고 있다 해도, 비슷한 표현입니다. '심히 부패한 것이 인간의 마음'이라고 하듯이, 성도의 죄 인식과 그 존재 방

식의 형태는 항상 비례적이라고 할 수 있다는 것입니다. 죄가 커지면 내가 커지고 할 말이 많아지는 것이고, 죄가 죽고 없으면 그 반대편에 계신 예수 그 아들과 아버지의 말이 많아지게 되는 것입니다.

맨 위의 말씀처럼 삼부자의 하나님이라는 그 말씀에서, 그 3명의 객체가 하나님의 존재로 부정당했다는 것을 알 수 있다는 것입니다. 그 삼부자가 드러내는 결국의 하나님만을 인정하는 그 단계로 살아가는 것을 부활이라고 합니다. 우리의 인생을 죽이고, 그분이 하라는 그 말과 그것만 하는 그 일이 바로 하나님이 살게 하시는 뜻이기 때문에, 그분이 그 인생에 나타남과 그처럼 하나님의 인생이 되는 것이라고 해석할 수도 있습니다. 마치 끌려가기 싫은 망아지의 코뚜레를 뚫고 줄을 엮어 질질 끌고 가는 모습처럼. 그럼 이 모습을 저 짐승이 좋아서 그렇게 끌려간다고 할 수 있는 사람이 얼마나 되겠습니까? 이렇듯이 우리의 꿈이 일방적이고 낯선 환경과 모습은 우리의 인생 자체가 우리의 의도로 가지 않는다는 것을, 그 꿈은 계속해서 우리에게 확인하고 있는 것입니다.

그럼 자각몽은요? 우리 손가락이 다섯 개인 건 우리가 정했습니까? 우리의 눈과 얼굴 그리고 생김새는 우리가 정하고, 우리의 부모도 우리가 정했습니까? 하지만 잘생긴 인간들은 본인의 잘난 맛에 좋아하죠? 대부분이 자신의 착각에 빠져서 빠져나오지 못하고, 피조물로 잡혀, 그것이 자기인 양 잘 살아가고 있을 때 하나님이 나타나셔서 나를 뒤엎어 모든 것을 쓸어버리는 것을 구원이라고 합니다. 우리의 꿈은 계속해서 그분이 우리를 설득시키는 메시지라는 것을 이해하십시오. 아니면 그 무의식이 내 것이 아닌지를 증명할 수 있을 것 아닌가요? 공중 권세를 잡은 이들에게 잡혀 우리가 늘 죄 앞에서 넘어질 수도 있습니다. 마치 꿈에서 그 집단 무의식처럼, 우리의 주

17

변에 무당들에게 신들린 자들의 메시지를 들을 때 그것이 사실처럼 일어날 수도 있습니다. 타로 카드의 영성 해석 중에 하나가 바로 집단 무의식의 존재에게 묻는 것으로 현재 해석하고 있습니다. 그리고 이런 분류의 사람들이 점점 많아진다는 것을 말하고 있다는 것은, 점점 진리는 가려진다는 반문을 말하고 있다는 뜻입니다. 진주를 돼지에게 던지지 말라고 하신 것 같이, 이 시대의 말씀은 어쩌면 스스로를 감추기 시작하고 다른 무엇인가로 위장하는 것일 수도 있습니다. 물론 이것은 그것을 가리키는 조악한 모형에 불과하지만, 이것은 곧 진리는 아니고 그것을 표방하는 적그리스도라는 사실을 우리는 잘 간직해야 합니다. 우리의 마음을 수시로 빼놓고 흔들리게 하는 것이라고 말씀은 말하고 있습니다.

요일 2:22 거짓말하는 자가 누구냐 예수께서 그리스도이심을 부인하는 자가 아니냐 아버지와 아들을 부인하는 그가 적그리스도니

진리를 담은 그릇을 진리로 알고 믿으면, 그것이 바로 위의 말씀을 뜻하는 것입니다. 예수님도 그분의 뜻을 행하기 위한 껍데기 일 수 있다 라는 것을 말하는 것입니다. 우리가 목숨을 다하여 하나님과 그 이웃을 사랑하라고, 신약에서는 그 구약 613개의 계명을 버리고, 이 두 가지를 취하는 순간 마귀 되는 것입니다. 우리의 삶에서 그런 모습이 잠깐 나올 때가 있습니다. 그것을 우리가 이해하고 느낄 때가 많다는 것을 압니다. 아니, 하나님을 목숨을 다하고 이웃을 자기 목숨보다 더 사랑해보십시오. 그런 마음만 가지는 것이 아니라, 그렇게 살아가라는 것을 당신들의 삶이 말하고 있습니까? 당신의 믿음이 아니라고 하는 그 사람을 위하여 죽을 수 있습니까? 그렇게 하라고 하시지 않습니까? 안 된다고요? 그럼 무슨 말을 하시고 있는 것입니까? 예수 그리스도가 하나님을 목숨을 다하여 사랑했고, 죄

인인 우리를 위하여 그 목숨을 버리셨다는 말이 정말 안 들리면, 당신은 그냥 성경 말씀을 나와 상관없는 말, 내 말, 내 속에 예수의 영, 성령이 없는 그런 텅 빈 그분의 껍데기만을 품고 사는 자라는 것을 명심하십시오.

요 15:13 사람이 친구를 위하여 자기 목숨을 버리면 이보다 더 큰 사랑이 없나니

이것도 사랑이라고 생각하십니까? 어떤 사랑을, 그 사람을 위하여 죽겠습니까? 세상 사람들이 다 죽어가는데, 친구를 위해 죽는 사람의 수가 거의 없는데, 그럼 큰 사랑은 세상에 없는 그런 뜬구름 잡는 말을 하는 게 "나 예수는 너희를 친구로 여기고, 너희를 위하여 내 피를 쏟고 십자가에서 몸이 찢겨져 죽을 거야"로 들리지 않습니까?

만약에 하나님을 위하여 목숨을 바치고, 나의 이웃 사람을 위하여 목숨을 바친다면, 우리는 그것을 실패할 확률이 99.99%입니다. 만약 우리가 이렇게 된다면, 세상은 금방 아름다워져야 합니다. 융이 말한 집단 무의식이 우리의 삶에서 지대한 영향력으로 우리의 주체를 흔들어버린다면, 그것이 우리에게서 가장 치명적인 이단적인 설명일 수 있다는 것을 말하고 있는지도 모릅니다. 우리가 각기 다름으로 태어나는 이유는, 그럼 마치 하나님의 숨바꼭질같이 나누어서, 그 감춰진 것을 아는 자만 구원하겠다는 말로도 되고, 그렇게 어렵게 진리를 숨겨서 특별한 자신의 신적 능력만 외부에 보이게 하는 것일까요? 그 신성도 집단 무의식에 있어야 하고, 나타나야 하는 것 아닌가요? 가장 치명적인 것이, 그럼 꿈에서 천지창조를 다시 해야 한다는 것입니다. 그 세계에서 다시 만들어야 하고, 1000만 개의 은하단의 숫자를 가두어야 하며, 이곳에서 그곳으로 넘어갈 수도 있어서, 그것이 이곳을 말하고 이곳

이 그곳을 설명하고 연결 짓듯이, 둘이 합쳐질 수도 있어야 하는 결과가 이루어져야 한다는 것입니다.

이것이 안 되니까 그냥 나누어서 그를 그 집단으로 분리시키고 지칭하는 것은, 그에게서 하나님이 잊혀졌다는 반증임을 설명하는 것은 아닐까요? 우리는 다 다르게 생각하고, 다른 모습으로 이야기하며, 다르게 기억하고 살아갑니다. 너무나도 달라서 싸우고 다투는 이곳이 마치 정상인 듯합니다. 전쟁이 끝날 때가 없고, "나를 알아 달라"며 폭력을 휘두르며, 그것을 이용하여 명품을 팔고 고달픈 인생으로 이끄는 무리도 있습니다. 남보다 더 가져야 하고, 남보다 잘나 보이려는 이 시대는, 그 사랑의 희생, 이것만이 우리를 이곳에서 회복시키는 강력한 것은 아닐까 합니다.

언젠가는 우리가 다 하나만 생각하고, 하나만 말하고, 하나의 마음으로 드러날 때가 있을 겁니다. 마치 마가의 다락방에서 우리가 다 성령을 받아서, 우리의 말이 아닌 그분의 말을 하며, 그분의 의를 드러내는 그날이 올, 그날을 위하여 우리는 오늘도 꿈을 꾸는지도 모릅니다. 그 어디에서, 그 어떤 모습으로 우리와 떨어져 있어도, 그것이 믿어지는 것은, 우리가 그분에게서 분리된 하나의 조각이라는 사실을 인정하기 때문은 아닐까요? 그분이 만든 피조물의 흔적을 우리에게서 나타내는, 우리의 삶의 흔적을 아는 것이야말로, 나를 부인하는 십자가의 삶, 그분이 우리를 위하여 죽으신 이웃을 위한 최고의 사랑은 아닐까 합니다.

포도원

막 12:12 그들이 예수의 이 비유가 자기들을 가리켜 말씀하심인 줄 알고 잡고자 하되 무리를 두려워하여 예수를 두고 가니라

지구는 동그랗게 생겼습니다. 그리고 회전을 합니다. 자전을 하고 공전을 하며 태양 주변을 돌고 있습니다. 회전이 수직으로 생기면 계절이 변하고, 수평으로 생기면 날이 생깁니다. 그리고 주변의 모든 행성들은 그 형태가 동그란 것 같습니다. 물론 비정형의 혜성도 있지만, 이들은 어느 점의 힘을 기준으로 타원 및 원으로 운동을 하는 듯합니다. 시작을 봄과 낮으로 한다면 그것을 기준으로 다시 돌아오게 됩니다. 그리고 다시 그 기준에서 출발합니다. 마치 전도서에 이전 세대가 사는 것을 그 이후 세대가 기억하지 못 하는 것 같이 똑같은 계절로 그 환경은 반복되는 듯합니다. 이 지구라는 곳은 아름다운 열매를 맺게 하는 특별한 장소 같기도 합니다. 푸른빛의 숲들과 생명들이 자라났다 사라지는 것을 끊임없이 내주는, 마치 어머니의 숨결 같기도 합니다. 바다의 파란 물들은 신비하기까지 하며, 그 깊음은 보이지 않는 우리의 생명 너머 그 이전의 것들을 말하는 듯합니다. 마치 이곳은 영화관 같기도 하며, 어느 역사책의 한 페이지를 넘기는 바람 같기도 한 듯합니다.

모든 인류는 그렇게 자연이라는 어머니 품 같은 이곳에서 태어나고 자라서 사라져 갑니다. 얼마나 오래되었는지도 잘 모릅니다. 앞으로 얼마나 이곳이 유지될지 추측이 되지 않지만, 아마 종말은 오지 않을 수도 있을 것 같다는 생각을 가끔 할 때가 있습니다. 친구에게 가끔 편하게 "내일이 올까?"

라는 농담을 건네지만, 돌아오는 답은 "왜?"라는 의문입니다. 우리는 내일을 너무 자연스럽게 인식하고 있다는 것입니다. 밤에는 피곤하여 잠을 자고, 몸은 그 지친 생리적 회복을 시작하게 됩니다. 아침이면 또다시 우리가 사용할 일상으로 다시 회복된다는 것을 알 수 있습니다. 이렇게 너무 자연스러운 우리들의 삶일 것 같은 곳에 가끔 사고라는 불청객이 찾아들곤 합니다. 지진이 나거나 산불이 일어날 때면 불안하고 위태로운 상황을 맞이하게 됩니다. 이로 인해 가족을 잃거나 친구를 보내야 하는 상황에서 우리는 그 단절에 트라우마를 가지고 생활합니다. 우리의 삶은 아마도 부모님의 돌아가심으로 인해, 인간은 언젠가 그 다른 곳으로 간다는 사실만은 인정하는 듯합니다. 모두가 신을 믿지 않아도, 이 다음 생 또는 좋은 곳에서 아름답게 살기를 바라는 것 같습니다. 어찌 보면 이곳에서는 끊임없는 슬픔이라는 과제가 계속해서 반복되는 듯합니다. 조금만 살만하면 부모와 갈등이 생기고, 조금만 살만하면 배우자와의 갈등이 생기고, 조금만 살만하면 자식과 갈등이 생기는 것을 알게 됩니다. 바람은 쉬지 않고 계속해서 우리들의 나무를 이리저리 휘둘러대고 있는 듯합니다. 그럴 때마다 떨어지는 낙엽에 마음에 상처가 나곤 할 때가 많습니다. 빼앗지 않으려는 우리들의 연약함과 빼앗으려는 그 강자의 의지가 마치 이 세상에서 서로의 충돌이 우리들의 삶에 무수히 그려 놓곤 사라져 가는 듯합니다. 대대로 물려받은 유전적인 나의 몸의 형성과 성격, 그리고 삶이라는 당면 과제 또한 우리는 잘 해결할 수 없는 것 같습니다.

2천 년 전 이렇게 유대인들이 물려받은 포도원에 그 포도송이를 흔드는 사건이 발생되었나 봅니다. 잘 키우고 수확을 하며 아름답게 살고 있을 때, 강도들이 와서 힘들게 가꾼 포도들을 가지려고 할 때, 그들을 몸뚱이를 휘둘러 밖으로 쫓아내곤 하며 어렵게 이룬 이 농원을 지키기 위한 필사의 노력을 할 수밖에 없었을 겁니다. 이들이 그 강도 같은 (선지자) 역할을 하는 이들의 실체를 알았다면, 아마 그들의 대접이 많이 바뀌었는지도 모릅니다. 때론 우리의 세상에서의 집착과 미련을 떼기 위하여 환란이라는 강도로, 고난이라는 강도로, 우리가 생각하는 행복과 기쁨을, 이 땅에서의 만족을 송두리째 뽑아 버릴 때가 한두 번은 아닌 듯합니다. 그분의 이 메시지는 그 강도를 동원하여 이 낙원 같은 곳에다가 파병하듯이, 황충과 메뚜기를 보내 잎파리째 뜯어 먹어 버리곤 합니다. 어쩌면 이들에게서 하나님의 유업으로 준 땅(이스라엘)에 포도원(천국, 말씀)이 유대인들에게 너무 중요하고 절실했는지도 모릅니다. 이것이 없으면 살기 힘들고, 당장 끼니와 연명할 수 있는 문제로 어려웠던 것 같습니다. 더 나아가 그들이 믿고 있던 아버지와 하나님이라는 그들의 절대신을 빼앗아 가는 그런 무리라고 여겼을 것 같습니다.

지금 우리는 이들을 나쁜 무리로 안경을 쓰고 말씀 속의 포도원임차인들을 대하지만, 이들도 그들이 원해서 그 배역으로 살려고 한 것은 아닐 것이라는 이야기를 하고자 합니다. 이 세대의 교인들은 우리가 달라서 그들과 다름을 입었던 걸까요? 우리가 그 유대인과 저주받은 존재들보다 더 낫게 산다고는 할 수 없을 것 같습니다. 이들이 소중히 여긴 그 포도원이라는 아버지의 존재적 가치를 형성하는 나라와 규례(율법), 그리고 그들이 지향하는 성전에 대한 태도는 어쩌면 우리들이 본받아 존경해야만 하는 태도일 것 같습니다. 예수님은 분명 이들보다(바리새인) 더 낫지 않으면 천국에 들어가지 못한다고 했습니다. 이들의 방향을 잘 몰랐어도 노력하였고, 인내하였고, 자랑은 했지만, 그 신분의 존엄을 지키기 위하여 최선을 다했다는 것 같습니다. 우리는 틈만 나면 불평하지 않나요? 더하여 기도에 응답이 나와 상관없어질 때 낙심하지 않던가요? 도대체 우리가 가지는 믿음이라는 것이 이 포도원 임차인들과 뭐가 다를까요?

막 12:3 그들이 종을 잡아 심히 때리고 거저 보냈거늘
12:4 다시 다른 종을 보내니 그의 머리에 상처를 내고 능욕하였거늘
12:5 또 다른 종을 보내니 그들이 그를 죽이고 또 그 외 많은 종들도 더러는 때리고 더러는 죽인지라

그리고 아들이 나타났습니다 그 상속인, 우리가 믿음으로 구원에 이르고 천국에 갈 거라는 확신은 왜 가져야만 하는 거죠? 그분, 아버지와 조금 가난하고 불편한 곳에서 영원히 살라고 하면 어떤 마음이 들까요? 위의 유대인(농부)들도 진멸하고 다른 사람에게 넘겨주고, 그 아들, 그분도 십자가에서 고난받기는 당연한데, 우리라고 멀쩡하게 대접을 받아야 하는 것은 아니지 않나요? 성경의 주요 인물들과 무리들은 전부 순탄한 삶으로 그려지던가요? 그때 대역을 맞은 예수님, 그리고 12제자들, 그리고 바리새인과 세리들은 로마의 속국 속에서 복잡한 이중적 삶을 이어가야 했을 겁니다. 그러면서 하나님을 섬기는 인생은 지금의 이스라엘 쪽 분쟁의 중심과 다를 바 없는 듯합니다. 죽음과 고난, 그리고 그리스도의 피로 흐르는 족보의 이야기는 아마 가장 잔혹함을 서술하는 책 중 하나일 겁니다.

항상 마귀는 그 아들들에게 시험을 하려 다가오고 넘어뜨리며 고통을 수반시키는 일이 비일비재하였습니다. 왜 이런 일들이 아름답게 꾸며진 세상이라는 배경, 포도원에서 발생하곤 하는 것일까요? 그것은 아마도 이곳이 우리들이 살아야 할 종착지가 아닐 수도 있기 때문은 아니지 않을까요? 야곱이 하란에서 20여 년 동안 겪은 고난은 아마도 우리들의 삶의 모습과 비슷할 것 같습니다. 아니면 더하지, 이 땅은 하나님의 약속을 담보로 제공하

는 천국의 기초를 세워가기 위한 작은 모형이 아닐까요? 그분의 언약을 담보로 우리가 그리스도의 십자가를 드러냄으로써, 그분이 우리의 삶에서 그 당위성을 찾아내실 때, 인생이 힘들고 고난 속에서 십자가가 그 아들의 필연성으로 나타나고 있다는 것입니다.

인생에 개입하시는 하나님의 환란의 메시지 속에서 그 강도 같은 나날을 우리는 마주 설 때가 있습니다. 그 포도원에 도둑들이 모여 모든 것을 파헤치고 다 가져가는 사태가 벌어질 수도 있습니다. 전쟁통에 모든 가족이 뿔뿔이 흩어져 무려 몇십 년 동안 헤어졌다가 다시 그 늙은 얼굴로 마주선다면, 우리는 같은 부모의 모습을 하고 서로에게 보이며, 지난 그 시절의 애틋함과 보고 싶어 울던 밤낮으로 불러보던 이름을 마주하게 될 것입니다. 우리의 부모와 닮은 그 모습으로 나이가 들어 그 품이 그리워져, 사람은 죽기 전 고향에 가는지도 모릅니다. 부모 밑에서 먹던 그 포도의 맛을 기억하며, 그렇게 소중히 지키고 싶은 가족을 품고 곁에 있어 주었던 우리들의 부모님들은 커다란 산맥이 되어 피는 꽃으로 옷을 입혀 주고, 따사로운 바람으로 아침을 깨울 때, 이곳도 이제 내 아이들에게 물려주는 아름다운 농원으로 당신이 가꾸기를 모든 부모는 소망하는지도 모릅니다.

막 12:10 너희가 성경에 건축자들이 버린 돌이 모퉁이의 머릿돌이 되었나니

누구나 자녀에게 좋은 것을 주기 위하여 희생을 마다하지 않습니다. 내가 겪어왔던 인생을 다시 걷지 않게 하기 위하여 우리들의 포도원을 오늘도 힘이 다하도록 열심히 일하는 지도 모릅니다. 그들이 나의 소망과 미래가 되어 우리의 모습과 얼굴로 변하여 갈 때, 그렇게 그들이 부모를 그리워하며

아주 먼 여정의 끝에서 그들의 노년에 회상할 때, 다시 돌아올 수 있는 아버지에게로, 그리스도 예수의 길로 돌아오는 이야기는 당신께서, 우리에게서 모든 인류가 가지는 공통된 과제를 안고 있습니다. 바람은 우리 동네를 돌아서 높고 높은 하늘로 가는 길에 별들도 달들도 돌아서 흐르듯, 이 이야기는 이제 그분의 옷자락에 숨겨져 다시 하늘로 돌아갈 겁니다. 우리는 몇 번째 인생이 되어 그를 나타내는 것일까요? 당신은 어떤 모습으로 그분을 그리려고 이 많은 별들 중 속삭이고 사라져 가는 것일까요? 이렇게 그분의 옷자락에 감춰진 계절이 되어서 당신의 모습으로 닮아가는 여정에 잠시 이곳을 빛내고 다시 그 세상으로 돌아갑니다. 지구가 태양의 주변을 돌 듯, 달이 지구를 돌 듯, 아버지와 그 아들과 성령이 우리들의 주변을 맴돌고 돌아간다는 것은 우리가 그분의 주변을 별들이 되어 은하를 이루듯이 빛나는 것은 아닐까요? 어두운 하늘에 빛들로 태어나는 그 아들들을 수놓는 거대한 그림이 되어 가시는 그 아버지의 이름은 하나님이라고 하시듯, 이 모든 것을 하나로 연결시키시는 그 아들 그리스도 예수의 십자가의 피로 묶으신 우리를 그분의 아들로 대하시지 않을까요?

롬 8:35 누가 우리를 그리스도의 사랑에서 끊으리요 환난이나 곤고나 박해나 기근이나 적신이나 위험이나 칼이랴

어쩌면 그 포도원은 우리가 그리는 그 낙원의 모습의 다른 모습은 아닐까요? 너무 아름답고 풍성한 그분들의 열매로 우리와 자녀들에게 나누어 주는 모든 것을 지키고 싶은 곳, 그곳에 당연히 우리의 연약함으로 지키고 있을 때, 이곳을 그곳이라고 착각하며 지키고 있을 때, 그분이 우리의 나약함을 고발하는 이유는 인간의 필연을 어떻게든 설득시키기 위한 곳으로 찾아와 포도를 훔쳐 간다면, 그 원수를 사랑하지 못하는 이 마음을 아프게 들추

고, 그 아들까지 죽이는 이 땅에서 더 이상 희망이 없는 저 십자가 끝, 그분의 살이 찢어져 흐르는 포도주 같은 나의 영원한 생수를 바라봐 달라는 그런 아버지의 말은 아닐까요?

언젠간 지구가 멈추는 날이 있을지도 모릅니다. 언젠가 내일이 없이, 오늘 영원히 시간이 정지한 것 같은 날이 올지도 모릅니다. 이곳이 그렇게 되지 않는다면, 우리는 그곳으로 넘어가서 그렇게 존재할지도 모릅니다. 당신과 함께하고 싶어 하던 그 마음으로 포도원을 짓고 망대를 세워, 그의 자녀들과 가족들과 함께 농사 짓던 지난날을 그리며 포도송이를 따다가 나누어 그 맛을 느끼는 곳에 소망을 그리곤 합니다.

창조와 태극생양의(太極生兩儀)

막 12:6 참새 다섯 마리가 두 앗사리온에 팔리는 것이 아니냐 그러나 하나님 앞에는 그 하나도 잊어버리시는 바 되지 아니하는도다
12:7 너희에게는 심지어 머리털까지도 다 세신 바 되었나니 두려워하지 말라 너희는 많은 참새보다 더 귀하니라

노자의 태극생양의(太極生兩儀)를 유심히 보면 돌아가려는 모양으로 정지한 채 그림이 그려져 있습니다. 우리나라의 태극기와 비슷한 윤곽을 가지고 있는데, 한곳이 다른 한곳을 침범하는 듯한 형태는 그의 운동성을 그대로 드러내고 있는 듯합니다. 흰색과 검정색이 서로의 꼬리를 물 듯 회전하듯이 순환하는 형태로 나타난 그림 속에 많은 비밀들이 들어 있음을 알려주는 듯합니다. 마치 창세기에 윗물과 아랫물이 나누어져서 서로가 서로에게 설명을 이어가려는 듯한 모습은 말씀 속에서 하늘과 땅으로 나누어진 설명들로 비유되곤 합니다. 빛과 어둠이 서로 순차적으로 나타났다 사라지는 모습이기도 하며, 낮과 밤 같기도 하고, 삶의 기복을 나타내기도 하는 듯한 느낌마저 듭니다. 조금 깊이 본다면 보이는 것과 보이지 않는 것을 그림으로 서로가 서로에게 드러내려고 하는 어느 순환의 절대 질서를 암시하는 것인지도 모릅니다.

죽음과 삶, 보이는 것과 보이지 않는 것, 마치 일년에 일어나는 대자연의 모습을 이 그림은 함축하여 설명하는 것은 아닐까 생각합니다. 더 깊이 생각한다면, 보이는 흰색의 형상이 이 세상이라면 보이지 않는 그 어둠, 검정으로 나타난 형상은 그 흰색을 이끌어가고 주도하는 듯한 모습을 하게 됩

니다. 그 원을 돌린다면, 그리고 그 속도가 빠르게 돌아간다면 아마도 둘이 나누어진 것이 하나의 회색으로 보이게 될 것입니다. 마치 둘이 하나였는데 나누어진 듯한 모습을 그것이 원시적으로 표현한 것은 아닌가 생각됩니다. 죽음과 삶이 어쩌면 하나이고, 무한대로 순환하는 영원히 죽지 않는,? 눈에서 사라질지언정 어디엔가엔 그 영혼 같은 그것이 이어가는 생명이라는 것의 순환을 예측하게 됩니다. 하지만 이것은 인간 측에서 탐구했던 아래에서 위에 있는, 보이는 것이 보이지 않는 것으로 설명에 대한, 인간 쪽에서 관측하는 방식으로 서술한 것으로 표현되었다면 이야기의 방향이 많이 달라질 수 있는 부분을 담고 있습니다.

원래 그것은 하나였으나 보이지 않는 그 너머를 표현하기 위하여 그 검정의 영역으로 대신하였다는 것으로 설명이 가능합니다. 그 어둠, 그 영원, 그 하늘의 물이, 태초에 갈라지지 않은 어느 하나로 존재한 상태 이전에 그를 나타내려고 보이는 로고스로의 행함이 더 설명적이라는 것입니다. 그러니까 어둠이 먼저 있었고, 그 어둠이 창조주의 힘을 상징하듯이 그가 보이는 것으로 확 드러내려고 하는 과정이 흰색으로 표현되어 그려지는 것이 아닐까라는 창조주의 입장이 더 설명적이라는 것입니다. 그리고 더 나아가서 그 둘은 하나였던 것이라고 말하고자 하는 것입니다. 그 회색으로의 존재, 무한의 시간을 되풀이하여 지나온 지구의 나이는 139억 년이라는 우주의 이 나이만큼이나 그것이 돌고 나타내려는 의도는 단 하나만을 가리키는 듯합니다. 창조주 하나님에게서 모든 것이 시작되었다는 것.

사 45:6 해 뜨는 곳에서든지 지는 곳에서든지 나 밖에 다른 이가 없는 줄을 알게 하리라 나는 여호와라 다른 이가 없느니라
45:7 나는 빛도 짓고 어둠도 창조하며 나는 평안도 짓고 환난도 창조하나

니 나는 여호와라 이 모든 일들을 행하는 자니라 하였노라

이것에 어느 시점의 발생됨을 말하는 것이 아닙니다. 더욱더 이 끝에 대한 어느 것이 어떻게 변화되는 것을 이야기하는 것이 아니라는 것을 지금 빛으로, 어둠으로 스스로를 드러냄을 우리는 이제 보아야 한다는 말을 하는 것입니다. 이것을 축복이라고도 할 수 있습니다. 이것을 또는 저주라고도 할 수 있다는 것입니다. 이 둘의 공존 속에 대한 무한의 절대 질서에서 슬픔과 기쁨과 외롭고 고독한 그 나누어짐을 우리의 삶과 인생 속에 표현해 버렸다는 의미를 가지게 됩니다. 그분이 밝을 때 우리를 이곳에 심고 자라게 하시며, 많은 양식과 비옥한 물들로 성장시키는 형상으로 그분이 스스로의 모습이 되어 자연으로, 기후로, 바람으로 말씀하고 이어 나가신다는 것을 의미합니다. 생명이 있는 모든 곳에 그것이 우연히 있다는 말을 할 수 있는 것 자체가 우리에게 너무 큰 무지로 들리기 시작할 수 있습니다. 모든 그를 나타내는 생명은 절대로 자기와 계통 분류 이외의 생명을 낳을 수 없고, 관여할 수 없습니다.

이것도 거의 암수가 짝짓기를 통하여 잉태되어 나오게 되는 구조 자체를 가지고 있을 뿐입니다. 우리의 몸 자체가 그 순환의 형태를 담고 이곳에 나올 뿐, 그것을 누가 이런 원리로 만들었는지 아직 잘 모르고 있다는 것입니다. 단지 그 남성(아담)의 씨로 인하여 그 대상인(하와) 여자가 받아서 잉태하는 과정을 설명할 뿐입니다. 그 어둠(흑)이라는 영역 밖에서 생명의 시작을 알리는 것으로 남자는 창조주 하나님의 아들인 그 예수를 상징하고 있으며, 그분께서 보내신 보혜사 성령을 상징적으로 담고 있기도 합니다. 그것이 여자인 세상(백)을 상징하는 존재가 받아서 낳는 생명으로 당신이 다시 한번 아들 예수를 상징적으로 그려내고 있다는 것을 의미합니다. 명리학에서 천

니다. 그 원을 돌린다면, 그리고 그 속도가 빠르게 돌아간다면 아마도 둘이 나누어진 것이 하나의 회색으로 보이게 될 것입니다. 마치 둘이 하나였는데 나누어진 듯한 모습을 그것이 원시적으로 표현한 것은 아닌가 생각됩니다. 죽음과 삶이 어쩌면 하나이고, 무한대로 순환하는 영원히 죽지 않는,? 눈에서 사라질지언정 어디엔가엔 그 영혼 같은 그것이 이어가는 생명이라는 것의 순환을 예측하게 됩니다. 하지만 이것은 인간 측에서 탐구했던 아래에서 위에 있는, 보이는 것이 보이지 않는 것으로 설명에 대한, 인간 쪽에서 관측하는 방식으로 서술한 것으로 표현되었다면 이야기의 방향이 많이 달라질 수 있는 부분을 담고 있습니다.

원래 그것은 하나였으나 보이지 않는 그 너머를 표현하기 위하여 그 검정의 영역으로 대신하였다는 것으로 설명이 가능합니다. 그 어둠, 그 영원, 그 하늘의 물이, 태초에 갈라지지 않은 어느 하나로 존재한 상태 이전에 그를 나타내려고 보이는 로고스로의 행함이 더 설명적이라는 것입니다. 그러니까 어둠이 먼저 있었고, 그 어둠이 창조주의 힘을 상징하듯이 그가 보이는 것으로 확 드러내려고 하는 과정이 흰색으로 표현되어 그려지는 것이 아닐까라는 창조주의 입장이 더 설명적이라는 것입니다. 그리고 더 나아가서 그 둘은 하나였던 것이라고 말하고자 하는 것입니다. 그 회색으로의 존재, 무한의 시간을 되풀이하여 지나온 지구의 나이는 139억 년이라는 우주의 이 나이만큼이나 그것이 돌고 나타내려는 의도는 단 하나만을 가리키는 듯합니다. 창조주 하나님에게서 모든 것이 시작되었다는 것.

사 45:6 해 뜨는 곳에서든지 지는 곳에서든지 나 밖에 다른 이가 없는 줄을 알게 하리라 나는 여호와라 다른 이가 없느니라
45:7 나는 빛도 짓고 어둠도 창조하며 나는 평안도 짓고 환난도 창조하나

니 나는 여호와라 이 모든 일들을 행하는 자니라 하였노라

이것에 어느 시점의 발생됨을 말하는 것이 아닙니다. 더욱더 이 끝에 대한 어느 것이 어떻게 변화되는 것을 이야기하는 것이 아니라는 것을 지금 빛으로, 어둠으로 스스로를 드러냄을 우리는 이제 보아야 한다는 말을 하는 것입니다. 이것을 축복이라고도 할 수 있습니다. 이것을 또는 저주라고도 할 수 있다는 것입니다. 이 둘의 공존 속에 대한 무한의 절대 질서에서 슬픔과 기쁨과 외롭고 고독한 그 나누어짐을 우리의 삶과 인생 속에 표현해 버렸다는 의미를 가지게 됩니다. 그분이 밝을 때 우리를 이곳에 심고 자라게 하시며, 많은 양식과 비옥한 물들로 성장시키는 형상으로 그분이 스스로의 모습이 되어 자연으로, 기후로, 바람으로 말씀하고 이어 나가신다는 것을 의미합니다. 생명이 있는 모든 곳에 그것이 우연히 있다는 말을 할 수 있는 것 자체가 우리에게 너무 큰 무지로 들리기 시작할 수 있습니다. 모든 그를 나타내는 생명은 절대로 자기와 계통 분류 이외의 생명을 낳을 수 없고, 관여할 수 없습니다.

이것도 거의 암수가 짝짓기를 통하여 잉태되어 나오게 되는 구조 자체를 가지고 있을 뿐입니다. 우리의 몸 자체가 그 순환의 형태를 담고 이곳에 나올 뿐, 그것을 누가 이런 원리로 만들었는지 아직 잘 모르고 있다는 것입니다. 단지 그 남성(아담)의 씨로 인하여 그 대상인(하와) 여자가 받아서 잉태하는 과정을 설명할 뿐입니다. 그 어둠(흑)이라는 영역 밖에서 생명의 시작을 알리는 것으로 남자는 창조주 하나님의 아들인 그 예수를 상징하고 있으며, 그분께서 보내신 보혜사 성령을 상징적으로 담고 있기도 합니다. 그것이 여자인 세상(백)을 상징하는 존재가 받아서 낳는 생명으로 당신이 다시 한번 아들 예수를 상징적으로 그려내고 있다는 것을 의미합니다. 명리학에서 천

간(하늘)을 남성으로, 양이라 하고, 지지를(땅)을 여자, 음이라고도 정의합니다. 하늘에서 모든 것이 방향성을 가지고 계획된 것들이 땅인 여자의 몸으로 행동되어 나타남을 설명하고 있습니다. 천간은 하늘, 우주, 만물의 기운을 뜻하면서 동시에 그 에너지의 힘이 이 땅에 그려지는 것을 통계적으로 명리학이 그려내고 있다는 것을 의미합니다. 이것은 세상에 생명이 감추어져 있던 겨울, 이것을 넘어 다시 봄으로 싹이 태어나 여름과 가을로 이어지는 이 땅에 드러나는 색으로 표현한다는 것을 설명하고 있을 뿐입니다.

우리들의 모든 흑암으로 그려지는 시간 속의 여정은 그래서 공간과 시간을 형성해야 하는 물리적 과제를 안고 있습니다. 이것은 감정이라는 느낌으로 우리가 마음에 품게 되고, 각각의 흰색과 검정의 모습으로 또 한 번 우리에게서 나타나게 됩니다. 사람과의 좋은 관계의 발생됨을 우리가 백으로 생각할 수도 있습니다. 이 관계의 다툼을 어둠이라는 것으로 설명할 수도 있다는 것입니다. 가족 관계에서 서로 사랑하고 애틋함을 백으로 정의할 수도 있습니다. 가족 간의 다툼과 슬픔을 우리가 어둠이라는 것으로 생각할 수도 있습니다. 우리가 이 세대들을 잉태하고 기뻐하거나 그들의 성장을 통하여 즐거움을 받는 시기를 백으로 여길 수도 있습니다. 이들이 성장하여 부모와 다투는 일도 있습니다. 그리고 이들이 사회에서 괴롭고 힘든 일들을 겪을 수 있습니다. 이것을 우리는 어둠이라고 할 수 있다는 것입니다. 부부 간에, 친척 간에, 형제 간에, 친구 간에 수많은 관계의 교차되는 느낌과 상황을 색으로 표현한다면, 이 둘의 관계에서 우리에게 알리고자 하는 메시지를 우리가 이 둘의 그림으로 이해하고 받아들인다면, 그 자들이 바로 그레이, 회색을 인식하고 있는 자들이라고 할 수 있습니다. 이들이 어쩌면 성도라는 호칭을 받는 하나님을 나타내고 그를 찬양하는 집단인지도 모릅니다. 성도라는 신분은 그 아버지, 하나님을 인식하는 것에서 출발합니다. 그 창조를 안다는 것은 위에서 말했듯이 이 흑암을 통하여 본인의 손과 발과 그 형체를 모든 만물을 삼아서 말하고 듣게 하고 게시함을 알아본다는 것을 의미합니다.

롬 1:20 창세로부터 그의 보이지 아니하는 것들 곧 그의 영원하신 능력과 신성이 그가 만드신 만물에 분명히 보여 알려졌나니 그러므로 그들이 핑계하지 못할지니라

회색으로 모든 것을 이제 인식하는 자란 성도는 백색과 어둠의 중간을 회색이라 하여 두개를 섞은 것이 아닌, 두 가지를 보고 하나로 인식하는 자를 의미하는 것을 말합니다. 이것은 그 두 개로 나누어짐을 인식하는 자 하나를 그 두 개로 나누어 표현하시는 분의 계획을 알게 된다는 말입니다. 창조주의 권위를 인정하는 자, 기쁨과 슬픔, 고통과 아픔의 모든 주권을 인정하는 것이라는 말입니다. 이것을 빛의 자녀들이라고 말씀은 말하기도 합니다. 이런 인식 자체를 어떻게 우리가 가지게 되었는지는 그 아들 십자가를 통하여 소경이었던 그 자들에게서 그분이 열어 주지 않으면 보지 못 하는 자, 소경이 소경의 인도를 받아 구덩이에 빠지는 그런 자들을 그분이 건져 올려서 보게 됨을 인정한다는 의미입니다. 골고다에 십자가를 지고 올라가시는 그분이 우리에게서 나타날 어둡고 차가운 지옥의 모든 짐들을 그 스스로가 어둠이 되어서 우리에게서 백으로 입혀 주심을 볼 수 있어야 한다는 말입니다. 그분의 십자가를 떼려야 뗄 수 없는 고통을 짊어지고, 그 대상인 진짜 죽어 없어져야 할 어둠의 자들을 구원하기 위하여 순백의 양으로 그분이 십자가에서 살이 찢기고 피를 흘리셨다는 것을 알게 되면, 그것은 바로 흰색으로 순환되어 결정된 성도가 됨을 말하는지도 모릅니다. 어둠을 품고 우리에게 흰색의 세마포를 입히시며, 본인의 죽음으로 그 세마

포를 우리에게 입히시는 백으로의 전환 이야말로 그분이 우리에게서 하시는, 세상을 통하여 말씀하시는 본질적 구원의 내용이 아닌가 생각합니다.

고전 15:54 이 썩을 것이 썩지 아니함을 입고, 이 죽을 것이 죽지 아니함을 입을 때에는 사망을 삼키고 이기리라고 기록된 말씀이 이루어지리라.

언제가는 이 거대한 회전을 멈출 때가 올 것입니다. 흑과 백이 멈추고, 낮과 밤이 멈추고, 슬픔과 기쁨이 멈추어 사망이 삼켜진 바 됨같이, 그 백으로만, 유리바다처럼 빛날 날이 오게 됨을 성도는 기대하며 소망하는 사람들로, 오늘 하루도 지는 어두움 속에 별빛을 바라보며 그분을 가슴에 품고 사는 지도 모릅니다. 세상은 아직도 백을 추구하며 흑을 거부하고 악하게 생각하며 그것들을 저주하는지도 모릅니다.

우리 대신 저주를 받으신 그 모양 그대로, 그 어둠을 우리가 알아가는 배움의 장소로 여기에 나왔다면, 우리 마음속에 이제 더 이상 그 어둡고 힘든 마음을 멈출 때가 아닌가 싶습니다. 그것이 잘 안 된다는 것을 우리는 너무 잘 압니다. 그래도 우리의 백으로의 시도는 그 순백으로 되지 않는다는 것을 너무 잘 안다는 것입니다. 이는 그를 우리의 사명으로 나타낼 뿐, 그것이 우리의 구원과 상관없다는 것을 그분의 공로가 대변하기 때문입니다. 도리어 그것이 안 된다는 사실을 우리가 절실히 인식한다면, 그것이야말로 그 순백을 입은 아름다움이 아닐까 생각합니다.

세례

막 11:33 이에 예수께 대답하여 이르되 우리가 알지 못하노라 하니 예수께서 이르시되 나도 무슨 권위로 이런 일을 하는지 너희에게 이르지 아니하리라 하시니라

우리는 다 죽습니다. 모든 이 땅에 태어나는 동식물은 어느 순간이 되면 사라지고 없어지게 됩니다. 생명이라는 존재로 옷을 입고 그 빛을 잠깐 나타내어 살다가 그 자리에서 잊힌 듯 사라짐을 반복하고 있습니다. 마치 죽음을 그리기 위하여 사는지도 모릅니다. 살아 있다는 것은 아마도 죽음을 설명하기 위한 것이 아닌가 생각할 때도 있습니다. 왜냐하면 우리들의 삶은 그 죽음의 문턱을 기준으로 하여 보면 짧은 것이기 때문입니다. 그래서 윤회를 통하여 다시 태어나려는 시도? 아닌가 해석을 내놓는지도 모릅니다. 윤회가 맞냐 틀리냐가 아니라 죽음 너머에는 무엇이 기다리고 있고 그냥 우리가 그 무엇도 없다는 정의로 여기는 것은 인생이 짧고 삶은 그렇게 잊혀지기 때문이지 않인가 싶습니다.

죽음으로 이별을 알리기 위한 것일 수도 있습니다. 소중한 가족과 이별을 하고 같이 함께한 사람들과 이별을 해야만 합니다. 마치 우리의 인생이 어쩔 땐 너무 느리게 진행하는 것 같은 시간이 있고 너무 빨리 지나는 시간이 서로 공전하고 있어서 무어라 상대적으로 시간에 대하여 정의하지 못하지만 확실한 것은 누구나 이 죽음으로 다가가고 있고 이것을 피할 수 있는 존재는 단 하나도 없다는 것입니다. 죽음도 삶의 일부이기 때문에 이것을 준비하고 기다리는 습관을 들이는 연습이 필요한지도 모릅니다. 다르게 본다

면 마치 죽음 입장에서 우리를 해석한다면 수많은 이야기들에 어느 한 단편의 구절을 이 세상의 삶으로 표현할 수도 있다는 것입니다. 그 단편의 경계가 죽음이라는 것이 있다는 것일 수도 있습니다. 여러 다른 이야기들로 우리가 앞으로 지나쳐야 할 어느 관문 중에 하나가 죽음이라는 사라짐이, 이곳의 기준으로 단순히 없어지는 그런 여러 문 중에 하나는 아닐까도 생각할 수 있습니다.

성경은 더욱더 그 설명에 힘을 실어주는 단어들이 있습니다. 영생이라는 단어, 구원이라는 단어, 천국이라는 단어는 현재 여기에는 존재하지 않는 어느 특정 장소 및 환경을 가리키고 있기 때문입니다. 하지만 이곳에서 그곳으로 가야 하는 일 중에 반드시 죽음이라는 것이 있나 봅니다. 고통스럽고 슬프고 두렵기도 한 이 죽음이라는 것이 인간에게는 너무 힘든 것인가 봅니다. 왜 죽음을 만들었는지 그냥 이 땅에 영원한 생명을 이어갈 순 없는지 하는 생각이 들 때가 참 많은 것 같습니다. 굳이 나누어서 이쪽과 저쪽을 설명하는 것이 어쩌면 불편해 보일 수도 있다는 결론을 가지게 됩니다. 마치 이곳은 영원히 죽음이 회복될 수 없는 환경으로 마무리 짓는 것은 아닌가 하는 의심마저 듭니다. 수많은 별과 항성들은 은하계들이 그 빛을 가지고 태어나서 수억 년을 살다가 사라져 버리기 때문입니다. 이런 죽음을 맞이하는 별들이 우리가 알지 못하는 거리에서부터 시작되어 우리의 시간적 이해를 할 수 없을 정도로 우리는 살아가고 있다는 것이 문제일 겁니다. 너무 크고 우리는 그에 비례하여 너무 작은 이 생명과 그 이면에 더욱더 넓은 죽음이라는 그 설명되지 않는 상태를 우리가 받아들인다는 것 자체가 어쩌면 이 세상, 온 우주에서는 불가능한 것을 그 죽음이라는 말 속에 모든 것이 포함된 듯합니다. 살아있다는 것은 오히려 죽음과 관련이 있는 듯하면서 그 죽음을 위한 설명에 가까운 존재로 여기는 것이야말로 강화되는 듯합니다. 삶과 죽음을 설명하며 생명들은 그 반대의 의식을 끌어다가 우리는 삶이라는 여정을 걸어가는 것 같습니다. 모든 존재, 이 세상에 확인되는 모든 것은 그 어둠이라는 죽음, 그 이면이 말하고자 하는 것의 설명으로 펼쳐낸다 하여도 틀린 게 아니라고 할 수 있다는 말입니다. 빛이 있다는 것 자체가 어둠을 품은 채 드러내며 그 존재로 확인되는 배경으로 그 어둠은 항상 존재하였다는 것을 의미하기 때문입니다. 우주는 칠흑같이 암흑으로 뒤덮이고 있습니다. 공간에 비하여 그 빛의 영역은 너무 작기 때문입니다. 우리의 밤하늘도 마찬가지입니다. 태양이 지구의 뒤로 갈 때면 어둡게 모든 것을 뒤덮고 작은 별들, 멀리 어디에 있는지도 잘 측량되지 않는 눈곱만 한 별들뿐입니다.

이렇게 서로가 너무 멀리 있다는 것이 그 사이에 수많은 어두움으로 경계를 삼았다고 할 수 있다는 것입니다. 우리 인간과 생명의 본질도 그렇습니다. 나의 죽음은 나로 인함으로 끝이 날 뿐 나의 가족과 친구들 그리고 주변인들로 그것이 번지지 않는다는 것을 보여줍니다. 그것이 어떤 것을 말하는지 그 주변을 알지언정 그것에 해당하는 모든 과제는 스스로의 몫으로 남겨져 있다는 것입니다. 이렇게 우리가 생명이라는 존재로 나온 이상 이 문, 죽음이라는 것을 통과할 수밖에 없다는 과제를 부처는 아마도 독화살로 표현했는지도 모릅니다. 교회의 세례를 생각하다 보면 이것 또한 죽음과 연관이 있다는 것을 잘 알 수 있습니다. 창조주 그분이 이 모든 것을 만드신 가운데 죽음을 퍼뜨리고 어둡고 시커멓게 물들어 버리는 인류와 생명의 역사 전체로 가두어 버리는 이 비극 같은 시나리오에서 우리는 단 한 발자국 물러설 수 없다는 것입니다. 누가 이렇게 만들었는지도 잘 모르고 왜 이렇게 계획한지도 동의 없이 모든 피조물들은 어쩌면 세상에 비관론적 시선을 가질 수도 있습니다. 우리의 후세도 우리와 똑같은 죽음을 품은 존재로 태어나고 그도 세월이라는 사슬에 매여 결국 그 어둡고 추운 문턱을 맞이하게 된다는 것임을 서서히 느끼게 됩니다.

이 어둡고 암울한 이 땅에 영생, 그 생명의 빛을 단 한 줄기의 빛을 던지는 촛불 같은 생명을 바로 그리스도 예수 속에서 나타냈다는 것입니다. 십자가에서 그의 육체를 찢고 피 흘리는 모습은 그의 모든 창조된 것과 관련된 죽음, 사망, 죄와 같은 악한 세상의 피조물같은 육체를 그 창조자가 스스로 포기함으로 모든 것은 원점으로 되돌아간 것이라 할 수 있습니다. 열두 영도 더 되는 무리와 함께 있는 그 상황에서 그분이 이 세상을 만든 당신의 그 말, 그분의 말, 우리가 알아듣지도 못 하는 사망의 말을 쏟아내고 우리가 지키지도 못할 것들만 가득 담아서 우리에게서 그 말한 그 육체로 죽어 버린 사건은 이제 이 세상의 사망은 죽음으로 막혔던 다음 세상으로 가는 문으로 열리기 시작했다는 것을 의미합니다. 그 창조주의 죽음, 그것은 죽음의 문을 부수고 넘어서 홍해를 통과해 나아가는 영생의 말을 가지고 우리에게 다시 왔음을 알리는 것입니다.

막 11:30 요한의 세례가 하늘로부터냐 사람으로부터냐 내게 대답하라

높은 산에 올라 아래를 보면, 더 높은 산일수록 더 멀리 있는 것을 보게 됩니다. 멀리 본다는 것은 나의 이 위치를 아는 것이고, 세상의 지형과 그 만물의 움직임을 볼 수 있다는 것입니다. 어둠을 우리가 깊이 있게 볼 수 있다는 것은 하나님의 말씀이 우리의 모든 혼과 영혼과 골수와 관절을 찔러 쪼개기까지 한다는 것이며, 우리는 계속해서 당신의 말씀을 질문한다는 것입니다. 나만을 생각하는 깊고 어둡고 힘든 죄로 인한 모든 사고의 얽혀 버린 이 그물망이 우리의 육체와 함께 자라나는 것을 피할 수 없는 숙명으로 받

아들인다는 것은, 이 죄에 대하여 오직 당신과 나만의 관계라는 깊은 피조물로서의 인식만 남겨진다는 것을 알게 된다는 것을 의미합니다. 왜 이곳에 내가 왔으며, 왜 내가 당신을 알아야 하며, 당신과 우리의 관계는 무엇으로 이어져 있으며, 그것은 어떤 표현을 담고, 어디로 나아가는지를 가르쳐 준다는 것을 말합니다. 모든 어둡고 깜깜한, 한 치도 내다볼 수 없는 두려움과 공포 속에 다가오는 세상에서, 그분이 우리의 육체가 되셔서 우리에게 올 사망과 죽음을 친히 가져가셨다는 것이 믿어지십니까?

그분이 우리에게서 친히 그 나라의 거처로 우리를 이끄시며, 그 죽음을 넘어 당신의 나라를 제시하는 말씀이 우리 안에 살아 있다면, 우리는 이제 작은 촛불(성령)이 되어 서서히 타오르기 시작할 것입니다. 암흑의 회오리로 모든 것이 덮쳐 다가올 때, 수없이 꺼지는 순간을 맞이하더라도 다시 켜지는, 이 어둡고 깊은 곳에서 다시 촛불은 켜지고, 그 불빛 아래에서 당신을 향한 그 죽음의 관문을 통과하게 될 것입니다. 이 세상에서의 삶은 죽음의 문을 통과하는 과정을 설명하기 위한 아주 짧은 단편에 불과합니다. 이것을 모르면, 이곳에서 다시 살고 다시 태어나려는 그 끝없는 시도는 평생 집착을 품고 진짜 죽음을 맞이하게 됩니다. 하나님과 관계없는 그 단절 속에서 어둠을 품고 영원히 타오르는 불속에서.

막 9:48 거기에서는 구더기도 죽지 않고 불도 꺼지지 아니하느니라

하지만 그리스도 예수와 나의 죽음을 이 땅에서 받는 자들은 그분의 사망과 같이 우리의 이 세상에서 죽었다는 것을 알아간다는 것을 말하고자 합니다. 물론 이 육체의 죽음은 기다리고 있습니다. 이 거대한 세상의 죽음, 그 너머 죽음이 사라짐을 설명할 뿐, 이 죽음은 이제 더 이상 그 본질로 우

리에게 남겨지지 않는 것입니다. 창조주가 대표로 하는 그것이 그의 작품에 남겨 있듯이, 이 모든 우주의 죽음을 그리고 세상의 생명이 죽음을 그린다면, 그것을 죽음으로 부정한 그 창조주의 모습은 단순히 그 죽음 너머가 아닌, 드러내는 새로운 생명, 새로운 피조물, 새로운 창조의 서막을 부활로 보여 주셨고, 그분이 모든 세상에 막을 내리고 '이건 아니야.' 하시고 부활하셨다는 것입니다. 지금은 불행히도 소망으로 그 부활의 의도와, 그 죽음이 없는 유리 바다와 같은 세상을 볼 수는 없지만, 그분의 살아나심은 다시 새로운 곳을 창조하고, 그곳에서는 어둡고 슬프고 괴로운 사망과 죽음이 없는 전혀 새로운 탄생을 말씀하고 있는 것입니다.

히 11:1 믿음은 바라는 것들의 실상이요, 보이지 않는 것들의 증거니

아직도 밤이 오면 어둡고 추워서 힘들어하는 이들이 있습니다. 우리의 현실에 갈등도 있지만, 우리의 삶에서, 그 기나긴 여정의 끝에서 다가올 죽음을 준비 없이 맞이하는 날도 있습니다. 하지만 그분이 만약 우리에게 나타나신다면, 그것은 앞으로 꺼지지 않을 빛으로 타오르기 시작한다는 것입니다. 보이지 않을 만큼 밤하늘에는 별들이 수없이 반짝입니다. 우리의 믿음도 너무 작아 밝힐 수는 없지만, 저렇게 어둡고 높은 하늘에 별들로 눈부시게 타오르게 될 것입니다. 사망의 문을 넘어 우리의 형제와 부모가 그곳에서 잠들어 있을 그 간절히 보고 싶은 이 열망을 담는 그분의 사랑이, 이 낮고 천한 작은 창가에 별빛처럼 빛나고 있다는 사실을.

깊이 흐르는

어제는 당신을 기다려도
그제는 당신을 생각해도
부는 바람 없는 이 세상이
너무 조용해 흔들리는 마음 잡아 줄
그 눈빛이 없어라

낮에는 하늘만 보고 해만 보아도
밤에는 달만 있고 별만 있어라
나에게 없는 것이 하나 있는데
보이지 않는 그 깊은 물결로 흐르는

세상이라는 큰 운동장에서

막 11:15 그들이 예루살렘에 들어가니라 예수께서 성전에 들어가사 성전 안에서 매매하는 자들을 내쫓으시며 돈 바꾸는 자들의 상과 비둘기 파는 자들의 의자를 둘러 엎으시며

성전은 아버지에게 기도하는 곳이라 하시고 기도는 우리의 바람을 담고 미래에 연관된 시간과 관련이 있다는 것을 알 수 있습니다. 본문 11장 24절에 "구하는 것은 받은 줄로 믿으라"는 말씀이 있습니다. 이 말씀을 얼핏 들으면 마치 우리는 받기 위해 구한다는 설명이 가능합니다. 다른 면에서는 구할 것에 대한 결핍을 우리에게서 요구하는 삶으로 이끌어 가시겠다고도 설명이 됩니다. 바꾸어 말하면, 구해지지 않는 삶은 그분과 관계가 없다는 것을 말할 수도 있습니다. 어떤 면에서는 의심 없이 구해야 받는다고도 읽혀집니다. 기도는 어쩌면 삶이라는 시간의 과제 앞에서 이 해결책을 열어 놓으신 분의 가이드 같은 느낌이 듭니다. 그러면 이 세상에서는 끊임없는 문제가 발생해야 하고, 그 문제 앞에서 우리는 수도 없이 선택을 하며 그 방안을 모색하고 해결하기 위한 모습일 것입니다. 그러나 성도에게 기도라는 특권으로 그 방법을 제시하고 있는지도 모릅니다.

인간이 사는 동안 수많은 문제 속에서 우리는 그 과제 앞에 성장하는 연단의 결과로 지어져 간다고 할 수도 있습니다. 삶이라는 반복되는 시간 속에서 우리의 죄성과 그로 인한 탐욕은 인생이라는 성장과 노화, 죽음을 대변하는 객체로 완성된다고도 할 수 있습니다. 인간은 죄를 설명하고 그 결과는 결국 사망이라는 사실을 가진 채 이 땅에 태어난 존재, 다시 말해 스스

로 회복할 수 없는 그런 불가능한 존재로 이곳에 나왔다고 할 수 있다는 것을 의미합니다. 인간은 이런 근본적인 문제를 가지고 살아갑니다. 그 자체가 어쩌면 창조주께서 다시 돌아오게 할 방법으로 기도라는 방법을 택한 것 같기도 합니다.

모든 인간은 가정이라는 테두리에서 태어나고, 사회라는 테두리에서 성장하여 다시 가족이라는 테두리에서 죽음을 맞이하게 됩니다. 나와 관련이 깊은 아버지와 어머니로부터 태어나, 모르는 사람과의 접촉을 통하여 한 가족이라는 구성원이 되고, 다시 다른 가족을 이루며, 그 속에서 서로 같은 유전자를 가진 후세를 낳아 그들을 또 다른 사회에 내보내게 된다는 반복과 순환을 이루어 가는 듯합니다. 하나님은 진짜 가족의 관계를 성전을 통해 말하듯 이런 관계를 설명하기 위하여 수천년을 걸쳐서 이 땅에 그 가족이라는 관계를 설명하고 있는지도 모릅니다. 이렇듯, 진짜 아버지이신 창조주와 그의 아들들 사이의 가족관계는 그와의 기도 성립에 달려 있다고 생각해도 됩니다. 보이지 않는 그 진짜 아버지의 존재를 나타내는 그 행위, 그분께 우리가 기도하는 행위는 곧 내 안에서 나를 알게 하는 이타성을(성령) 가진다고도 할 수 있습니다. 이 땅으로 설명하는 모든 것들 중 부모의 테두리에서 벗어나 새롭고 낯선 사회에서 형성되며 자라는 것처럼, 이 세상은 어쩌면 그분이 우리에게 말하고자 하는 것들로 가득 찬 메시지라는 것을 알 수 있습니다.

인생이라는 어느 한때의 교육장처럼, 우리가 죽음이라는 그 절정으로 향하며 그 넘어의 재회를 위하여 그분을 배우는 운동장이 큰 학교, 곧 세상이라고도 할 수 있다는 것입니다. 학교에서는 사회의 관계 형성에서 우리가 어떻게 그 관계를 유지하고 발전시키는지를 목표로 합니다. 도구를 통해 보다 잘살고 보다 나은 문화를 추구하는 것보다 더 중요한 것은, 이 문화의 가치를 어떻게 서로에게 공유하고 유지하며 계승하는지에 대한 중요한 가치를 바탕으로 삼고 있다는 것입니다. 그 흐름에 에너지를 더욱더 살찌우고 아름답게 형성하는 것이 이 세상의 지향하는 목적일 것 같습니다. 앞서 말한 거대한 운동장만한 학교를 나가면 바로 우리는 새로운 신분으로 그 위치에 서서 다른 문화의 새로운 삶을 살아야 합니다. 그리고 그 속에서 나의 배움을 통하여 나의 방향과 나의 모습을 완성해 간다고 할 수 있습니다. 그런 방향성과 가치관으로 친구와 연인도 사귀며 새로운 가정이라는 모습을 꾸려 나가게 된다는 것입니다.

이 모습 속에서 이 거대한 이 세상의 운동장은, 그 새로운 삶이라는 것이 성경 말씀에서 지향하는 영생의 모습 이전에 배움의 공간밖에는 지나지 않는다는 것을 의미합니다. 학교 다닐 때는 여러 사람이 같은 교복을 입고, 같은 자세와 같은 시간대와 같은 가치관으로 배움을 행합니다. 이것을 통하여 우리는 우리의 진정한 모습을 아직은 이 세상에서 자각할 수 없다는 것을 알 수 있다는 것입니다. 똑같은 사람의 인체 구조와 같은 문화, 같은 생각과 같은 환경에서 살아간다는 세상의 관점의 테두리 속에 인간이 묶여 있다 해도 다르지 않습니다. 이것은 우리가 진정 말씀에서 제시하는 그 영원한 세상의 모습과는 참 거리가 멀게 느껴지게 됩니다. 오히려 그 세상을 알아가고 배우며, 그 곳에서의 전혀 다른 삶을 준비하는 곳이라는 것입니다. 누구와?

마 25:1 그 때에 천국은 마치 등을 들고 신랑을 맞으러 나간 열 처녀와 같다 하리니

그리스도 예수와 다음 생애를 준비하는 곳, 그분을 배우고 왜 그분과 함께

살아야 하는지 알아가는 곳을 의미합니다. 이 세상은 아주 잠깐, 그 삶의 여정을 위하여 준비된 임시 터미널 같은 곳입니다. 우리가 다른 것을 편승하기 위한 장소, 수많은 사람들의 운명이 결정되어 교차되는 그런 장소입니다. 영원한 그 세상의 시간과 그 이미지는 도리어 우리에게서 인식되나 나타나면 안 될 수도 있을 것 같다는 생각이 듭니다. 이곳의 모든 동식물은 그 유한성을 가지고 있기 때문에 더욱 그 모습은 숨겨져 있다는 말밖에 설명이 안 됩니다. 그것을 오히려 반증하여 우리의 학창 시절이 지루하고 긴 여정을 거쳐야 겨우 사회에서 먹고사는 것인지도 모릅니다. 이런 과정이 주어졌다는 것은 어쩌면 인간은 혼자 살아가는 데에 너무 연약하고 미약함을 상징적으로 그리고 있고, 이런 것으로 우리가 살아야 하는 것이 아니라 신적 존재로의 필연성과 그 당위성을 오히려 이 큰 학교의 운동장 같은 세상은 요구하고 있다는 것을 알게 됩니다. 일등만 기억되는 세상에서 모두가 인정할 수 없는 그 세상의 약육강식을 뒤엎는 하나님의 질서가 바로 성전이 가지는 의미에 포함되어 있다는 것입니다.

지나치게 오랜 시간 동안 인류는 그렇게 놀랍도록 발전해 오지도 않았습니다. 오히려 그 문화의 불공정과 불합리적인 것으로 인하여 많은 사람이 고생하고 죽었다는 것을 역설하고 있습니다. 나와 이념과 종교가 다르다고 해서 그것을 틀린 답으로 정의하며, 많은 종교 전쟁으로 피를 흘리고, 대중들의 교통을 발전시키고자 만든 자동차로 인하여 죽은 자들이 전쟁에서 싸움으로 죽인 자들보다 더 많다는 사실입니다. 인간을 위하는 기술이 인간의 희생을 담보로 괴물같이 성장하는 것에 모두가 동의하고 있다는 것을 의미합니다.

이 운동장, 세상의 한계는 언제나 배움을 반복해야 하는 낙제점을 받은 유급된 학생들의 모습을 그대로 반영하고 있다 해도 틀리지 않습니다. 남을 속이고 남을 죽여 서라도 나를 살려야 하는 잔인성인이 그려지는 세상. 이와 비슷한 그림이 바로 본문의 내용을 가지고 있습니다. 성전에서 돈을 바꾸는 자와 비둘기를 파는 자들의 뒤를 봐주던 제사장들과 결탁한 모습을 예수님은 단호하게 꾸짖고 있다는 것을 알 수 있습니다. 성전의 가치는 이 다음 세상으로 가는 관문으로, 그분, 창조주와 그 아들들의 소통을 이루어 가는 통로의 문으로서 이것을 더럽히고 있다는 것입니다. 더 깊이 말하면, 고난으로 점철되는 인생이라는 이 거대한 운동장의 쉼 없는 시험으로 인하여 절망을 가지고 아버지에게 나오는 것 자체를 인식하지 못하고, 도리어 세상의 그 유급생같이 여겨지는 자들에게서 하나님으로 나아가는 길목에서 세상의 관점적 이익만을 도모하고 있다는 것을 볼 수 있는 것은 이들이 참된 성전의 가치를 인지하지 못 하는데 있다는 것을 그려내고 있습니다. 아직도 학교로 여기는 신앙인들에 대한 한계를 가지고 있는 그 시대적 그림이 우리에게서 도 있다는 것으로도 말할 수 있습니다.

교회를 가는 것 자체가 그분에게 향하는 믿음의 이타심 입니다. 물두멍을 통과하면 덕상과 등대(촛대), 분향단이 있고, 그 너머 지성소에 언약궤가 있습니다. 그 속에는 인간의 실패함을 상징하는 내용물들이 들어 있습니다. 이것이 무엇을 상징하는지 아십니까? 바로 예수를 각을 떠서 잡아다가 성도의 죄를 씻기 위해 떡으로 바쳐진, 죄사함이 담긴 세상의 빛으로 향기로운 제물만 아버지께서 받으시겠다는 것입니다. 이것을 말라기에서 십일조로 다시 설명하고, 진짜 그 아들 예수가 왕으로 그 성전에 입성한 모습을 그리고 있다는 것입니다. 그분의 십자가를 완성하기 위하여 올가는 성전에서 그 시간에 그들이 돈을 바꾸고 비둘기를 매매하는 것이 이 세상이라는 거대한 운동장 속에 갇혀 있는 우리들의 불가능한 모습을 그대로 그려 놓고 있는 모습으로 우리가 자신을 돌이키기 위한 메시지로 받아야 할 것 같습니다.

요 10:12 삯꾼은 목자가 아니요 양도 제 양이 아니라 이리가 오는 것을 보면 양을 버리고 달아나나니 이리가 양을 물어 가고 또 헤치느니라

이 성전 이야기 전에 무화과나무의 열매 없음을 아시고 그에게 저주하는 사건이 그려져 있습니다. 그리고 성전에 올라간 사건 이후, 그 무화과가 뿌리까지 말라 죽은 모습을 그 제자들이 보는 모습이 있습니다. 이것을 통하여 우리들의 열매 맺지 못함을 깨닫고 그분에게 돌아가는 메시지를 하신 것이 아닐까 합니다. 우리의 이 영생이라는 과제 앞에서 아무것도 할 수 없는, 그 말라버린 무화과 같은 생명의 부재를 이곳에서 우리는 철저히 깨달을 때까지 세상은 결코 망하지 않을 겁니다. 오히려 더욱더 풍요와 평화를 지향하고, 종말 때 불타 없어질 운동장 같은 학교를 짓고 그곳에 영원히 가두는 역사로 발전해 나갈 겁니다.

열심히 일해? 열심히 공부해서 가문에 영광이 되어 그들의 부모의 자랑거리로 삼겠다는 것은 아직도 그들이 자식이 부모로 떠나(영생) 새로운 삶의 모습을 그려 내고 있지 않는, 졸업하지 않는 상태의 유급생이라는 현실을 깨닫지 못하고 있다는 반증입니다. 영생으로 나아가는 걸림돌이 바로 자신임을 자각하지 못 하는 푸른 잎들의 무화과들의 세상에서, 진정 당신이 그 성전 앞마당에서 돈을 받고 강변하는 설교자인지, 요나의 이적밖에 없다는 그 말씀만 하고 그것이 무엇인지 알려주지도 않고 비둘기를 팔아서 유익을 챙기는 이리인지 생각하십시오.

고전 9:24 운동장에서 다름질하는 자들이 다 달릴지라도 오직 상을 받는 사람은 한 사람인 줄을 너희가 알지 못하느냐? 너희도 이와 같이 달려 상을 받도록 하라.

이 말씀처럼 아무리 잘 달려도 1등 하지 못하면 성도들의 구원은 사라진다인가요? 그리스도 예수께서 우리를 위하여 죽으심으로 그 상을 받아 우리에게 전가해 준다면 우리가 떳떳하게 졸업장을 받듯이 그 성전에 나아갈 수 있는 담대함을 가지게 됩니다. 그리스도 예수를 안다는 것은 이 세상과 상관없는 자로 자라고 성장하여, 결국 그 세상, 그 영원한 세상, 그 나라의 백성임을 드러내는 것에 있습니다. 그 나라의 말을 하고, 그 세상을 마음에 가지며, 그것을 확인하는 것이 믿음이라는 것을 의미합니다. 당신에게 멸망의 땅에 관심만 가지는 말이 있는지, 아니면 영생의 말이 있는지, 당신의 삶의 모습으로 생각해 보십시오.

동시성(Synchronicity)

마 18:18 진실로 너희에게 이르노니 무엇이든지 너희가 땅에서 매면 하늘에서도 매일 것이요 무엇이든지 땅에서 풀면 하늘에서도 풀리리라

이 말씀을 얼핏 듣다 보면 마치 하늘의 역사가 이 땅에서 이루어지는 문맥으로 정리되는 듯합니다. 하지만 우리는 그분을 이타적인 관점에서 나타내려고 할 때, 이해를 돕기 위한 설명이라는 것을 알게 됩니다. 바꿔 말하면, 하늘나라는 이미 우리에게서 그 실체적 현상과 진실이 일어나고 있다는 말이기도 합니다. 예수님은 천국이 여기저기 있다고 하지 않고 우리 안에 있다고 분명히 말씀하십니다.

물리적으로, 과학적으로 조금 더 관찰하고 연구해 보면 우리의 구조가 모든 우주의 개수만큼이나 커다랗고 헤아릴 수 없다는 설명을 넘어서, 보이지 않는 그분이 만약 그 아들들과 그 가족을 이루기 위한 형태를 강구하고 생각했다면, 미루어 짐작하건대 그 형태를 이 세상에 그려 놓았다는 것을 엿볼 수 있다는 것입니다. 이는 전에 혼인 잔치에 대해 필자가 서술한 것과 같은 구조이기도 합니다. 그러나 조금 더 깊이 생각한다면, 우리는 어떻게 신이라는 존재를 알게 되었으며, 인지하고 그것을 말하는지에 대해 궁금해야 합니다.

정말 보이지도 않고 느낄 수도 없는, 어떤 감각적으로 존재하지 않는 것에 대한 우리들의 반응은 그저 말씀으로 그것을 받을 수 있다는 것으로 정리된다는 것입니다. 그러나 세상은 하나님의 말씀으로 창조되었다고 합니다.

우리도 그와 비슷한 말을 하고, 말들을 글로 써서 기록하곤 합니다. 하나님의 말씀, 그것으로 세상을 창조하였다고 하는 것은 무엇을 말하고자 하는 것일까요? 우리도 말로 무언가를 만들 수 있을까요? 그 말하는 대상이 살아서 역사하고 움직일까요? 그분은 되고 우리는 안 되는 원리는 무엇을 말하고자 하는 것일까요? 원래 피조물은 안 되게 창조된 것인가요? 말씀에 주파수가 가지는 특수한 원자와 전자가 있다는 것을 의미하는 것인가요? 그럼 우리의 말과 문자에는 그런 파장과 에너지가 없다는 것을 의미하는 것인가요? 보통 부정적인 사람은 부정적인 환경에 놓이고, 긍정적인 사람은 긍정적인 환경에 놓이게 된다고들 합니다. 그럼 모두가 세상에서 제일 부자이고, 제일 권력을 잡아서 모두가 비대해진 채로 세상은 살만하지 않을까요?

하나님께서 말씀으로 세상을 창조했다는 것은 무엇을 뜻하는 것일까요? 하나님의 말씀(로고스, λόγος)이 실재를 형성한다는 개념입니다. 이 두 관계를 이해해야 하는데, 영이신 분, 보이지 않는 그런 존재로서의 신이라는 분이 실체적인 모습, 물리적인 것을 입겠다는 것입니다. 만질 수 있고 느낄 수 있는 어느 공간으로 들어왔다는 것을 뜻합니다. 간단히 말해서 "세상을 볼 수 있게, 만질 수 있게 만들겠다"라는 것을 의미합니다. 그럼 이전에는 아무것도 모른다는 것을 인간 기준으로 말할 수 있다는 것입니다. 그런데 존재한다, 그것을 스스로 존재한다고 하신 것 같습니다.

더 깊이 생각해 본다면, 우리가 어느 곳에서의 모습으로 기억되고 있던 것으로서, 탄생 전에는 기억이 없던 것이라는 표현일지라도 이것 자체가 창조의 원리에 전부 속해 버리는 말이 그 로고스에 들어 있다는 것을 의미합니다. 그러니 태초 전에 기억이 나면 안 되는 것입니다. 다르게 말하자면,

창조는 없던 것이 있게 되는 것이니 그것을 인정하는 것이 창조주를 인정한다는 말이 된다는 것입니다. 즉, 아무것도 없는 것이 있게 되어 나오게 되었다는 것입니다. 불교의 표현처럼! 그런데 다른 점은 원래 아무것도 없던 게 아니라 계획 속에, 그 원점에서 그것이 탄생되었다는 말 속에 있다는 것이 됩니다. 창세기 1장에서 공허와 흑암 속에 있었다는 것은 그 이전에 그와 함께하고 있었다는 것을 말하고 있다는 것입니다.

엡 1:4 곧 창세 전에 그리스도 안에서 우리를 택하사 우리로 사랑 안에서 그 앞에 거룩하고 흠이 없게 하시려고

이 말씀은 더욱더 우리가 아무것도 기억이 나지 않는 그 이전의 세계를 말씀으로 그것을 전하기 위한 듯합니다. 다르게 말하자면, 이 세상은 이런 원리로 우리의 구원의 역사가 그리스도 예수 안에서 일어나게 되는 현상을 위하여 만들어졌다는 것으로 들릴 수 있다는 것입니다. 더 깊이 말하면, 우리의 역사적 행위가 아버지께서 원하시는 일 중에 전부 포함되었다는 것을 의미한다는 것입니다. 더 깊이 들어가면, 우리가 그분을 대신하여 그 그리스도의 모습을 나타내는 어떤 필연적 소재로 나와 있다는 것을 의미하고, 더 깊이 말하면, 그분, 그 위대하신 신적 존재로서의 모습을 우리가 각기 연약함으로 나타내고 있다는 말입니다. 반대로, 이전 것을 기억처럼 우리가 그분을 아는 현상들은 로고스로 만들거나 세우거나 그린다면 그것을 우상이라고 하지 않겠습니까?

다시 말해, 아무것도 없는 것에서 우리가 나왔다면 우리의 부정을 인정하는 것이 되지만, 그분도 아무것도 없는 것에서 모든 것을 창조하였으니 그것을 설명하는 것이 이곳밖에 더 있을 수 없다는 것을 의미합니다. 그럼 우

리가 그분의 모습을 하고 이곳에 태어났다는 것이 말이 되겠네요? 왜 이런 말을 하냐 하면, 우리의 행동은 전혀 다르게 나타나고 있다는 것을 말하고자 합니다. 로고스로 어찌 되었든 입고 태어났는데, 이것 또한 유한적이고 병들고 늙으면 고칠 수 없게 됩니다. 어느 한때의 빛으로 잠깐 살다가 쉽고 빠르게 노화되는 것을 보면 아무래도 이곳은 그분의 아주 작은 이면인 것이 틀림없을 것 같습니다. 얼마나 그 풍성함이 있는지, 영원이라는 표현과 영생이라는 언어 자체는 이곳과 사뭇 어울리지 못한 듯합니다. 이렇듯 다시 말하자면, 천국은 지금도 그분이 실체가 있고, 아마도 우리의 성령님이 있는 이곳에서 우리의 세계에 같이 오버랩된 상태로 함께 완성된다고 할 수도 있습니다. 마치 벌써 어느 장소, 어느 곳에서 그 모습이 있다 하여도 다르지 않지만, 우리가 사는 이 시공에서 같이 동행하는 모습들로 더 긴장감 있고 더 실체적인 모습일 수 있다는 것입니다.

더 나아가서, 완성된 그 시점을 미리 정하고 우리의 시간은 그 정해진 틀로의 접근이 더 설명적입니다. 우리의 구원의 완성은 그 창세 전에 미리 택정한 아들들의 구성원들의 목표점까지 우리가 이 모습으로 그려 놓아야 하는 그 그리스도 예수의 모습이라면 말입니다. 아니, 오히려 우리의 모습이 더욱더 그분에게 영광이 되지 않을까 합니다. 그래야 그분, 예수님이 이 어려운 땅에 온 것이 더욱더 설득력을 얻기 때문입니다. 마치 심심해서 놀러 온 것처럼 되거나 소홀히 여기는 공간이 된다면, 이렇게까지 십자가에 달려 피 흘릴 필요가 있을까 합니다. 더욱더 그분이 우리에게서 요구하시는 모습, 아버지의 그 영광을 우리의 개개인의 필연적 결핍으로 보이는 그 구조야말로 전능함을 드러내시는 것이 아닐까 합니다.

이 껍데기 같은 곳, 말세에 결국 불타 없어질 두루마리 같은 이곳이 어쩌면 그분들에게는 너무 중요한 곳으로, 우리 성도들은 하나하나 힘들게 그분들을 그려 나가고, 그분은 우리의 불기둥과 구름기둥으로 섬김을 다하고 있는지도 모릅니다. 십자가의 대속 그 외형은 그분들의 신적 모습을 하고 태어났지만, 짐승만도 못한 우리들의 부패한 이 상태를 그분이 대속하시는 것에 대하여 그 어느 종교도 표현할 수 없는 방법이 이 세상에 가득 그려지고 있음을 모른다면, 그것이야 말로 천연 기념물이라고도 할 수 있다는 것입니다. 이타를 위하는 그분의 모습을 그대로 우리는 늙고 희생하고 빼앗기며 사라져 갑니다. 저 세상의 그림은 몇몇 성경에 나온 대심판으로 그려져 있지만, 우리는 아무것도 느낄 수 없습니다. 왜냐하면 우리는 말씀, 로고스로 창조되었기 때문에 그 너머, 이 세상 너머를 안다는 것이 이 세상에서는 불가능한지도 모르고 그렇게 설정되었다면 우리는 그분의 어느 천국? 하늘나라로 완성되어간다는 반증이라는 대동의하게 됩니다.

단 7:9 내가 보니 왕좌가 놓이고 옛적부터 항상 계신 이가 좌정하셨는데 그의 옷은 희기가 눈 같고 그의 머리털은 깨끗한 양의 털 같고 그의 보좌는 불꽃이요 그의 바퀴는 타오르는 불이며

마치 사람의 형상으로 나타나신 분의 그 모습으로 우리도 그와 비슷하게 지어졌다는 것은 그분이 우리를 대변하고, 우리는 그분을 대변할 수도 있다는 것입니다. 이것은 우리도 그분들과 비슷하게 창조되었기 때문일 수도 있습니다. 단지 그분은 스스로 계시고, 우리는 그분의 피조물일 뿐입니다. 아들은 원래 그 원형를 가지고 있어야 그 모습으로 나오게 됩니다. 그 아비가 없으면 그와 같은 것이 있을 수 없듯이, 이는 우리도 그 신적 모습으로의 회귀가 어느 때에는 그것으로 그분이 우리를 입혀준다는 말씀인 것입니다.

고전 15:52-53 나팔 소리가 나매 죽은 자들이 썩지 아니할 것으로 다시 살고 우리도 변화하리라. 이 썩을 것이 반드시 썩지 아니할 것을 입겠고, 이 죽을 것이 죽지 아니함을 입으리로다.

그러니 우리의 이 땅에 대한 모든 미련이 어리석고 나약하며 사라져 버릴 것이라는 확신을 가지고 살아가게 된다는 뜻일지도 모릅니다. 이는 세상 것을 붙들고 있는 사람들과 차이를 보이는 것처럼, 그분의 말씀이 점점 내 말이 되고, 그분의 계획에 참여하게 됨을 뜻합니다. 그의 대언자로서 그분을 설명해 내는 것으로 그 나라를 완성해가는 것이며, 마태복음 18:18 말씀에서 나오듯 하늘나라를 이루고 만들어가는 것이 이 세상에서 가장 중요하고 원시적 목적임을 말하고 있다는 것입니다. 그 나라는 이 나라에서 그 구원의 언약을 드러냄으로써, 그 하늘나라가 이 땅에 그려져 가는 것을 아버지께서는 원하신다고 말하고 있고, 그렇게 우리가 한 가족으로서 구성원을 나타냄은, 곧 이 땅이 그려내고 있는 근본적 사명을 말하고 있다는 것입니다.

마 18:20 두세 사람이 내 이름으로 모인 곳에는 나도 그들 중에 있느니라. 어둡고 차가운 밤에, 세상에서 너무 외롭고 힘든 나날을 계속 보내게 될 수도 있습니다. 아무것도 없어서, 늘 배고픈 사람처럼 채워지지 않는 슬픔에 힘든 내일이 올 수도 있습니다. 그럴 때면 우리는 저세상으로 마음이 향할 때가 너무 많다는 것입니다. 하지만, 그분도 우리보다 더한 고통 속에서 자신을 나타내셨음을 우리는 부정할 수 없습니다. 오히려 내가 겪는 그 수모와 불평보다도 더 힘들고 어려웠던 것이 사실입니다. 신이신 그 아들의 전능자께서 그 모든 것을 우리처럼 내려놓으셨다는 것은, 우리가 그분에게 있어 꼭 필연적 가치라는 것이 더욱 설명적이라는 것을 의미합니다. 네. 우리는 피조물입니다. 우리는 그분들과 족보가 다를 수 있습니다.

그러나 그 구원의 방식을 짐작해 볼 때, 아무래도 그렇게까지 대해 주시는 것에 대한 대상으로 여김은 우리를 형제처럼 여기신다는 사실을 부정할 수 없게 됩니다. 오히려 이런 가족 관계나 형제 관계, 아버지와 아들의 관계 또한 우리가 정하여 이곳에 나온 것이 아니듯, 성도는 세상에서 가장 귀한 존재로 여겨 주시기 때문이며, 그에 대한 표현이 사랑이라는 방식으로 드러나게 되며, 그것을 창조하셨다는 것에서 말씀이 사용되었다는 것입니다. 로고스, 그것은 바로 '사랑'이라는 단어로 다시 말할 수 있기 때문에, 우리가 더욱더 소중함을 말하고자 하는 것은 아닐까 합니다. 우리가 이 단어를 느끼고, 가슴에서 그 감정이 나올 때, 그 순간을 통해 우리가 그분의 사랑을 깨닫고 말할 때, 그 나라가 이곳에서 완성되는 동시성을 가지며, 천국이라는 모습으로 나타나지 않을까 합니다.

신의 죽음 (엘리 엘리 라마 사박다니)

마 :14:25 밤 사경에 예수께서 바다 위로 걸어서 제자들에게 오시니
막 : 6:47 저물매 배는 바다 가운데 있고 예수께서는 홀로 뭍에 계시다가

돌아가신 부모님이 그리울 때면 우리는 장지인 묘소에서 시간을 보내며 지난날들을 그리워하곤 합니다. 그리고 가끔 그분들과의 시간 속에 비슷한 상황이 연출되면, 때론 묻곤 합니다. 만약 그분들 같았으면 어떻게 했을까라고 바랜 지난 사진 속에 기록들을 보면 어색하고 정겹던 그 순간을 떠올리면 우리는 그때로 돌아가게 될 때가 있습니다. 물론 지난 일들 속에 그 시간은 돌아오지 않습니다. 하지만 그분들과 함께한 그 시간은 지워지지 않는 사실인 것 같습니다. 우리의 기억이 시간이라는 차이로 인하여 점점 선명했던 형상과 소리와 느낌은 어두워져가는 것이 사실입니다. 도리어 자식을 보면서 그리고 가끔 거울을 마주하면서 그분들의 흔적을 엿보는지도 모릅니다. 우리 속에서 아직도 살고 계시는 그 유전적 특성은 잊는다 하여도 그 실체를 지울 순 없나 봅니다.

예수님은 하나님의 아들이라고 말하고 있습니다. 그분은 하나님과 같은 신적 존재이었습니다. 그 신성을 복음서에서 너무 많이 기록하고 있습니다. 진짜 왕족이 그분들이 만든 세상에 나왔던 것입니다. 아무리 지금 하나님이 어디 있냐고 하여도 그분은 실제로 이 세상에 나타나셨고 그 기록은 아무리 거짓이라고 하여도 그 존재를 가릴 수는 없는 것 같습니다. 필자의 부모님도 지금은 없지만 나를 증명하는 것은 곧 그분들의 존재로 이어지기 때문입니다. 그럼 신이신 분의 창조물이 그를 대변하고 그를 드러내는 홀

륭한 증거 자료로 이 세상은 너무 가득하기 때문일 겁니다. 만약 그분들을 모른다면 그것은 아직 하나님을 아는 지식이 없기 때문인지도 모릅니다. 우리의 눈은 가시광선만을 보이는 구조입니다. 하지만 스펙트럼으로 빛을 나누다 보면 자외선과 적외선이라는 부분이 더 넓게 형성하고 있다는 것을 알 수 있습니다. 제임스웹은 이런 우리가 인지할 수 없는 적외선 부분을 우리가 확인할 수 있게 보여 지는 기술을 가지고 있습니다. 우리의 귀 또한 그렇습니다. 우리가 듣는 범위를 가청 주파수를 벗어나는 소리는 듣지 못합니다. 다른 짐승들과 관측 기구들은 그 영역의 소리가 존재한다는 것을 알고 있습니다. 2천 년 전 예수님은 그분의 존재 및 권위를 밝히 드러내고 있습니다. 병을 고치고 귀신을 나가게 하는 것은 인간이 할 수 있는 것이 아닙니다. 우리가 할 수 있다면 그것은 복음서에 말씀하신 그 권능의 설명을 더욱 강화시키기 위하거나 그분의 사유의 능력을 극대화시키는 것밖에 되지 않는다는 것을 말하고 있습니다. 모든 물리 법칙을 위배하는 것은 곧 그분이 이 질서의 창조를 파악하고 있고 설계하였으며 조절할 수 있다는 것을 의미합니다.

내 마음대로 있다가도 없다가도 변경되거나 사라지게 하는 것은 그냥 그 속에 다 포함되어 있다는 것으로 정의할 수 있다는 것입니다. 우리가 세상에 우리밖에 없어 보이니까 우리가 주인처럼 살아가고 있는데, 그것은 잘못된 것이라고 하는 것입니다. 도리어 그 나타나심을 우리는 생각해야 한다는 것을 알아야 한다는 것을 말씀하시고 계시는 듯합니다. 그렇지 않다면 수시로 나타나도 되기 때문입니다. 오히려 주인인 그분들이 어느 장소에 큰 성주로 와서 살아도 되지 않을까 생각할 때가 있습니다. 그래서 그분을 만나고 싶은 분들이 많은지도 모릅니다. 보이지 않는 그분들의 흔적이 보이지 않게 은닉되어 말씀하시는 그 이면에서 우리에게 말하고자 하는 것은 무엇일까 우리가 좀더 생각할 때가 아닌가 합니다.

눅 23:28 예수께서 돌이켜 그들을 향하여 이르시되 예루살렘의 딸들아 나를 위하여 울지 말고 너희와 너희 자녀를 위하여 울라

십자가를 지실 때 모든 여인들, 그 현장에 있던 모든 마리아들은 아마 힘든 상황에 그렇게 울고 있었던 것 같습니다. 하지만 우리는 우리의 믿음이 이 땅에서의 완성으로 다들 오해할 때가 너무 많다는 것입니다. 이곳에서 우리가 우리의 믿음이라는 것을 어떻게 내놓을지를 성도들은 항상 생각하는지도 모릅니다. 하지만 예수님은 항상 우리의 현 처지에 대한 그 연민으로 스스로와 자녀들을 위하여 하라고 하십니다. 그분은 십자가에서 모든 것을 죽음을 위하여 올라가시는 것이 어쩌면 너무 당연한 요구일지도 모른다는 반문을 이 말씀을 우리에게 던지고 있습니다. 그렇게 죽어야 우리가 살아나는 이면 속에서는 이곳이 그분들이 만든 이유가 있기 때문입니다. 창조주의 권위와 그 생명을 십자가에서 죽음은 신의 명분에 흔들리는 이유입니다. 오히려 인간보다는 다른 무엇인가를 가지고 있다는 것으로 생각했기 때문에 그분의 능력을 보고 따르던 제자들도 혼란스러운 것을 경험합니다. 이곳을 창조하시고 이곳에 와서 그 제작자가 사라져버리는 사건을 다른 측면으로 본다면, 그분이 스스로를 부정하는 것은 그분의 모든 의도와 모든 관계, 그리고 모든 피조물들의 세상까지도 그 자체의 부정을 뜻하는지도 모릅니다.

요 10:18 이를 내게서 빼앗는 자가 있는 것이 아니라 내가 스스로 버리노라 나는 버릴 권세도 있고 다시 얻을 권세도 있으니 이 계명은 내 아버지에게서 받았노라 하시니라

이 말씀은 스스로 이 세상을 부정하고 있다 해도 됩니다. 창조주의 그 목적이 연출된 사건으로 나 이제 죽으니 나 창조주 아니야라는 명제로도 읽을 수 있는 대목입니다. 그럼 그러니 너희도 나의 율법, 나의(예수) 말, 아버지의 말에 이제 걸리지 않아 로 들을 수 있나요? 죄가 없어진 상태, 심판을 아들에게 다 맡기겠다 하셨는데 그분이 사라져버렸습니다. 그 죄를 소송할 자가 이 땅에서 사라져버렸다는 것입니다. 예수님이 그가 만든 세상의 육체를 본인이 십자가로 부정해 버렸다는 것일 수 있습니다. 스스로에게 그 저주를 쏟아부어 그래 이것으로는 안 되는 거였어, 라고 하실 수 있지 않을까요? 이렇게 되면 우리, 성도들의 걸림돌이던 죄에 대한 모든 항목이 사라져버린 거네요? 그럼 그분이 우리를 구원하시겠다는 것이 이루어졌다는 것인가요?

요 5:22 아버지께서 아무도 심판하지 아니하시고 심판을 다 아들에게 맡기셨으니

그럼 이 세상에 그 2천 년 전과 같은 이적과 기사는 없어야 하는 거네요? 도리어 그분, 이 땅에 주인이 없으니 그 선지자들을 핍박하는 것이 정상이겠네요, 아닌가요? 만사형통한 삶이던가요? 예수 믿으면 세상이 존경하고 기뻐하던가요? 돈이 많아져서 너무 행복하신가요? 아니라고 하셨는데? 북한에서 예수님 믿으면 끌려가 죽도록 탄광에서 죽노동한다고 하는데 아닌가요? 누가 말씀에 더 가까운 삶으로 그려가나요? 그냥 필요한 것 채워주시는 것에 감사하세요. 없으면 없다고 하시고.

요 15:19 너희가 세상에 속하였으면 세상이 자기의 것을 사랑할 것이나 너희는 세상에 속한 자가 아니요 도리어 내가 너희를 세상에서 택하였기

때문에 세상이 너희를 미워하느니라

2000년 만 해도 신학대 경쟁률이 10:1 & 15:1 사례가 있다고 합니다. 지금은 어떻죠? 더 많아져야 하는 것이 신앙 성숙의 아름다운 모습이 아닌가요? 제가 무슨 말을 하는지 모른다면 그건 들을 수 있는 소리만 듣고 볼 수 있는 것만 보는 것이니 십자가 그 골고다에서 예수님을 위하여 우는 무리와 똑같은 것입니다. 세상에 어떻게 하나님을 증명합니까? 보이지도 않는 이곳에서 하나님을 아는 자가 있나요? 그 아들 예수님의 설명조차 안 돼서 힘들어하는데 정말 성령이라는 것이 당신 속에서 그 아들의 십자가를 드러내나요? 그 십자가, 그 죄를 삭제하기 위하여 짊어지신 그 십자가가 맞나요? 혹시 그 성령님께서 어떻게 우리에게 드러내실까요?

요 16:8 그가 와서 죄에 대하여, 의에 대하여, 심판에 대하여 세상을 책망하시리라 16:9 죄에 대하여라 함은 그들이 나를 믿지 아니함이요

우리의 죄가 얼마나 있나요? 그분이 그 십자가에서 "아니야, 이건 아니야, 나 내려갈래." 하고 내려왔다면 우리는 그 말씀을 지키느라 잠도 못 자고 수십 번 입술을 꼬매고 눈알을 빼고 손을 잘라야 할겁니다. 왜냐하면 우리는 그 죄의 원천이기 때문에 입니다.

요 16:10 의에 대하여라 함은 내가 아버지께로 가니 너희가 다시 나를 보지 못함이요

아버지께로 가시지 않고 여기서 계속 그분이 살 수 있습니다. 하지만 그분은 그 창조주의 질서에 다시 복귀한 듯합니다. 이곳에 온 것이 아무래도 미완성했다고 하진 않아도 죽음이라는 것을 설명하고, 창조주인 주인이라는

의도도 설명하고 그렇게 우리들도 창조하여 그 권리를 죽음이라는 것으로 놓아버렸다는 것일수 입니다. 죄로 막혀 있던 우리들의 권리, 그 하나님의 자녀로서의 그 권리를 죽음이라는 것으로 세상을 창조한, 어느 한때를 본인 스스로 부정해버림으로 완성했다는 것일 수 입니다. 그럼 이제 누가 우리와 함께해요? 성령이.

요 16:11 심판에 대하여라 함은 이 세상 임금이 심판을 받았음이라

예수님이 모든 저주를 안고 십자가에서 피 흘려 돌아가신 것은 이 역사 전체를 이제 그 죽음으로 끝내버리겠다는 것을 의미합니다. 완성했다는 것과 모든 것을 이루었다는 것으로의 표현 또한 십자가에서 죽음을 의미하듯이 이것만이 가능하게 되고 이것 이외엔 아무 것도 할 수 없다는 메시지입니다. 인간은 본질적으로 신을 믿지 않는 존재입니다. 도리어 본인이 신처럼 살려고 합니다. 어느 누가 그 십자가를 대신할 수 없고 그것을 평가할 수도 없다는 말씀입니다. 그분의 권리를 스스로 그 권위를 이 세상에서 삭제하였다는 것은 이 세상도 이제 쓸모없이 지옥에 불타버린다는 것을 의미합니다.

그렇게 이 허깨비 같은 껍질만 남은 상태임을 그 예수님의 십자가는 말하고 있다는 것을 의미합니다. 그래서인지 종말에 세상이 두르마리 말리듯 사라진다고 합니다 저는 저희 어머님을 보고 싶을 때면 저희 자녀와 대화를 합니다. 나를 닮았다는 것은 곧 나의 어머님을 닮았다는 것일 수 있다는 것입니다. 그도 나를 기억하고 추억할 때 그 자녀 속에서 커가는 다른 자신을 발견하게 될 겁니다. 이렇듯 이 세상에서 우리가 받은 그 권리는 너무 당연한 것이 아니라는 것입니다. 이것을 그분이 스스로를 포기한 대가로 우리에게 이어져 내려올 수 있는 사랑이라는 메시지입니다.

오병이어

필자는 먹어도 먹어도 배고픈 세대는 아니었습니다. 드라마나 영화에서나 보는 것 같고, 저희 어머님은 양반인 윤씨 문중이라 부유한 시절을 보냈습니다. 단, 아버님은 6.25 1.4 후퇴 때 맨몸으로 월남하셔서 정말 먹을 게 없어서 엄동설한에 최초의 방위병이 창설될 때 입대하셨다고 합니다.
그때 설날 육성회쯤 되는 아주머니들이 팥떡을 가져오셨는데, 학교에서 배급을 하다 앞사람이 너무 배가 고파서 그 떡을 뒤로 나누어 돌리지 않고 그 자리에서 다 먹었다고 합니다. 그 일로 밤에 집합을 하여 중대장이 화가 나서 모두 엎드려뻗쳐를 시키고, 담벼락에 박아놓은 기둥을 뽑아다가 군인들에게 매타작을 하였다고 합니다.

다행히 아버님은 맨 마지막으로 맞아서 힘이 빠진 듯하여 덜 아팠다고 하셨습니다. 배고프고 춥고 힘든 그 피난민의 시절만 생각하면 저희 아버님은 늘 담배를 피우곤 하셨습니다. 그 후유증인지 몰라도 저희 집에는 아버님 전용 냉장고가 따로 있었습니다. 늘 조용히 음식을 하셔서 드시곤 하신 모습이 참 그립습니다. 옷장 맨 위에는 국수 다발도 줄줄이 있었습니다. 저희 집은 겨울이 되면 양은 양푼에 만두가 가득 쌓여 정말 봄 방학이 올 때까지 늘 만두국을 끓여 먹었던 기억이 있었습니다. 어머님은 아버님의 그 배고픔을 아셨는지 늘 손이 크셨습니다. 지금도 늘 만두 앞에 서면 가슴이 설레는 것이 옛 생각이 늘 나게 됩니다. 그렇게 저희 부모님은 삶에서 가장 어려운 고난을 통하여 먹고사는 그 문제에 항시 힘들어 했던 것 같습니다. 삶이 어려워지면 어떻게 먹고 사는지에 대하여 고민을 하고, 그럼 우리에게 미래가 있을까 라는 막연함을 들때가 있는 것 같습니다.

우리가 교회를 다니며 모임에 형제와 자매로, 그 구성원으로 세워지면 오병이어의 말씀과 같은 여러 사람들이 모여 목회의 설교속에서 그 삶의 양식을 구하는 예배와 기도의 시간을 보내게 됩니다. 오병이어 말씀만 들으면 우리가 가난했던 시절을 회상하던 버릇이 생기나 봅니다. 아니면 그 적은 양으로 놀라운 기적을 이루어내신 능력에 한눈이 팔려, 그만 멋진 그 능력을 사유하고 싶은, 그렇게 나에게 없는 것들에 대한 동경을 우리는 모두 가지고 있을 법한 것 같습니다. 그 들판에 모인 남자만 5천인 그들에게 순간 먹을 것들을 쏟아놓는 것은 어쩌면 우리들의 궁극적 현실에 대한 해답을 제시하는 것인지도 모릅니다.

이 광경을 멀리, 달쯤 되는 위치의 어느 높은 고도의 지적 생명체가 보았다면, 그 능력을 사유한 분이 그의 아버지에게 그 뜻을 올리고 본인의 통로로 수없이 많은 인간들을 살리는 그림인 것 같습니다. 무엇을 바쳤더니 무엇을 더하여 준 것 이전에, 그 창조주 그분은 이곳에서 그들과 그 양식을 준비하면서 "영생"이라는 키워드를 써 내려가고 있더라고, 그 어느 높은 지적인 존재가 받아들이지 않을까 합니다. 더 얻으려 드렸다가 뻥튀겨 얻어내는 것이 아닌, 그 한 분이 인간들의 세상에 들어가 그들과 같이 그들의 양식으로 그 자신을 설명하기 시작합니다. 서른이 될 때까지 그분은 낮은 신분으로 같이 먹고 살아왔습니다. 아주 평범한 집 짓는 자로 살아왔다는 것입니다. 솔로몬처럼 지혜를 자랑하지도 않았고, 다윗처럼 돈이 남아서 아버지의 집을 짓는다 하지도 않고, 그냥 평범하게 어미와 형제들과 아버지 밑에서 살고 있었다는 것입니다. 그분이 만든 그곳에서 한 가족의 구성원으로, 없으면 안 되는 그런 존재로 말입니다.

우리는 사고로 가족의 구성원을 잃는 사건을 가끔 가다가 듣곤 합니다. 그럴 때면 우리 가정에 이런 일이 일어난다면 너무 힘든 날들이 연속될 것이라 생각합니다. 가족의 구성원은 그렇게 서로에게 너무 필연적 존재라는 것을 의미합니다. 예수님, 그분도 다 똑같이 그런 형제와 자녀의 위치에서, 그가 만든 그런 가족의 사랑에 둘러싸인 에너지의 위치에 존재하고 있었다는 것을 의미합니다. 우리는 이 가정이 가지는 에너지가 더욱더 크게 확장되는 것을 볼 수 있습니다.

마 48 말하던 사람에게 대답하여 이르시되 "누가 내 어머니이며 내 동생들이냐?" 하시고
마 12:50 누구든지 하늘에 계신 내 아버지의 뜻대로 하는 자가 내 형제요 자매요 어머니이니라 하시더라

세상의 악한 가정도 그렇게 서로를 위하여 죽기까지 헌신하는 모습을 볼 수 있습니다. 가족이라는 것은 아마도 끊을 수 없는 그런 관계를 가지고 있는 듯합니다. 나를 닮고, 나의 모습을 하며, 나를 대리할 수 있고, 나를 믿는 그런 존재라는 것이 유일하게 생존한다는 것은 축복일 수 있다는 생각이 듭니다. 아마도 더욱 그분의 가족은 그 하나님의 미칠 것 같은 집착을 드러내는지도 모릅니다. 오병이어 사건을 예수님이 세례 요한에게 성령 세례를 받고, 광야 시험에서 마귀의 첫째 시험과 겹쳐 본다면, 그 시험하는 자 마귀의 그림은 5천명을 상징하고, 그 앞에서 "돌들로 떡을 만들어 먹어라"라고 받는 이는 예수님이라고 치면, "떡으로만 사는 것이 아닌 하나님의 입으로 나오는 모든 말씀" 이라고 축사하여 나누는 보리떡과 생선 두 도막으로 이어지는 것이라 한다면, 이 양식은 단순히 우리가 살아가는 물질적 양식을 넘어 하나님의 말씀, 그 생명력을 그대로 그 작은 떡과 생선에 담아 주는 것을 우리는 느껴야 한다는 것입니다.

오천은 계속해서 떡을 달라고 요청합니다. 사단은 세상일에 집중하여 예수님을 대상으로 세상에 살아갈 것들을 요구한다는 것을 보여줍니다. 예수님께서는 하나님에 말씀밖에 없다는 것을 세상속에서 우리들에게 말씀하시고 계십니다. 그 양식은 말씀을 들으러 오는 그 많은 무리는 세상의 허기, 육체적 배고픔을 위하여 온 것이전에 우리가 가지고 있어야할 그 필연적 양식을 강화하여 배푸는 것에 주의 깊게 살펴봐야 한다는 것입니다. 이를 더욱더 강화하여 참된 양식이 무엇이고 어떻게 구해야 이 고통의 수레바퀴 같은 이 지구, 이 세상에서 영원이라는 생명을 얻어 나아갈 수 있는가의 궁극적인 양식을 그 십자가로 펼치시고 있다는 것을 볼 수 있습니다.

요 6:51 나는 하늘에서 내려온 살아 있는 떡이니 사람이 이 떡을 먹으면 영생하리라 내가 줄 떡은 곧 세상의 생명을 위한 내 살이니라 하시니라
광야에서 두 번째 시험은 마귀가 높은 성전에서 세우고 "뛰어내리라" 하는 것입니다. 그럼 그가, 하나님이 그의 손으로 너를 구하여 죽이지 않는다는 것입니다. 쌀이 모자라서 죽을 쑤어 밥을 먹다 보면 양이 적어서 어머님은 자식을 위해 자기 밥을 내어주곤 합니다. 이런 가뭄에 식사를 며칠 걸러도 자식을 먼저 생각하는 것이 아름다운 부모의 모습이 아닐까 합니다. 그 영생의 주인이 내주어야 하는 영원의 양식은 바로 영생이 아닐까 합니다. 세상의 양식을 설명하는 이 너머에, 그 영생을 가지고 계신 분이 스스로의 죽음은 그가 살기 위한 모든 것을 살 수 없는 자들에 대한 영생의 지불이라고 그리고 있습니다. 이것을 영생을 얻지 못 하는 자를 위한 대속이라고도 합니다.

우리가 날마다 먹는 이 음식은 그냥 주어지는 것이 아닌 듯합니다. 미래에는 식량으로 인하여 전쟁이 일어날 수도 있다고 합니다. 오래전에는 물도

그냥 마시곤 하였습니다. 이제는 불확실에 대한 모든 것들을 의심하며 검증하지 않으면 편안히 살 수 없는 그런 세상을 우리는 살고 있습니다. 물질적 환경은 더 많아진 듯하고, 넘치는 플라스틱속에 삶이라는 것이 편리한 듯한데, 그에 따르는 부작용이 너무 크다는 것입니다. 다시 예전처럼 먼 거리를 걸어 다니며 사람 사이의 담이 낮아지고, 힘들게 일하며 밥을 같이 나눌 수 있는 것들이 그리워지는 시대로 가고 있는 듯합니다. 서로가 이젠 말을 건넬 수도 없고, 그들이 나를 언제 위협할지 모르는 때에 정말 이렇게 살아가야 하는 것 아닐 수도 있다는 생각이 듭니다.

마 4:8 마귀가 또 그를 데리고 지극히 높은 산으로 가서 천하 만국과 그 영광을 보여
4:9 이르되 만일 내게 엎드려 경배하면 이 모든 것을 네게 주리라

이 나라는 다섯 개의 보리떡과 생선 두 덩이의 희생으로 성장한 교회와 나라인 것 같습니다. 먹을 게 많아 배가 터져서 이젠 지원을 받던 나라가 지원하는 나라로 변화되었습니다. 이제 그 떡과 작은 생선은 필요 없는 듯합니다. 아버지의 그 베푸시는 양식과 같은 영생은 우리의 일상에 "무엇을 먹을까, 무엇을 입을까"로 대체되고, 더 나아가 만족할 수 없는 상태로 그분이 주신 영생을 이야기하거나 나눌 줄 모르는 돼지들로 변해버렸습니다. 누군가는 알 수 있을 겁니다. 우리들의 대화에서 그분의 이야기가 점점 줄어들고 있다는 현실을, 그 말을 꺼내기가 부끄러워지고 그분의 말을 하면 바보같이 여겨질 때가 너무 많아지고 있다는 것을. 우리의 가난과 궁핍이 요구하던 그 풍요는 결국 그분의 희생을 말하고 있지만, 배고픈 아이들은 그때 부모가 굶는지도 모른 채 지내왔다는 현실들을 말입니다. 비만해져 가는 우리의 몸에 깔려 가려져 가는 그 십자가의 사랑을 우리는 다시 돌아봐야

할 때입니다. 우리에게 말씀하고자 하는 그분의 특별한 메시지는 전부 그분의 간섭으로 모든 일이 이루어지듯이, 이런 풍요 속에서도 그분만을 경배하며 우리의 의를 내려놓고 그에게로 나의 마음을 돌리는 것을, 우리가 먹는 식량과 또 그렇게 살 수 있는 그 내일의 양식같이 우리가 진정 필요로 하는 것이 이 땅에서 구하는 것이 아닌 저 하늘에 대한 소망과 영생이 아닐까 생각합니다. 우리를 위하여 하늘을 우러러 축사하시며 자신을 내주시며 아버지의 뜻만을 가지고 계셨던 분의 마음을 알고 싶습니다. 형제를 위하여 죽는 것이 최고의 사랑이라고 하신 분이 이 땅에 직접 오셔서 친히 양식을 나누고 먹이는 것은 그분의 삶에 우리를 초대하는 것이 아닐까 합니다. 그분의 헐벗고 굶주림은 나의 것을 가리는 혈육의 모습을 그대로 가진 모습입니다. 골고다 그 십자가에서 온몸으로 영생을 내주는 그 양식으로, 다만 그분을 섬기는 것이 우리에게 내주시는 그 생명을 그 형제에게 입히시는 모습은 아닐까 합니다.

히브리인

우리는 대화할 때 적어도 현재 생각하는 것들을 상대에게 이야기를 하곤 합니다. 요즘 많은 이들이 공감하는 것과 생각하고 그것을 우리가 어떻게 받아들이는가를 자기의 기준으로 상대방에게 말을 합니다. 나와 관계되는 가족들의 이야기, 나와 관계한 사회 구성원들이 살아가는 삶 속에 일어나는 사건과 사고를 주제로 서로가 서로에게 생각과 허구적 상상을 범위 내에서 주관적인 생각으로 시나리오를 만들어 내기도 합니다. 만약, 이라는 말을 하여 우리의 과거에서 발생된 일을 바탕으로, 나에게 일어난 것에 대해 누적된 것을 대입할 때도 많이 있습니다. 보통 인간 사이의 대화는 이런 실질적 사건과 그것에 대한 감정적 추측과 가정을 더하여 이야기를 합니다. 이것을 대화의 정의로 보고 있습니다.

대화란 서로의 감정으로 일방적으로 통보하여 같이 공감하거나 느껴 달라는 말이 아닙니다. 한자로 대화의 파자(破字)는 상대방과 마주하여 응대하는 행위를 의미합니다. 말이 오면 말로 나의 의견을 응대하는 것을 대화라고 하는 것입니다. 언제부터인가 가족 간의 대화가 단절되어 가는 듯합니다. 부부 사이에도, 자식 사이에도, 부모 사이에도 서로의 대화보다 통보에 가깝고, 그것을 알아주지 못하면 소리가 커지고 욕을 하며 화를 내기까지 합니다. 그런데 심리학자들은 이럴 땐 상대의 이야기를 듣고 같이 공감해 주라고 합니다.

상대가 말하는 것에는 분명 감정이 쌓여 있어 어디론가 그 에너지가 흘러 다른 것이 차지하지 못한 상태로 봐야 하고, 이것이 오랫동안 누적되면 "상처"라는 말을 합니다. 다르게 말하면, 남녀가 젊었을 적 연애를 할 때 서로에게 "콩깍지가 씌었다"는 이야기는 자연처럼 서로가 그때를 알아, 마치 물이 그 원하는 장소로 흘러가는 현상이라는 것입니다. 반대로 어느 둑에 물들이 고이는 것처럼, 자신이 가지고 있는 감정 및 상처를 받아주지 못하면 그것이 막히기 시작하면서 물이 범람하게 되듯이, 그때 인간은 화를 내거나 슬퍼하거나 심한 감정적 기복이 다가오게 됩니다.

이런 현상은 나이가 들면 들수록 더욱 심해지는 현상으로 나타납니다. 노화는 모든 이가 경험하게 되는 속에서 나의 생각은 더욱 나를 확고히 만들어 가게 되는 것을 의미합니다. 우리가 늙어가는 특징 중 하나가 우리의 부모의 얼굴과 모습이 자연스럽게 나타난다는 것을 알게 됩니다. 이것은 우리의 특징들이 고착화되어 간다고 할 수 있다는 것입니다. 서로가 다른 삶 속에 결국 우리 각자의 유전자가 가지는 본래의 모습으로 돌아간다는 결과로 이어질 수 있다는 것입니다. 이런 현상은 늙는 것으로 우리의 실체(진리)를 드러낸다라고 할 수 있습니다. 자궁 속에 난자와 정자의 형태적 특성은 거의 모든 사람이 동일합니다. 그렇게 두 개가 만나 하나의 존재로 세포가 분열되어 엄마의 자궁 속에서 사람의 작은 형체로 성장하게 됩니다.

이때만 해도 아기의 모습은 약간의 차이로 서로가 비슷한 듯 다른 모습을 하고 태어난다는 것입니다. 하지만 급격한 성장 시기인 10세와 17세까지는 우리가 스스로의 객체로서 보다 뚜렷하게 나누어짐을 알 수 있습니다. 이때야 비로소 누구를 닮고 누구의 성향을 더 가진 모습의 흔적이 뚜렷해진다고 할 수 있습니다. 20대와 30대에는 비로소 본인 스스로의 모습과 향기를 나타내는 "인생의 꽃"이라는 절정기인 듯합니다. 이때의 많은 관심은 하고 싶은 일들과 할 수 있는 일들, 그리고 이성에 대한 관심인 것 같습니다. 나 자신이 가치관을 실천함으로써 나의 방향을 정하는 중요한 일들이 발생하는 것 같습니다. 이때 배우자를 만나고, 일과 관련된 사회 구성원으로 각자의 특성을 잘 이해하고, 그 장단점을 배워가는 단계인 듯합니다.

한 가정을 이루고 배우자와 2세를 계획하고, 그 2세들을 키우고 성장시키며 그 아이들에게서 자신의 지난 모습을 돌아보는 시간도 가지게 됩니다. 자녀들이 어느 정도 성장하여 본인들이 각자의 배우자를 만나 한 가정으로 자립할 때까지 인간은 그 관계 속에서 경험을 바탕으로 "삶이란 무엇이며 우리의 존재와 형성은 스스로가 아닌 가정의 테두리 속에서 이루어진다"는 것을 알아가게 됩니다. 이때가 되면 나의 말이 줄어들고, 그 상황 속에서 이타적 생각을 시작하며 관계 중심적인 이성으로 변화하게 됩니다. 이때의 모습은 점점 부모의 모습으로 변하여 간다고 합니다. 내 모습 속에서 나타나는 부모의 모습을 깨닫는다면 그것은 아마 큰 축복이 아닐까 합니다. 마치 우리는 늙어 힘없는 아이들같이 연약함을 가지고, 우리 조상의 모습으로 돌아가는 것으로 완성되어 가는 것은 아닌가 생각합니다.

히 1:1 옛적에 선지자들을 통하여 여러 부분과 여러 모양으로 우리 조상들에게 말씀하신 하나님이
1:2 이 모든 날 마지막에는 아들을 통하여 우리에게 말씀하셨으니 이 아들을 만유의 상속자로 세우시고 또 그로 말미암아 모든 세계를 지으셨느니라

이렇게 우리의 삶의 전반에 걸쳐 수없이 많은 말과 대화를 통하여 본인을 정의하고 인지하는 것으로 나의 존재를 알아가게 된다는 것을 의미합니다. 이런 불소통의 대화와 관계의 모습은 아마도 본인의 정체성을 알아가는 중요한 방법인 듯합니다. 이런 관계 속에서 벗어날 수 없는 인류의 한계를 히

르는 강물로 표현할 수 있다는 것입니다. 산과 계곡에 비가 내려 물들이 많이 모여서 큰 강을 이루는 것을 보이게 됩니다. 그 강은 마치 모든 물을 한 곳으로 흐르게 하며, 거부할 수 없는 힘을 느낄 때도 있습니다. 그래서 돌이킬 수 없는 세월 같기도 합니다.우리의 인생이라는 큰 틀 안에서 시작과 마지막을 어떻게 할 수 없는 모습을 상징적으로 그리는 것 같습니다. 아이로 태어나 성장하여 결국 늙어가는 아이로 다시 돌아가는 듯한 삶의 순서를 거역할 수 없는 그 힘으로 흐르는 강은 우리 모두가 거스를 수 없는 운명과도 같지 않을까 생각됩니다. 서로가 각자의 모습으로 자신의 조상을 드러내는 이 기나긴 여정들이 모여서 흐르는 곳,

이곳은 아마도 이런 거부할 수 없는 흐름으로 우리 모두를 삼키고, 마치 우리의 소통이 어쩌면 불통이 되어 그 조상들의 생각과 말을 나도 이어서 하듯, 모든 것이 모여서 큰 강을 이루는 혼돈스러운 모습 속의 삶이 우리들의 인생이 아닐까 합니다. 서로가 다 다른 형태로 이 땅에 태어나서, 서로의 다른 가치관이 다른 모습으로 한 방향으로 흐른다는 것 또한 가장 비참한 모습인지도 모릅니다. 그래서 수시로 사고와 전쟁이 일어나는지도 모릅니다. 오히려 이런 모순으로 흐르는 것이, 서로가 자신을 더 드러내고 살아가는 우리들의 삶 속에서 누군가의 연합과 개입이 필연적으로 이루어지는 것은 아닐까 합니다. 이런 지옥같은 곳에서 삶의 경계를 긋고 강을 넘어온 자들을 히브리인이라고 합니다. 온통 자신들의 말들 속에서 알아 달라고 싸우고 물고 뜯는 이곳에서, 저기 반대의 곳, 그곳에서 다른 인류의 종류를 가지고 마치 외국인처럼 온 분의 등장은 이 흐르는 강에 대한 문제의 제시와 해결을 가지고 있지 않을까 합니다. 세상은 온통 자신들을 드러내고 알아 달라고 하며, 그것이 가치 있어 보일 때 스스로의 존재 의식에 고취되곤 하나 봅니다. 그래서 자기가 공격을 받거나 외면당하면 감당하기가 어려운가

봅니다. 이 일로 다툼이 일어나고, 시기와 질투와 미움을 거친 말들로 상대를 공격하며, 죽이기까지 합니다. 우리 인류는 아무래도 스스로는 강해질 수 없는 연약하고 나약한 존재임이 분명합니다. 이것을 종교와 철학은 인내와 참선으로 권유하기도 하며, 인간은 수련을 통하여 그 어려운 관계를 이어가려고 하는지도 모릅니다. 도리어 이것이 상대에 대한 비방의 꺼리가 되고, 정죄가 되는지도 모른 채 말입니다.

요 8:23 예수께서 이르시되 너희는 아래에서 났고 나는 위에서 났으며, 너희는 이 세상에 속하였고 나는 이 세상에 속하지 아니하였느니라.

죽음을 간직한 채 흐르는 강을 넘어온 자, 이들은 우리의 인류가 가지고 있는 대화나 소통에 대한 배려나 관심이 전혀 없어 보이는 듯합니다. 오히려 이런 문제를 이 땅에 우리의 유전 속에 심어서, 그렇게 늙고 추하게 이어가는 과정 속에서 우리에게서 설득도 합의도 하지 않게 가로질러 유속을 거슬러 행하는 듯합니다. 인간의 대화나 타협을 거부하고, 인간들이 말하는 모든 말을 틀렸다고 합니다. 인간의 치명적인 단점은 본인이 생각하는 틀 안에서 대상을 그려내고 말하고 이야기하는 데에 있습니다. 물론 이것이 대화의 시작을 의미합니다. 그러나 이것은 나로 너를 설명해 낼 뿐이며, 우리가 설명할 수 없는 존재에 대하여서는 잘못된 방법이라는 것입니다. 물은 위에서 아래로 흘러 바다로 가는 것을 순리라고 합니다. 강자가 약자를 도와주는 것을 관계적 이치에 따르는 선 이라고 합니다. 하지만 인간은 이것을 본능적으로 거부합니다. 흐르는 물을 더 많이 가지려 하고, 그물이 부족하면 상대를 미워하며, 그를 죽이기까지 합니다. 강자가 약자를 위하여 분배를 해야 하는 것을 약자의 권리로 생각하여 부자들의 세금을 더욱더 강하게 요구합니다. 그러면 부자들은 "너희들도 열심히 노력하여 부를 쌓으면 되지 않겠어?"라고 생각할 수 있습니다. 오히려 가난한 청년이 부자가 되면, 그의 부모는 그 청년이 힘들게 이룬 것을 다른 사람들이 빼앗아 간다고 생각할 수 있습니다. 이런 이기적인 죽음이 가득한 강을 넘어서 온 자들이, 모두가 죽음의 이야기, 서로의 이야기를 자기 자신만의 말들과 이야기로 채울때, 이 비관적 세상을 창조한 그 아버지의 말씀을 하기 시작한다는 것입니다.

이 사망의 세상에서 하늘에 물을 넘어서 인간의 육체를 입고, 이 방(세상)의 신분을 입고 내려오신 그리스도 예수의 말씀은 그분이 이곳의 주인이며, 이곳을 창조하신 분이라고 합니다. 이 말을 하면, 각자의 이기적인 말들만 하던 인간들은 그를 죽이려고 할 것입니다. 아무도 알아듯지 못 하는 말 그것을 가지고 이리로 넘어와서 몇몇 그들에게 이 말을 주고 그말로 인하여 십자가에서 돌아가셨습니다. 그렇게 십자가에서 죽기까지, 우리의 유전인 우리 조상으로의 회귀를 거역하듯이 말씀하고 있는 것 같습니다. 인간은 우리 조상의 모습을 닮는 것에 대한 그 상징의 의미를 알지 못하기 때문은 아닐까 합니다.

요 8:44 너희는 너희 아비 마귀에게서 났으니 너희 아비의 욕심대로 너희도 행하고자 하느니라 그는 처음부터 살인한 자요 진리가 그 속에 없으므로 진리에 서지 못하고 거짓을 말할 때마다 제 것으로 말하나니 이는 그가 거짓말쟁이요 거짓의 아비가 되었음이라

성도는 그런 대화를 멈추고 생각을 멈추고 아버지의 말씀을 곱씹어 되새김질하며 "왜"라는 질문을 던져야 한다고 생각합니다. 아무도 자신의 이야기를 듣지도, 받아주지도 않는 그 골방 속에서 나의 이야기를 멈추고, 당

신의 이야기, 그 말씀이 나를 설득해 가고 이해시키는 특별한 대화를 시작하게 됩니다.그 생명의 물줄기를 받아서 배에서 그 생수의 강이(요한복음 7:38) 흐르기까지 세상의 말과, 대화와 싸우게 됩니다.

이 세상의 물은 영원히 삶을 유지시키지 못합니다. 이 세상의 물은 잠깐 우리에게 있다가 사라지는 신기루 같은 존재임을 분명 말씀하고 있습니다. 이런 말들과 대화는 그것에 한계를 간직한 채 해결할 수 없는 목마름으로 점점 대화의 문을 닫고, 외면하고, 침묵하는 강으로 자신이 쓴물을 내고 있습니다. 더러운 악취가 흐르는 모세 때에 이집트의 강에서 인간의 피가 흘러 썩어서 그 물을 마시지 못하여 죽는 모습은 인류의 연약함을 대변하고, 이제 그리스도 예수의 샘물을 제시하는 말로 세상과 싸우게 된다는 것입니다. 성도는 내가 늙고 나이가 들면서 나타나는 우리 조상의 모습은 바로 창조주 아버지의 그 모습을 나타내기 위함을 알아가게 됩니다. 그 아버지는 그 아들들에게 평생에 걸쳐 특별한 메시지를 말씀하십니다.

사 53:2 그는 주 앞에서 자라나기를 연한 순 같고 마른 땅에서 나온 뿌리 같아서 고운 모양도 없고 풍채도 없은즉 우리가 보기에 흠모할 만한 아름다운 것이 없도다
53:3 그는 멸시를 받아 사람들에게 버림 받았으며 간고를 많이 겪었으며 질고를 아는 자라 마치 사람들이 그에게서 얼굴을 가리는 것 같이 멸시를 당하였고 우리도 그를 귀히 여기지 아니하였도다
53:4 그는 실로 우리의 질고를 지고 우리의 슬픔을 당하였거늘 우리는 생각하기를 그는 징벌을 받아 하나님께 맞으며 고난을 당한다 하였노라

창조주 그분의 아들은 세상의 대화에 상대가 되지 못한 듯합니다. 오히려

그 말씀은 세상 사람들은 진실로 마음에 품지 못하고, 그들의 유익에 사용할 뿐인 것 같습니다. 도리어 "왜 자꾸 이런 말을 해?"라고 듣기 싫다는 말을 수없이 들을 겁니다. 예수 그리스도만 이야기한다는 것은 그 창조주의 모습을 세상에서 밝히 볼 수 있다는 것과 같은 이치입니다. 이런 자들을 세상이 감당하지 못한다고 할 수 있습니다. 도리어 이들의 말을 핍박하고, 외면하고, 업신여기는 일이 비일비재할 겁니다. 왜냐하면 그들 속에 무엇이 들어 있느냐에 따라, 누구는 아버지의 말이 하고, 누구는 세상의 이치가 맞다고 말할 것입니다. 마귀의 말과 전쟁하시는 하나님의 말씀은 계시록에서의 전쟁을 떠올리게 합니다. 말은 곧 그의 신분이나 그의 인성과 인격을 드러내는 것 같습니다. 말은 곧 그 자신을 드러내며, 그가 가지는 생각을 말하고, 그의 나아갈 방향성을 제시하는 중요한 바로미터인 듯합니다. 인간의 말을 버린다는 것은 곧 우리가 이 땅에서의 삶을 포기하고, 다른 그 어떤 것을 취하였기 때문일 겁니다.

이 땅에서 사라질 인간의 말과 대화가 아닌 하늘의 말과, 그분의 대화를 통하여, 세상의 말, 죽음의 말을 버리고 그리스도 예수의 영생의 말과 대화로 성령께서 그분의 이야기를 소개한다면, 우리는 이 죽음의 강을 넘어 새로운 땅으로 들어가는 자들이 아닐까 합니다.

세상은 강처럼 한 방향으로 모든 이들이 흘러갑니다. 그들은 이제 시간을 거슬러 갈 수 없는 것 같습니다. 이 큰 죽음의 강에서 나오는 자들이 있는데, 그들과 같이 할 수 없는 말을 가지고 그렇게 세상과 함께 죽어, 하늘로 건너온 자들을 아버지의 말씀을 가진 자, 히브리인이라고 합니다.

겨자 씨

예수님을 믿다 보면 온전함과 일상이라는 언어가 충돌하게 되는 것을 맞이하게 됩니다. 일상을 살다 보면 삶의 과정에서 지켜야 할 것들이 많고, 그것은 곧 우리가 생활하는 큰 테두리이며, 더 나아가 작게는 나와 가족 간의 테두리, 그리고 사회와의 관계, 직장과 자녀와 그의 소속된 관계의 테두리에서 벗어날 수 없는 인간적인 한계를 가지며 서로 다른 가치관과 부딪히게 되는 것을 알게 됩니다. 서로가 성장한 환경과 시대가 다르기 때문입니다. 이렇게 신앙적인 온전함에 대한 우리가 가지는 가치관이 현실에서 많은 갈등을 부르는 요인이 될 수 있을 겁니다.

헌금 이야기를 하지 않을 수 없는데, 교회를 다닌다는 것 자체가 일상이 주어진 생활의 범주를 벗어나는 경우가 생기며, 시간을 내야 하고 각자의 환경에 맞는 헌금을 해야 합니다. 교제를 통해 새로운 말씀을 배우고 알아가며 그 깊은 내면에 도달하는 것을 목표하는지도 모릅니다. 그때까지는 교회라는 장소가 필요하고 유지되어야 한다는 것이 아름다운 신앙생활의 모습으로 그 생명력이 나타나게 되는 것을 알 수 있습니다. 이와 같이 우리는 곡식과 식물들에게서도 이런 간접적인 것을 볼 수 있습니다. 모든 곡식과 식물들은 거의 대부분 씨를 맺으며 그 결실을 드러냅니다. 봄에 우리는 빈 들에 새로운 싹들이 돋아 자라는 모습을 보며, 마치 죽었던 자리에서 자라는 새싹의 생명력을 신기하게 여깁니다. 이 식물이 한여름 뜨거운 햇볕을 받아 온전히 자라나고 꽃을 피워 암술과 수술이 만나 열매를 맺게 됩니다. 이 모습은 마치 인간의 모습과 비슷합니다. 그 열매는 땅에 떨어져 씨를 위해 양분이 되어 갑니다. 곡식을 먹고 사는 모든 동식물에게 영양을 주긴 하지만, 원리적인 모습에서 그 열매는 씨를 위해 각기 다른 모습과 영양분으로 나타나게 됩니다. 씨는 그 두꺼운 껍질(테두리)로 인해 오랜 기간을 버틸 수 있다는 것을 알고 있습니다. 마치 가을에 추수한 열매가 다음 해 봄에 그 씨의 껍질을 뚫고 자라나듯, 그 껍질 속에 들어 있는 씨는 차갑고 어두운 겨울, 죽음의 모습을 통과하여 살아나는 것을 의미합니다. 이것은 무엇을 의미하느냐 하면, 새로운 생명을 이어가는 것보다 원래의 생명은 죽지 않는 영원성을 간접적으로 설명해 내고 있다는 것을 의미합니다. 인간이 죽음 너머 우리가 모르는 것을 그가 설명해 내는 것을 담고 있다는 것입니다.

그럼 인간은 껍질만 갈아입고 어디든 존재한다는 것이 설명됩니다. 사망은 단지 무엇인가를 알리기 위한 형태라고도 할 수 있습니다. 가족이라는 껍질로 이루어진 테두리를 벗어나면 곧 사회로 이어지고, 그렇게 자녀들은 사회라는 새로운 무리에서 그들의 반려자를 만나며 또 다른 구성원을 그려 나가게 되는 것처럼, 한 에너지를 담고 태어난 생명은 그렇게 우리의 후세들이 다시 그 모습을 그려 나가게 됩니다. 마찬가지로 씨앗이 가진 생명력 또한 영원한 존재를 말하고 있는지도 모릅니다.

마 4:4 예수께서 대답하여 이르시되 기록되었으되 사람이 떡으로만 살 것이 아니요 하나님의 입으로부터 나오는 모든 말씀으로 살 것이라 하였느니라 하시니

이 말씀이 위에 설명을 간략하게 설명하고 있다는 것을 알 수 있습니다. 씨가 그 껍질로 인하여 그 사망을 이겨내기 위하여 두른 형태였다면, 그것은 아버지의 말씀을 위하여 두른 껍질이라는 존재라는 것을 의미하는 데에 어렵지 않습니다. 하나님의 말씀, 이것은 씨가 가지는 능력으로 쉽게 설명된

다는 것입니다. 씨는 어떤 것은 1000년까지도 보관된 사례가 있습니다. 몇 해를 뛰어넘어 그 삶의 모습을 간직하여 존재한다는 의미는 인간들에게 생명이란 영원하다는 것을 단면적으로 설명 가능하다는 것을 보여주는 좋은 예인 것 같습니다. 껍질은 마치 인간의 삶에서 유지하고 견뎌내는 인고의 테두리인 것 같습니다. 마치 성도들의 헌신으로 불을 밝혀 나가며 성전에 기름을 부은 듯 꺼지지 않는 촛대의 불과 같은 느낌을 가질 수 있습니다. 그러나 이것을 지켜 나가는 것에는 항상 일상에서 반대적 현상이 가로막고 있다는 것을 말하고자 합니다. 먼저 말한 온전함과 일상은 서로에게 마치 대칭되는 모습으로, 우리가 삶이라는 과정과 신앙이라는 마음의 방향이 갈등하고 있다는 것을 설명합니다. 왜냐하면 인생은 마치 자연의 생명력을 지닌 사계절같이, 어린아이로 태어나서 자라고 한창 때 일을 하며 그 아름다운 결실의 시간을 지나 겨울로 들어서게 된다는 이 딜레마에 있기 때문입니다.

가족이라는 울타리에 여러 연령과 가치관으로 서로 다른 가치관과 의식을 하나의 방향으로 이끌어 가는 것에는 서로의 양보와 타협이 있어야 가능하다는 것을 의미합니다. 가족이란 이런 서로의 개별에 대한 양보와 타협을 고민하고 서로에게 맞춰 가는 구성원이라고 생각합니다. 남과 비교하지 않으며, 설령 그런 것이 있다 해도 사과와 기회로 다시 화합과 성찰을 통하여 열매를 맺어야 한다는 것을 의미합니다. 하지만 우리 가족들의 모습이 잘 되지 않는 듯합니다. 인간의 본연의 가치가 이곳에 있지 않고 저 먼 곳, 그 영원한 생명이 준비된 그곳을 향한다면 이곳에서 우리의 모습은 조금 더 여유롭고 아름답지 않을까 생각합니다.

그러나 죽음이라는 문 뒤의 것을 생각하고 묻지 않는 이런 현실에 대한 일상은 당장 쓸 시간과 돈과 현실의 가치에 갇혀 버린 채 평생을 남을 위하여 낭비하는 시간을 보내게 됩니다. 남이 가지면 나도 가져야 하고, 남이 사고 싶으면 나도 사야 하는 일상의 폭격이 점점 나를 타인화시켜 버리고, 남이 가야 하는 곳에 가서 나도 가야만 되는, 소외당하지 않아야 하는 절실한 당위성으로 조금도 쉬지 못합니다. 남의 자녀가 잘되면 나의 부족한 자녀로 인하여 망신스럽고 삶의 가치를 잃어버렸다고 자녀에게 함부로 대하듯 합니다. 저놈만 없으면 나의 공로가 아름답게 빛나는데, 그 자녀가 이기적이고 가치 없다는 것입니다. 죽어갈 열매가 씨를 위해 희생하지 않으면 씨는 그냥 껍질로 형성되지 못하고 죽고 맙니다. 그의 열매로 그의 인생을 알 듯이, 그것이 씨를 위하지 못한다는 것은 곧 어미와 자식도 같이 죽는 결과로 그려지게 됩니다. 그렇게 우리의 껍질은 견고하게 씨를 감싸야 하고 있지만 또한 새싹이 나올 때 버려지는 형태인 듯합니다.

마 4:8 마귀가 또 그를 데리고 지극히 높은 산으로 가서 천하 만국과 그 영광을 보여
4:9 이르되 만일 내게 엎드려 경배하면 이 모든 것을 네게 주리라

세상은 모두가 다 돈이라는 씨, 명예라는 씨, 쾌락이라는 씨를 이 땅에 뿌리고 살아가게 됩니다. 그 열매는 영원한 그 본연의 모습이 없는, 썩어 없어질 세상의 것으로 자라서 진짜 씨, 그 영생을 가지고 오늘도 죽어가는 열매를 하찮게 취급하고 여기는 것으로 성도를 핍박하고 있습니다. 보이지 않는 씨로 그들 앞에서 보잘것없고, 보이지 않는 그 나라를 품은 성도가 되어, 그 고통의 수모를 참고 껍질로 그 씨앗과 같은 껍질을 가지고 태어나는 씨를 기다리는 것은 그분이 함께하시는 것이기에 가능하지만, 또한 이는 심판을 말하는 것인지도 모릅니다. 이 세상에 천국이 겨자씨 하나만 한 것으로 시작하여 결국 그것이 말하는 풍성함은 이곳에서 그림자로 나타날

분, 그것이 이곳에서 말하고자 하는 실체는 아니라는 것을 잘 압니다. 하지만 이렇게 말해도 받아들이지 않는 교회와 무리는 더욱더 많아질 것 같습니다. 오히려 우리의 일상에 걸려 넘어지거나, 겨울이 올 때 보일 수 없는 빈손과 같다고 여겨진다면 마음에 상처가 생기곤 합니다.

어느 누구는 세상에 씨를 가지고 한여름을 통과하는 모습으로 스스로 부자인 척 하지만, 그 가족의 다른 구성원의 겨울과 같은 모습과 죽음으로 인하여 가끔 혼동할 겁니다. 아니면 본인 스스로가 열심히 살아 그렇게 이루었다고 남을 탓하며 잘난 척할 수도 있습니다. 이들의 핍박은 정말 예의 없이 상하를 무시하고 없는 자를 핍박하는 모습인데, 왜 하나님은 그냥 두실까도 생각하지만 결국 그 껍질도 없이 그들의 힘을 보이는 것은, 그다음에 심판하시겠다는 순서로 이어진다는 것 같습니다. 당장 그들이 부자로 산다면, 당장 그들이 보이는 힘과 자랑이 아름답고 높아 보인다면, 그것을 세우는 분이 하나님 아버지라는 사실을 모른다면 그것은 곧 사라질 계절 같이 없어진다는 것을 의미합니다. 사람의 인생이 계절과 같이 잠깐 피었다가 겨울로 사라질 때, 가슴에 품었던 그 영생의 씨가 없다면 한 번 생각하십시오. 이 사망이 오는 계절에 살다가 그리스도의 십자가 없이, 그 씨가 없이, 그분의 구원의 씨가 없어 영원한 사망을 맞이하게 된다는 것을.

약 1:23 누구든지 말씀을 듣고 행하지 아니하면 그는 거울로 자기의 생긴 얼굴을 보는 사람과 같아서

인간은 대상을 대할 때 그의 부모를 대하듯 하며, 그 자녀도 그의 아버지와 어머니를 대하듯 해야 합니다. 나이가 들면 점점 부모의 얼굴이 나의 얼굴에서 나타나기 때문입니다. 나는 부모의 세포의 분열로 그들의 것을 가지

고 나왔기 때문에, 어쩌면 나를 주장하는 것은 옳지 못하기 때문입니다. 그래서 성리학이 효를 근본으로 삼는지도 모릅니다. 씨를 두른 껍질도 하나의 열매로 처음에는 시작하였다는 것입니다. 그것의 시작은 아주 작은 하나의 세포로, 그 난 곳이 같기 때문에 우리가 다 하나님의 영광에 참여할 수 있음을 말하고 있는 것입니다. 누구는 피조물로 그분의 필연성을 갈구하는 모습으로 이 땅에 태어나 자라고, 어느 분은 그 위치를 버리고 우리와 같은 모습으로 그 당위성을 드러내기 위하여 이 땅에 태어났다는 것입니다.

만약 우리가 고아처럼 버려진 듯 어둡고 힘든 계절을 통과한다면, 그 이유가 우리에게서 드러날 이유로 존재하고 있다는 것을 의미합니다. 오히려 이런 고통의 시간이 온전한 바람으로 그분을 기다리는 일상을 이기는 승리의 길임을 알려주는 것은 아닐까 생각합니다. 서로가 같은 인간의 모습을 보며 그의 어머니와 부모를 존중하지 않고 대하지 않는다면, 아직 그분의 씨를 모르거나 본인을 모르는 것이니 불쌍한 마음을 가짐이 껍질이 담고 있는 성질이 아닐까 합니다. 나를 두르는 가족과 그 너머의 사회와 이 질서의 생명력을 우리가 다시 한번 되돌아본다면, 우리는 스스로를 부정하고 거부한 채 그 씨를 이곳에 심은 분을 떠올리게 됩니다.

눅 13:19 마치 사람이 자기 채소밭에 갖다 심은 겨자씨 한 알 같으니 자라 나무가 되어 공중의 새들이 그 가지에 깃들였느니라

삶의 고난을 통하여 얻어지는 열매는 그 고난의 크기와 비례한다는 것을 말씀하시는 것은, 우리 성도들이 가지고 있는 그 씨는 결코 세상이 받아줄 수도 없고, 드러내지도 못하며, 설명되지도 않는다는 역설적 말씀이 바로 겨자씨 한 알 같다는 것으로 예수님은 말씀하십니다. 또한, 당장 눈에 보이지

않습니다. 그 나라와 그의 생명력이 영원한 그 권능으로 이곳에서 작은 씨인 채 그 두꺼운 껍질을 두르고 숨어 있다는 것입니다.

세상에 태어나는 모든 씨들은 이 세상으로 그 나라를 설명하고, 그 싹으로 자라서 울창한 나무로 세상을 덮어 푸르게 번지고 있습니다. 많은 생명이 그 열매로 연명하며, 겨울을 위하여 그 씨도 같이 창고에 들여 다음 해를 약속할 수 있듯이. 그 작은 밀알로 태어난 그리스도 예수를 두르는 껍질 같은 보잘것없는 성도들의 땀과 헌신은 그렇게 춥고 배고픈 듯한 이 시대의 겨울 속에서 다시 태어날 그 자녀 같은 소망의 씨를 간직한 존재가 아닐까 생각합니다.

귀신 (과 돼지)

인간의 눈은 가까운 곳에서 먼 곳까지 그 초점을 조절할 수 있고, 밝을 때와 어두울 때 자동으로 빛의 노출을 조절하는 기능이 있습니다. 물론 눈 속으로 들어오는 정보는 거의 빛이라는 파장이 변화하여 망막에 전달되는 정보를 뇌로 전달하여 인식합니다. 물리적으로 따지면 사물이라는 것이 원자나 전자로 이루어진 작은 형태로, 마치 파동의 형태에 가깝다고 현재는 정의합니다. 빛에 반사되는 파동을 가진 것을, 다른 말로 사물이라고도 할 수 있습니다. 더 나아가 파동은 어쩌면 입자라고도 할 수 있어서 우리가 보고 만지는 것은 실제로 그것이 아닐 수도 있다는 것입니다. 그럼 우리가 만지고 보는 것은 그것이 아닐 수 도 있다는 현대사회가 보는 물리는 그렇게 말하고 있기 때문에 마치 껍데기를 쓰고 스쳐 지나가는 순간을 우리는 인지한다고 할 수 있습니다. 나와 우리, 그리고 이곳에 존재하는 모든 것은 파동으로, 마치 촛끈이론 같은 원리로 이어져 머물고 있는 존재인지도 모릅니다. 수많은 인연으로 얽혀 있는 것만 같아도, 결국 필연적으로 만나고 헤어짐을 반복하며 서로의 존재를 확인하게 됩니다. 죽음도, 그 너머도, 사실상 증명되지 않은 태초의 모습도 어느 입자 형태로 수없이 퍼져 나가는 중이라고도 설명됩니다.

그러나 이 파장의 세계에서 포착이 어려운 존재가 있는데, 우리의 영혼과 성령, 그리고 귀신과 같은 것들입니다. 이러한 존재들은 우리가 살고 있는 세계의 파장과는 다른 차원의 존재로서 항상 함께해 왔습니다. 오히려 이들이 우리의 세계에 수시로 포착되는 것 같고, 나타나서 파동을 변경하며 일상의 사건과 현상을 지배하기도 하며, 그로 인해 우리의 인생이 변화하기도 합니다. 보이지 않는 세계가 오히려 더 진짜 같은 성경의 말씀이 있으며, 그곳에서부터 우리가 단순한 그림자로 재생되는 느낌마저 들게 됩니다. 마치 전에 말한 영화관론 과 같은 세상 속에서 인간들이 각자의 배역에 맞는 인생을 살아가며, 악한 자, 미운 자, 선한 자의 역할을 맡아 원하든 원하지 않든 스스로의 파장을 재생하듯 그렇게 인생이 영원하지 않은 이곳에서 연출되다가 스쳐 지나가는 듯합니다. 눅 8:28 예수를 보고 부르짖으며 그 앞에 엎드려 큰 소리로 불러 이르되 지극히 높으신 하나님의 아들 예수여 당신이 나와 무슨 상관이 있나이까 당신께 구하노니 나를 괴롭게 하지 마옵소서 하니 그럼 파동이 아닌 진짜의 사물 같은 만질 수 있고 나누어지지 않는 그런 파장이 아닌 것들이 존재할까요? 네, 가능합니다. 이곳이 껍데기라면 저곳은 실체가 될 수 있기 때문이라는 가설이 성립됩니다. 성경 말씀은 이미 완성된 그 나라에서(천국) 예정된 형태로 우리가 입혀져 이곳에 왔다는 상황으로 전개된다는 것을 인정합니다. 에베소서 1:4-5, 디모데후서 1:9

오히려 이 세계가 가짜라는 것을 설명하기 위해 귀신들의 존재가 등장하고 성령의 역사의 나타나심에 초월적 사건은 그것을 뒷받침하는 물리적 현상임을 반증하게 됩니다. 보이지 않는다고 하여 존재하지 않는다는 것이 우리의 세계의 물리적 질서에 위배되는 것은 물론, 그들의 영적 존재 또한 오히려 실체와 가깝다는 이론이 더 설득력 있게 됩니다. 어차피 파동으로 존재되어 허상과 같은 실체를 보이지 않고, 느낄 수 없는 그 무엇을 판단한다는 것이 우스운 결과라는 것입니다. 위에 거라사인의 말씀은 이 세계에서 일어나는 현상의 이면에 숨겨진 실체를 드러내는 사건일 수 있다는 확증이 듭니다.

예수님의 등장으로 귀신들이 더욱 본인이 인간의 육체에 들어가서 하는 일들을 드러내고 있음을 알게 됩니다. 하나님도 알고, 그 아들 예수도 알고, 마지막 때도 알고, 무저갱도 압니다. 그리고 몸에서 나가지 않게 해달라고도 말합니다. 이것을 보면 인간이 살아가는 실체는 잠언서처럼 미친 짓만 하다가 세상을 떠나는 것이 더 명확해지는 듯합니다. 오히려 필자는 귀신들이 이곳의 주인은 아닌가 하는 의구심이 듭니다. 물론 하나님께서 의도한 공간으로 말입니다 천국이 성도들과 아버지의 집이라면 이곳은 병든 자, 귀신 들린 자들을 연출하여 이곳에 파견된 장소이며, 아버지의 아들이 권능을 가지고 와서 자기 백성을 고쳐내고 있는 듯한 그림은 결국 십자가에서 그 죄값을 지불하고 마귀의 나라에서 건져 올리는 그림이 정확한 해석이 아닐까 합니다. 그래서 성도들을 이방인, 나그네라고도 합니다. 이곳에 정착할 수 없는 떠돌이 같은 인생으로 하늘나라의 소망을 그려놓고 당신의 나라에 대한 소망을 알아가는 긴 여정이 이 이방인들의 나라에서 삶으로 배우는 것은 아닐까 합니다.

인간이 추구하는 이 땅에서 그려지는 모든 그림자들의 내용을 본인들이 무엇을 하는지도 모른 채 살아간다면, 그것이 돼지우리에서 주염 열매의 싸움터와 같다는 것입니다. 많은 돈을 가져도, 부자로 살아도, 이 나라의 경제력이 세계 10위권에 있어도 아직도 가져야 할 것들이 더 많고 가지고 싶은 것들이 더 생기게 됩니다. 마치 끝없이 여행을 하며 돌아다녀도 멈춤이 없는 듯, 지방 경제의 소비 촉진을 추구하는 문화 사업은 인간의 본 실체를 잊게 만들어 계속해서 재화를 생산하는 돼지들로 만들어 버리는 것 같습니다. 가축장에 도살을 기다리는 돼지처럼 살찌게 하여, 마지막에는 잡아다가 먹어 버리는, 일꾼들이 되어가는 현 세계관이 천국의 모습은 아니라는 것을 쉽게 알고 있습니다. 가난을 질병 보듯이 하며 감염될까 경계하고, 미래에 대한 돼지들의 우리 속 다툼을 피하기 위해 모든 노력을 다하는 인류를 보면서 아버지의 연민을 알았다면, 이제 그만 이곳에서 빠져나가야 할 때입니다.

눅 8:32 마침 그 곳에 많은 돼지 떼가 산에서 먹고 있는지라 귀신들이 그 돼지에게로 들어가게 허락하심을 간구하니 이에 허락하시니

돼지가 되느냐 성도가 되느냐의 질문들은 수없이 죽을 때까지 우리가 겪어야 할 고난이라는 것을 말씀하시는 것 같습니다. 왜냐하면 우리의 몸이 그들의 귀신들이 거처로 삼을 만한 것이기 때문에, 그들이 원하는 것으로 우리가 휘둘리며 살아가는 것이 귀신 들린 자들의 모습에 그대로 나타나 있지 않나 합니다. 감기 하나 우리가 타협하여 걸리는 것도 아니고, 귀신이 우리에게 알리고 들어오는 것이 아니기 때문에 우리는 지금도 하나님보다 나를 더 신경 쓰고, 더 많은 시간과 비용에 잡혀 있다면 우리의 주권은 아직도 귀신에게 있다는 것입니다. 귀신의 나라에 잡혀 이방인으로 살게 하시는 분이 이 나라에서 잘 먹고 잘사는 것을 허락한다면, 그것은 아버지께서 어떻게 생각하실지 고민해 보여야 할 것 같습니다.

눅 8:33 귀신들이 그 사람에게서 나와 돼지에게로 들어가니 그 떼가 비탈로 내리달아 호수에 들어가 몰사하거늘

귀신들이 몰사한다는 것은 나와 있지 않습니다. 그냥 어쩌면 일곱 귀신 말씀처럼 다른 처서를 구하여 다른 곳에 갔는지도 모릅니다. 단, 돼지에게 들어가는 것은 위에 말처럼 우리가 돼지들과 똑같은 놈들이라는 것을 비유적으로 말씀하시는 것입니다. 가장 더러운 돼지 새끼들! 이런 말을 들으면 기분이 나쁘지 않습니까? 그 돼지 떼들이 호수에 들어가 몰사하듯이, 이 세상에 종말이 오면 모든 인류가 저 돼지처럼, 노아의 방주 사건에 나온 물 심

판처럼 전부 사망한다는 말을 하고 있지 않을까요?

눅 8:35 사람들이 그 이루어진 일을 보러 나와서 예수께 이르러 귀신 나간 사람이 옷을 입고 정신이 온전하여 예수의 발치에 앉아 있는 것을 보고 두려워하거늘

어찌 보면 세상 자체가 두려움을 품고 그것을 알리려 무선운 일들이 가끔 벌어지는지도 모르겠습니다. 이 세상은 아직도 겨울이 오면 모든 생물들이 죽은 듯이 느리고 보이지 않게 됩니다. 마치 모두가 죽은 듯 자연은 그려내고 정막한 껍데기마냥 생명을 기대하며 소망하는 그런 절망적인 것을 품고 있다는 생각이 듭니다. 죽음을 기다리는 연습은 우리의 생명을 위협하는 보이지 않는 메시지에 맞서는 연습이라고 생각합니다. 어차피 모두는 죽음이라는 것을 맞이하게 됩니다. 성도는 당연히 이곳에서의 죽음이 바로 구원이라는 결과로 거듭나게 된다는 믿음을 가지게 됩니다. 그분이 주신 의복을 입고 혼인 자리에 초대를 받아서 결혼식에 가는 위의 말씀처럼 정신이 온전하여 예수의 발치에 앉아 있는 그림은 그리스도 예수의 절정인 것 같습니다. 모든 성도가 이렇게 이곳에서 구원받는다는 메시지 같은 모습이 우리가 어떻게 무엇을 하여 그분이 행하신다고 하겠습니까?

눅 8:39 집으로 돌아가 하나님이 네게 어떻게 큰 일을 행하셨는지를 말하라 하시니 그가 가서 예수께서 자기에게 어떻게 큰 일을 행하셨는지를 온 성내에 전파하니라

예수님이라는 존재는 마치 성도에게 미친 자인 것 같습니다. 아무리 아버지께서 하라는 일만 한다고 해서 그렇게까지 할 수 있다는 것은 그도 그 일

에 대하여 공감한다는 것을 짐작할 수 있습니다. 네 자녀를 향한 그 끝없는 사랑의 마음을 알기 위한 시도는 인간이 자녀를 품은 그 사랑 이상으로 집착하며 관찰하고 집요하리만큼 간섭하고 계신다는 것을 알 수 있습니다. 오히려 왜 신이신 분들이 이렇게까지 해야 하느냐의 반문이 생길 정도로 성경 말씀은 수도 없는 욕심과 사랑을 반복하고, 이 귀신들인 세상에서 살아가는 모든 생명을 가진 것들이 그 자녀, 그 자식들에게 사랑을 쏟아붓는 모습을 계속해서 재방송하듯이 방영하고 재생하고 있다는 것을 알게 됩니다. 너무 지겹고 지치도록 관심을 가지시는 그분의 마음을 우리는 별의 수만큼도 알 수 없다는 것을 오히려 이 귀신의 나라에 잡혀 그 마음을 망각하고 살 때가 많다는 것입니다.

가끔 그분의 사랑을 잠시 느낄 때 아마도 우리는 그분의 간섭의 시간에 들어가 있다는 것을 알게 됩니다. 어릴 적 우리는 부모의 눈밖에 나지 않도록 안고, 업고 다니며 마치 하나의 생명체처럼 붙어 있었음을 알게 됩니다. 밥을 먹이거나 트림을 하거나 씻기거나 새 옷을 갈아입힐 때도 한시도 떨어져 있지 않다는 것을 압니다. 그러나 성장하여 어른이 되면 가끔 그분이 어디 멀리 있다는 그런 생각을 할 때가 듭니다. 물론 그렇게 떨어져 있다는 게 아니라 그런 마음이 든다는 것은 인격적으로 우리가 스스로 그분을 생각하고 그분을 바라보는 그 자체의 성장을 알게 하시는 것인지 돌아보게 됩니다. 이 귀신 들린 세상에서 몸은 아직도 지친 세상에 노역을 도우며 살아가지만 우리가 아는 믿음의 지식은 하나님을 향하고 그 아들을 그리는 훌륭한 도구로 나타내는 것 같습니다. 성도의 눈은 빛의 파동만을 보는 것 너머 귀신의 세계와 그 창조의 태초 이전의 시간을 볼 수 있게 된다는 것을 알게 됩니다. 그 주권자가 그분이 알파요 오메가라는 경계에 서 자신을 드러내므로 말씀하셨다면 그것을 우리가 알도록 보여줄게라는 것이고 그 사건은 밤하늘에 쏟아지는 별처럼 빛나고 있다는 사실을 말씀은 이야기합니다. 세상은, 그 귀신들은 계속해서 인간이 자신들이 무엇인가를 창조하고 전능자처럼 되길 소원하는 길로 가게 하는 것 같습니다. 하나님처럼 되기를 원하는 인간들의 소망과 바램은 본인들의 이 돼지들의 가축장을 모른 채 오히려 하늘나라를 소망하는 성도들에게 너희들에 하나님이 어디에 계시느냐고 반문할 때 우리를 조롱하고 처지를 비난할 때 기억하십시오.

영화 상영이 다 끝나고 난 뒤에 내 역의 옷을 벗고 그분이 주신 새 옷을 입고 도마처럼 그분의 실체를 만지고 느끼는 곳으로의 긴 여정을 시작한다는 것을.

만두

겨울이면 만두가 줄 서서 익고
가래떡 긴 밤 내내 꺼슬리는 탄 자국 따라

노릇익는 연탄 난로 사이에
지금은 없는 그 시절 배고픔인지

무엇을 먹어도 배가 불지 못함이
오히려 살로 찌워져

밤 낮 잘 때면 내 이 누운자리가 시끄럽다
코를 골아도 좋은데

먹고싶은 만두국 그리운 어머님 솜씨가
간절히 가슴에 묻어 둔채

명절때 나누는 것도 맛있다 하지만
누가 내 그리운 맛에 속을 알려마는

나도 너보다 더 아름답고 잊을 수 없는
그리움이 있나니

너희가 나중에 알련만
또한 받은만큼 드러나지 않음은

형용할 수 없이 큼이라
내 딸들이 해 줄지 모르지만

또 어찌 알까 모르지

과거로 가는 타임머신

눅 2:26 그가 주의 그리스도를 보기 전에는 죽지 아니하리라 하는 성령의 지시를 받았더니
2:27 성령의 감동으로 성전에 들어가매 마침 부모가 율법의 관례대로 행하고자 하여 그 아기 예수를 데리고 오는지라
2:28 시므온이 아기를 안고 하나님을 찬송하여 이르되
2:29 주재여 이제는 말씀하신 대로 종을 평안히 놓아 주시는도다

누군가를 사랑하게 되는 순간, 그에 대해 관심을 가지게 되고, 그에 대한 생각들로 점점 나의 시간들이 변화해 갑니다. 그에 대한 호기심이 많아지고, 시선이 집중되는 것을 알 수 있습니다. 그가 무엇을 좋아하고 싫어하는지, 어떤 표정을 짓는지 세세히 관찰하고, 그에게서 느낄 수 있는 모든 것을 받아들이며 공유하게 됩니다. 사랑이라는 다른 표현은 아마도 그를 학습하고 배우는 것이 아닐까 합니다. 같이 보내고 싶은 시간을 생각하고, 그 속에서 대화하며 공감하고, 서로의 생각을 확인하며 나누고 싶습니다. 몰랐던 새로운 것을 이해하려 하고, 그것에 대한 느낌을 깊이 있게 다시 되새기는 시간이 점점 많아지는 것을 볼 수 있습니다. 마치 서로가 그에게 필요한 부속처럼 하나이길 원하며, 서로가 꼭 필요한 관계로 발전을 지향하게 됩니다.

이것을 연애라고 하고, 미쳤다고 하며, 눈이 멀었다고도 합니다. 무엇인가에 깊이 그것을 받아들이고 익힌다는 것은 사람에게 있어서 그 객체의 가치관을 더욱 확장하며 깊이 있는 형태로 변화하는 것을 의미합니다. 우리가 학창 시절에 많은 것들을 배우는 것은 나중에 어른이 되어 사회로 나아갔

을 때 그 투자된, 학생 때 배웠던 그 시간을 좀 더 원하고자 하는 방향으로 쉽게 이루고자 하는 것을 알 수 있습니다. 우리 지식의 한계는 아마도 우리 뇌를 사용하는 상호 관계로 이어질 수 있습니다. 많이 아는 자는 많은 것을 이해하며 보게 되고, 그것으로 많은 시간을 절약하는 이점이 생깁니다. 다르게 말하면, 상대적인 시간을 단축하기 때문에 더 오랜 시간을 간접적으로 살고 벌어들이는 셈입니다. 책의 내용들은 필자들의 경험과 지식을 압축하여 우리 머리와 가슴에 느끼는 시간들을 단축해 주는 기능을 하게 됩니다. 물론 같은 상황이라도 실제로 나타났을 때의 실체적 느낌은 많이 다를 수 있습니다. 이러한 것을 추구하는 사람들 대부분은 시간의 경계 위에 서서 살고 있다고 해도 됩니다.

우리가 어느 순간을 깊이 있게 이해하고 알아간다는 것은 물리학적으로 시공을 휘게 하여 다른 시간으로 살아간다고 할 수 있습니다. 그래서 공부를 많이 하게 되면 나에게서 보다 자유로워질 수 있고, 나를 잡는 시간과 공간에 더욱 여유로워지는 현상을 경험하게 됩니다. 지나간 시간에 대해 돌이키는 것은 되지 않아도, 지난 일들에 대해 다시 돌아볼 수 있는 시간을 가질 수 있다는 것입니다. 이것은 우리가 성경과 지난 이야기들을 이해하는 데 무척이나 중요한 현상이라는 것을 말하고자 합니다. 위에 말씀에서 안나라는 선지자에게서 이 상황에 대하여 생각을 하면 여러가지의 질문을 내놓을 수 있게 됩니다.

눅 2:26 그가 주의 그리스도를 보기 전에는 죽지 아니하리라 하는 성령의 지시를 받았더니

이 말씀에는 우리가 죽기 전에 그리스도라는 문제에 접근하게 된다는 뜻

을 가지고 있습니다. 그를 구체적으로 생각하고 기다리며 알아가는 과정을 성도라면 그 삶 속에서 그려지는 형태의 모든 관계의 지속이 이 말씀에 전부 걸린다는 것을 의미합니다. 무엇인가를 기다린다는 것은 우리가 아직 완성되지 않은 어떤 특정한 상태임을 말하는 것입니다. 다시 말해 우리의 태생 자체도 어떤 완성된 상태로의 진행임을 말하고 있다는 것을 의미합니다. 무엇인가를 완성하기 위해 인간은 태어나고 그 미성숙 과정에서 어느 시점으로의 진행할 수 있는 모든 것들에 간섭을 배우고 알아간다는 것을 기독교는 제시하고 있다는 것입니다. 어떤 완성이냐 하면 십자가라는 것으로 완성이 된다는 것입니다. 안나 선지자가 그리스도라는 것을 기다리며 그 실체에 대해 나타내고자 하는 방향성으로 그를 설명하며, 그것이 결국 자기 백성을 위한 십자가로 그려지고 있다면, 이를 이어받는 모든 성도들의 실체적 관점은 우리의 죽음, 이 땅에서의 삶과 피줄기로 흐르는 땅적 본성의 죽음을 강렬하게 말씀하고 있다는 것을 그냥 압축하여 나타내고 있다는 것을 의미합니다.

'종을 이제 평안하게 놓아주라'는 그 말씀을 그에게서 나타내고자 한다는 것을 조금 더 깊이 있게 생각한다면 말입니다. 이는 과거에 벌써 완성된 그 어떤 사건이 우리의 삶에 간섭해 들어온다는 것을 이야기합니다. 필자는 우리의 사람은 죽어 사라짐을 목적으로 하고 있는 것이 아닌, 죽음 전에 그를 아는 과정으로 완성되어 가는 것이 가깝다고 말하고 싶습니다. 죽음이라는 이 유한적 존재가 가지고 있는 당면 과제를 이 세상에 던지고, 그 해결의 열쇠를 창조주가 감추어 놓은 채 몇몇에게 찾아가 그를 살리는 곳, 그에게 장가 가는 곳이 바로 이곳이라는 것입니다.

태초에 정해진 이 이야기의 시작은 우리가 태어나기 전에 계획됨 바, 모세와 광야에서의 삶과 무질서한 사사들의 때를 지나 바벨론 포로로 끌려가다시 돌아오는 여정 후에 골고다에선 그 십자가의 사건으로 모든 시간과 공간이 압축되어 전 인류의 관심을 통째로 빨아들이고 있다는 것을 의미합니다. 마치 블랙홀처럼 그 십자가의 구원은 이 땅에 인류의 삶을 송두리째 빨아들이는 죽음이라는 피할 수 없는 과제의 해법으로 제시하고 있다는 것입니다. 그 밑에서 흐르는 그 보혈이 세상의 땅을 덮고 우리의 육체를 가리며 인류의 완성이 되는 그 시공의 초월 이야말로 지금 과거로 가는 타임머신이라고 할 수 있습니다. 우리는 다 완성된 그 시점 속으로 가서 역사에 동참하게 됩니다.

이것을 그분이 우리에게 뚫고 들어온 하나님의 시간(카이로스)이라고도 설명할 수 있습니다. 그 개입은 보이지 않는 것이니 논쟁의 소재로 필자는 과거로 돌아간다고 하겠습니다. 이스라엘 골고다 언덕 위에서는 그 십자가의 때 같이 지금 다시 그 하나님의 아들이 와서 그 십자가를 진다고 하면 단번에 드린 재물의 효과가 없으니 이는 우리 인간과 신의 본질적 차이에 문제가 발생할 수 있고 그 기준이 인간의 기준에 죄 사함은 논란이 발생하니. 단번에 드린 그 시간이 오히려 중요할 수 있고 그 의미가 더할 수 있다는 비중을 뜻합니다. 이는 전 역사에 중심적 관점으로 그분의 뜻을 펼친 것이 되며 이 세상의 모든 것이 이를 설명하고자 하는 기준이라는 것을 말하고 있다는 것입니다. 그래서 AC, BC를 나누는 것인지 모르나 필자의 기준으로 볼 때 가장 강렬한 완성체로 읽혀질 수밖에 없는 4복음서는 그분, 그리스도 예수를 나타내고자 하는 결정체라고 할 수 있습니다.

이 십자가 사건으로 달려오는 구약의 성전 건축, 전 구약 역사를 통틀어 그 십자가로 달려가선 품었던 그 자식을 내주고 그곳을 기점으로 모든 심판을 쏟아내는 것이 현재 우리가 사는 것이라고 생각합니다. 그래서 계시록에 심판은 지금 이루어지는 우리의 이 육체에 대한 심판으로 해석해야 가장 가까운 접근이라고 할 수 있습니다. 달리 말하자면 우리가 과거로 가는 것 이전에 우리는 과거와 같이 얽매여 있음을 나타내는 말을 하는 것입니다. 과거, 그 시간은 지나간, 사라진 것이 아닌 우리에게 주어진 우리의 또다른 나를 의미합니다. 그 시간은 돌이켜 가는 공간이 아닌 나를 품은 채 나의 때로 나오게 하는 순서를 세우기 위한 차이라고 하는 것이 더 설명적입니다.

그 아들을 우리는 십자가로 해석해야 할 필연적 사명이 있음을 역설하는 것입니다. 제가 이곳에서 살다가 죽어 영생의 과제를 품고 그의 해답을 제시하고 사라지면 그 누군가가 그의 말을 이어서 성전에 촛대의 불을 밝히는 것처럼 꺼지지 않는 영원의 생명을 계속 나타내는 것을 의미합니다. 그러나 그 사건으로 그 밝히는 불빛으로 돌이키지 못하고 그와 분리되는, 십자가와 상관없는 것을 알지 못한다면 그 십자가는 과거에 어느 한때에 세워진 영원성이 없는 그 책에 잠자고 있는 것을 의미합니다. 마치 시간을 초월하여 가고 싶은 타임머신을 이용해 그 시간 때로 가서 확인하고 싶은(이적) 것처럼 나와 상관없는 십자가, 나의 죽음에 숙제를 풀지 못 하는 그 십자가는 어느 도서관에 수많은 책들 사이에서 먼지만 쌓인 채 사라질 것입니다.

하나님을 아는 것이 곧 믿음이라고 하고 그것이 성도의 목적이라고 하듯이 우리는 이곳에서 그분의 뜻과 그 의도를 배워야 하는 사명을 가지고 있다는 것을 의미합니다. 십자가가 과거 2천 년 전에 섰다면 그 이유와 그 필연성을 이해하고 그것을 설명할 수 있는 것이 성도의 기본 핵심이라고 말하고 싶습니다. 과거의 십자가로만 우리가 그것을 이해한다면 그것은 나에게선 상관없는 것일 수 있다는 반증을 말합니다. 예수님은 우리에게도 우리의 십자가를 요구하신다는 것을 말하고 계십니다. 그 십자가는 우리가 힘들게 우리의 죄를 지고 가는 것이 아니라, 우리의 죄를 대속한 그 십자가가 나의 죽음과 깊이 관여하고 있고 이것이야말로 우리가 풀지 못 하는 죽음을 해결하는 중요한 것임을 드러내는 것을 우리가 지어야 할 십자가라는 것을 말씀하시는 것입니다. 인류 역사는 계속해서 영생을 받아들이지 않습니다. 인간이 오직 살아가는 본질적 의도는 무한 반복의 인간적 삶의 연장 그것을 바라는 것, 꿈꾸는 것, 희망 같은 것으로 본질보다는 그 허상을 쫓아 온 인생을 허비하는 것이라고 할 수 있습니다. 그래서 현실을 직면하면 이곳을 빠져나가기 위해 죽음을 택할 때도 있습니다. 인간의 현실 부정은 그 상황을 본질적으로 거부하기 때문에 술과 종독에 의존하는지도 모릅니다. 목표점에서 얻어지는 이 땅에 사라질 것을 영원히 살고 싶은 그 망상을 말씀은 평생 미친 마음을 품고 산다고 합니다. 그러므로 대부분의 신자들이 말하는 간증이 이 땅에서의 나타냄을 자랑으로 간증합니다. 우리의 인생을 찰나의 순간이라고 들 합니다. 만약 긴 영생, 그 시간을 우리들이 다 알고 보았다면, 몇몇 선배 사도들처럼 그 질서 밖의 시간으로 갔다 와서 그것을 인지하고 있다면 우리가 보내는 시간에 대한 자세는 많이 달라질 것이라고 생각합니다.

유한한 이곳에서 얼마나 더 시간을 보내면서 그분을 드러낼지 잘 모르는 것이 우리의 삶인 것 같습니다. 우리는 스스로 이 유한을 가진 채 그것이 그 영생의 주인을 역설하고 모두가 그 문제에 당면하고 있다는 것을 고민한다면 이젠 그 해답을 고민하고 논할 때가 아닌가 생각합니다. 무엇을 구하는 욕심에 잡혀 있다면 아마 그것이 우리에게 유익하지 않다면 그것을 결핍한 것으로 이끌어갈 때 생각하십시오. 이것이 그분이 우리에게 하시는 간섭이라는 것을. 우리에게 가장 필요한 것들로 지금 원하지 않는 것을 우리 곁에 놓고 있다면 그렇게 싫은 주변이 무엇을 말하는지 그로 그가 알게 하는 뜻은 구하는 자세로 우리가 물어야 하지 않을까 합니다.

그리스도 예수, 그를 안다는 것은 그렇게 사는 게 아닙니다. 그와같이 살기 위하여 태어났다고 생각한다면 우리는 아직도 우리가 어떤 존재인지 모르는 것입니다. 그분의 향기를 품고 사는 것은 그분이 이끌어 가는 그 영생을 소개하는 것을 의미하는 것입니다.

시간은 아주 중요한 치료약인 것 같습니다. 시공을 휘게하여 만나는 접점을 통하여 결핍된것을 해결하기 위해 이어지는 다리같이 우리가 건너갈 수 없는 곳에서 그분이 다가올 수 있는 것처럼 서로가 사랑이라는 것으로 상처를 주고 지나서 그 마음을 다시 돌이킬 때 어쩌면 서로에게 필요한 것이 시간일 수 있다는 것은 짧은 유한에 대한 강박성으로 모두가 가지고 사는 것인지 모릅니다. 이렇게 거리를 두고 기다릴 수 있는 시간 이라는것은 그분이 주는 특별한 선물이 아닐까 합니다.

살아가는 시간, 살려 놓은 시간, 그렇게 허락한 시간을 가지고 태어나는 인간이 말입니다. 우리가 그 십자가로 다가갈 수 있는 것 또한 이 치유의 시간을 베푸는 그분의 특별한 은혜인 것 같습니다. 놀랍게 이것이 우리에게 심겨진 유한이라는 본질이 가지고 있는 또 다른 모습이 아닐까 합니다.

진주

마 13:45 또 천국은 마치 좋은 진주를 구하는 장사와 같으니
13:46 극히 값진 진주 하나를 발견하매 가서 자기의 소유를 다 팔아 그 진주를 사느니라

전쟁 때 총탄이 날아드는 곳을 진격하다가 몸에 총상을 맞아 쓰러진 젊은 군인이 그가 마지막으로 한 말이 생각이 납니다. "어머니"라는 그 말이 오래도록 기억됩니다. 우리 이 세상이 멸망이라는 과제가 곧 떨어진다면 그 충격이 감당할 수 없는 에너지로 모든 것을 삼켜버린다면 우리는 나와 가장 가까운 관계를 생각하게 됩니다. 나이가 들어 결혼을 하면 가장 가까운 순위가 배우자로 이 모습은 승계가 됩니다. 다 그런 것은 아니어도 가장 가까이 서로를 확인해가며 존재해 가는 배우자라는 가치는 아마도 삶에 한 부분, 중요한 한 부분으로 자리잡고 둘은 하나가 되어 가는 듯한 끝없는 모습으로 다투고, 화해하고 다시 미워하며 사랑을 확인하는 여정의 시간을 거의 보내게 됩니다.

이 과정에서 자식을 낳으면서 나의 테두리는 확대됩니다. 없었던 나의 다른 모습을 나 아닌 다른 존재로 확인한다는 것은 어쩌면 신기하고 신비한 것인지도 모릅니다. 나의 어릴 때의 모습을 서로가 간접적으로, 서로의 장단점으로 비추는 거울 같기도 하며 나의 이루지 못한 또 다른 욕망과 희망, 소망을 그에게도 나타내려는 시도 또한 어쩌면 이 세상에서는 연속적인 현상인지도 모릅니다. 다른 나로 성장해 가는 자녀들의 모습 속에 배우자라는 소중한 가족의 순위가 다시 변화를 맞이하게 됩니다. 자식에게 그 관심

과 애정이 흐르고 본인 스스로를 먼저 생각하기보다 미래에 성장할 그 자녀를 위하여 끊임없는 투자는 바로 사랑이라는 모습을 띠고 있다 해도 다르지 않습니다. 물론 집착과 애증의 결과로도 나타나지만 그 모습으로 우리는 사랑이라는 커다란 형태를 숨길 수 없게 된다는 결론은 누구나 부인할 수 없게 됩니다. 그 자식이 우리의 위기나 전쟁, 환난에 던져진다면 그 부모나 배우자들은 극심한 스트레스에 노출되기 시작합니다.

필자는 오래전 저희 아버지께서 북에 놓고 온 형제들, 형님들을 가슴에 품고 사시던 아버지의 모습을 기억합니다. 현재 남쪽 형이 군에 갔을 무렵 남북 관계의 상황이 악화되었을 때 저희 집 환경은 그야말로 최악이었습니다. 어느 날 술에 만취하여 우시면서 자식들이 전쟁 나면 서로에게 총구를 겨누어 서로를 죽이는 모습을 생각만 하신다면 죽고 싶다고, 일어날 수 있는 일촉즉발의 나날을 생각한다면 이것이야말로 이 세상에 그려지는 최악의 비극의 시나리오가 될 수 있지 않을까 합니다. 한 핏줄기를 가지고 서로 모르는 모습으로 태어난 형제들의 운명을 가지고 조국이라는 이념으로 상대를 죽이는 현 사회에서 아직도 변화지 않는 우리 한반도에 갈라진 형제의 나라에 슬픔을 간직한 채 돌아가셨습니다.

네, 저희 북에 큰형님은 어디에 계시는지도, 어떤 모습인지도, 어떻게 유년 시절과 그분들의 가족은 어떻게 사셨는지도 모릅니다. 그냥 상상만 할 뿐, 그곳에 모습을 아버지의 술 취한 이미지로만 얼마나 보고 싶었던 것일까 짐작만 할 뿐이었습니다. 너무 늦게 저를 낳으시고 제가 서른이 될 때 두 분 모두 돌아가셨습니다. 부모 없는 사회의 첫발은 무척 힘들지만, 이것을 외면할 수 없는 나의 상황은 어쩌면 우리 부모 세대들보다는 나을 수 있을 것 같다는 작은 희망으로 살아야만 했습니다.

그렇게 결혼을 하고 자녀를 가지면서 아이들이 나의 모습을 하고 커갈 때 문득 이들과 오랫동안 같이 시간을 보낼 수 있을까라는 의문이 들기 시작하였습니다.

우리가 우리의 운명을 정하여 살지 않기 때문에, 우리 부모 때와 같이 더욱 간절한 가족 간의 사랑은 저에게 깊은 상처로 보일 수 없는 바람 같이 나의 자녀와 나의 여생을 보낼 수 있을까라고 하나님에게 묻곤 합니다. 나를 나로 있게 하는 이 기나긴 여정의 결실인 나를 이어주는 생명의 끈을 간절히 붙드는 우리의 그 신념은 가족이라는 구성의 에너지로 발산하게 됩니다. 그 감당할 수 없는 절정이 긴 역사 속에서 수도없이 나타났다 사라지고 또한 우리의 개인의 삶에서도 반복하여 이루어짐을 알 수 있습니다. 우리가 가족이라는 이 테두리를 두른 채 생명을 이루어가는 현상은 오직 사랑이라는 말로 모든 것을 설명할 수 있습니다. 분쟁도 싸움도 다툼도 시기와 질투도 나타나지만 그 모든 흔적은 우리가 종국에 그려놓을 당신과의 관계라는 명제에 빠져나갈 수 있는 것은 없다는 것입니다. 인간을 인간으로 살펴 살게 하는 이유와 자연과 생명을 낳게 하여 보전하는 것과 동일하게 그려나가는 역사의 그림은 마치 그분이 숨겨놓은 눈빛을 감고 떠오르는 태양의 그 에너지처럼 당신이 그려가는 이야기의 주인공의 모습은 아닐까 생각합니다.

마 13:45 또 천국은 마치 좋은 진주를 구하는 장사와 같으니

예수님께서도 아버지가 있지만, 아버지인 그분을 아버지라 할 수 없는 상황에 들어왔던 것 같습니다. 종국에 그분이 아버지(하나님)를 드러낼 때, 그를 미워하며 죽이려는 바리세인들을 어떻게 생각했는지 궁금할 때가 있

습니다. 그 대척점에 바리세인들도 본인들이 믿고 있는 하나님을 아버지라 생각했다는 관점에서는 모두가 다 하나의 선에 관심을 가진다는 것입니다. 한 아버지를 사이에 두고 서로의 신분에 대한 오해로 다툼이 벌어지는 2천 년 전이나 현재 이어지는 분단의 현 시점이나, 우리가 형제를 사랑하듯 이웃을 사랑하지 못 하는 지금이나 변함은 없다는 것이 현실입니다. 도리어 아버지의 사랑 속에 벗어날 것이라는 두려움에 촉발된 바리세인들의 생각이 결국, 하나님의 아들을 죽이는 사건으로 그려졌다는 것입니다.

그 십자가에서 우리가 무엇을 하는지 저희는 모른다는 용서는 어쩌면 한 아버지의 사랑, 절대적인 그 사랑을 받아야만 하는 필연적 존재를 그 극한의 상황으로 끌어올리시는 당신에게 묻고 싶습니다. 당신의 진주는 무엇이냐고, 당신이 그렇게 찾아 헤매어 결국에 그들에 의해 죽임을 당해 달려버린 그 십자가에서, 당신의 아버지와의 관계까지도 단절되어 찾고자 하는 그 진주의 가치가 이 땅에 사는 당신을 죽이는 우리들이냐고.

막 15:34 제구시에 예수께서 크게 소리 지르시되 엘리 엘리 라마 사박다니 하시니 이를 번역하면 나의 하나님, 나의 하나님 어찌하여 나를 버리셨나이까 하는 뜻이라

하나님 아버지와의 단절 지금 전쟁이 나면 저는 총을 들고 자녀들을 지키러 총알받이로 나가야 할지 모릅니다. 진정 지켜야 할 것들이 많으면 두려움이 없어지는 것을 우리는 우리의 삶에서 발견하게 됩니다. 적으로 나오는 자들 중 저희 이북에 형님의 자녀가 있을 수 있을 것이라는 생각 합니다 서로를 향하여 당기는 방아쇠는 너무 무겁게 느껴지겠지만, 우리가 십자가에 올라선 그분의 마음과는 비교할 수 없을 것 같습니다. 세상에서 가장 귀

한 자녀를 내주시는 분의 그 마음을 우리가 살면서 조금씩 알아가기를 원하는 지도 모릅니다. 당신을 향하여 쏘는 그 총구를 향해 팔을 벌리시는 그 십자가의 모습은 극히 귀한 진주 같이 본인을 주고 사시는 예수님이 아닐까 합니다. 우리를 사러 이곳에 오시는 것을 우리는 우리 자녀를 지키는 마음으로 배우길 원하시는 것은 하나님 아버지 그분이 우리의 삶에 숨겨놓은 보화처럼 그것을 발견하고 모든 소유를 다 팔아 그 아들, 독생자를 다 팔아서라도 화목케 하시는 그 마음이 아닐까 합니다. 아직도 저는 저의 자녀를 돌아가신 부모에게 소개하고 싶을 때가 너무 많습니다. 죽음 앞에서 갈 수 없는 재회를 꿈꿀 때면, 언제간 그 영원이라는 시간에서 볼 수 있을 것 같은 기대감으로 소망하는 지도 모릅니다.

아버지와 그 아들의 분리로 인하여 구하는 진주의 가치는 이렇듯 저의 친 아버지의 혈육을 이어가려는 그 사랑의 모습으로 더욱더 나의 깊은 상처가 되어 남겨지듯이 그 눈물이 흘러 가슴 한 곳에 커가는 빛나는 진주로 우리가 이 사랑을 고백하는 보석들로 빛나는 존재임을 알게 하는 것은 아닐까 생각합니다.

계 21:21 그 열두 문은 열두 진주니 각 문마다 한 개의 진주로 되어 있고 성의 길은 맑은 유리 같은 정금이더라

진주는 외부로 오는 모래와 이 물질을 감싸기 위해 진주층으로 감싸서 생기는 보석을 의미합니다 우리에게 오는 고통을 통하여 말씀하고자 하시는 분의 마음을 깊이 간직하여 삶의 모습으로 그것을 내놓는 믿음의 간증이 아닐까 생각합니다

저는 아직도 이 나라가 통일되기를 소망합니다. 아버지의 고향, 그곳이 어떻게 변화되었건 그 산자락에 서 흐르는 바람에서 그날에 그 어린아이들과 함께하시던 추억들이 너무 궁금합니다.

그 가슴에 파묻혀 갈 수 없는 북녘에 하늘을 우러러 가슴에 묻은 그 눈물이 보석처럼 낳는 그 이름, 그 이름을 부를 때마다 저희를 찾아오시는 그 분의 마음과 그렇게 이곳에 사랑을 허락하신 그분의 아버지를 떠올립니다.

영원한 생명

인간이 스스로를 알아가는 것에는 늘 한계가 있습니다. 서로에게 교감하는 중요한 이유는 인간 자체가 혼자 살아갈 수 없게 만들어졌기 때문인지 모릅니다. 새로운 잉태를 위하여 남녀가 존재한다는 것을 전제로 한다면, 꼭 서로에게 그2세를 위하여 존재하지 않아도 된다는 것과 같다고 생각할 수 있다. 왜냐하면 이것으로 생명이 이 땅에 지켜지는 원리인 것이지, 누구나 다 해야 할 의무는 아닌 것일 수 있기 때문이다. 이 말은 곧 우리에게는 그런 육체의 신비와 함께 그 한계에 모두가 잡혀 있는 것과 같은 양면성을 가지고 있다는 것이다. 이는 무엇인가를 우리가 원하건 간에 그렇게 될 수 없음을 자각하는 것과 같습니다. 그렇게 스스로 선택하여 이곳에 오지 않았기 때문이다.

마치 우리는 버려진 듯한 객체로 소통이라는 힘든 도구와 유대감이라는 방법으로 서로에게 의무 아닌 책임같이 마주하고 있을 때 사회라고 하고 문화라고도 할 수 있는 공동체를 형성하게 됩니다. 이는 철저하게 원하는 것이 아니라고 필자는 말하고 싶다. 나를 그릴 수 없는 시간과 공간의 공존으로 모두가 떠밀려 왔고, 우리의 주변도 이 세상의 무엇 하나 스스로 있는 그 어느 객체가 없다는 한계성에 다다라 버리게 됩니다. 나의 떨리는 눈동자도, 그것이 어디를 바라보는 듯한 힘든 순간의 빛자락도, 무엇 하나 나와 타협하지 못하고 나의 의도되지 않은 모든 것이 전부 낯설고 외딴 그 무엇이 되어지고 흘러가는 것에 있다고 할 수 있습니다. 나라는 존재는 나이기 전에 그 빈자리로의 나를 넣기까지는 아무 공존 없는 그냥 다른 배경의 흐름에 지나지 않듯 나는 그 모자이크의 작은 장식에 불과하다는 것에 다다릅니다. 이 말하는 것과 생각까지도 나의 주체이기 전에 그 무엇이 없었기 때문에 이는 나라고 설명되기 전에 한 번 더 나를 깊이 생각할 필연이 있다는 것을 의미한다. 나는 나로 완성되어 가는 것 이전에 우리가 배우고 생각하고 슬퍼하고 괴로운 이 삶의 운행을 왜 해야 하는지에 대한 강한 물음을 던져야 할 때라고 생각한다. 왜 만져질 수 있는 것으로 존재하는지, 왜 혼자로서는 되지 않는 것인지, 흑암 이전의 것으로 잉태돼 내놓아졌는지의 단순하고 반복되는 질서 위에 물음을 가져야 한다는 것입니다. 겨울이 지나면 죽은 들판에 생명은 다시 살아나는지, 왜 사계절을 이곳에 그리고 있는지. 그 흐름 같은 우리의 육체적 여정을 어떻게 받아들여야 하는지도. 그냥 입혀졌으니 이러다 늙으면 죽는 것으로 이해하기엔 숨겨진 숨결에 깊이가 너무 크게, 한 치도 흐트러짐 없이 이 세상이 반복하여 들려주는 메시지는 어떻게 받아들여야 하는지 생각해야 합니다.

인간의 죽음은 어디로부터 나오는 것일까? 사망이 쏘는 것이듯 그 권세는 그분으로 주어졌다는 이유 또한 무엇을 말하려고 하는 것일까? 우리 인간이 너무 오래 살면 문제가 되는 것일까? 그럼 왜 사랑하는 가족들과 헤어져야 하는 것일까? 이렇게 나를 내놓고 그려가려는 이유를 우리는 별에서 찾고 자연에서 찾고 너에게서 들으며 자식에서 확인하듯이, 너무 비슷한 듯 다른 이 공간은 결국 이런 비슷한 공간을 설명해 내려는 의도일까? 이렇듯 우리는 죽어가는 것으로 세상을 살아간다지만, 이는 어느 순간으로 완성되어 가는 것으로 받아들일 수 있다는 결론은 아닐까 생각합니다. 나의 본질적 질문을 던져야 하는 이 클라이맥스에서 그것이 죽음으로 완성되기 전에 다 같이 그려내는 큰 그림이 생명이라는 본질을 위한 것에 더 무게가 있다고 할 수 있습니다.

살아 있는 것으로의 여정을 이 공간에서 잠깐 태어났다 별처럼 사라지지 않을 그 영원한 그런 것은 도대체 존재하지 않는 것일까? 단지 수만 년을 이어온 이 땅의 역사로 영원이라는 것을 설명할 수 있을까? 오히려 짧은 인간의 수명을 더욱더 역설하며 흘러가는 것은 아닐까? 이 역설적 우주의 반복은 나의 연약함을 같이 품고 말하는 모든 소리가 되어 과거로 흘러가는 나의 미약함을 설명하는 동시에 나를 부인하는, 그 자리로 매달려 올라가는 그 위대한 십자가, 그 높은 모든 것에 부인이 어쩌면 이 삶의 궁극점인지도 모른다. 그 십자가에서 돌아가신 그리스도 예수의 육체가 모든 창조를 대표하여 죽는 것 자체가 그분이 가슴에 품었던 태초에 품었던 영원함을 그 피와 함께 쏟아내고 있는 것이 보이는가? 처음부터 우리 조상들이 이곳에 선택하여 나오지 않듯이, 우리도 나도 그리고 나의 이세들도 철저한 배역을 가지고 나타났다가 사라져 가는 흔적인 것에 더 설명적이라고 할 수 있습니다.

나를 알아가는 지식의 채움으로 원래 나의 모습이라는 형상이 인간이라는 구도의 시선을 담고 깎여 가는 석상의 덩어리처럼 순백으로 드러날 때마다 한 점 한 점 진흙의 덩어리가 떨어져 나갈 때마다 아프고 힘든 나를 꺼내는 진행을 죽음으로 가는 여정이 이곳의 이야기인 것 같다. 누군가의 모습으로 완성되어 가는 이름을 가진 채 그를 동의하는 연약한 선택들이 하나하나 나를 이루고 핏줄이 되어 살로 감싸 가는 형상은 본질적 물음을 스스로 내뱉고 스스로 들려지는 이 기운으로 가득 차 있는 곳에서 그의 모습으로 다시 자라나는 우리의 실체를 더 알아가면 갈수록, 그분의 십자가 그 밑으로 흐르는 피로 영원히 하나가 되어 가는 상태임을 알아가게 될 것입니다.

롬 13:10 사랑은 이웃에게 악을 행하지 아니하나니 그러므로 사랑은 율법

의 완성이니라

그리스도 예수를 배우기 위하여 모든 인간들이 이 세상에 태어나고 이 세상의 모든 생명들이 그를 설명하려 공존한다는 이유로 세상은 쉽게 망가지지 않고 또 연약하지 않음과, 슬픈 것들로만 아닙니다. 또 힘든 것들로 끝을 낼지라도 다시 태어나 꽃과 같이 시작되는 봄이 우리의 옷이고 우리의 머리털과 같고 우리의 노래같이 타오르는 빛처럼 이 연약함의 모든 설명은 당신을 그려내기 위한 원대한 여정임을 우리가, 우리 자녀가 알고 있다면, 이것이 나를 있게 함입니다. 이것이 나를 나로 여김이니 이는 곧 나의 존재를 알았다고 할 수 있기에 그로 나의 모든 존재가 그에게서 나오듯 나 또한 그에 의하여 주어진 선물과 같으니 이는 나를 당신에게서 떼어내어 나로 가지게 함이니 진정 나는 당신 속에서 태어난 존재라는 것입니다. 이것을 배우고 익히며 알아가게 되니 나를 안다 함이 곧 당신을 깊이 앎과 같음이요, 당신을 배우면 알수록 나를 더욱 알아감이니 결국 나의 모습도 나의 마음도 그와 닮아가는 것이기 때문에 그 말을 알아가고 이해하기까지 더딘 시간에 우리가 다 나오게 된 것입니다.

마 16:24 이에 예수께서 제자들에게 이르시되 누구든지 나를 따라오려거든 자기를 부인하고 자기 십자가를 지고 나를 따를 것이니라

한 가족은 한집에서 한 식탁에 같이 식사를 하며 같은 이야기를 하고, 같이 일하며 같이 벌어들인 양식을 나누며 즐겁고, 같이 슬퍼하고 같이 고민하는 것을 의미한다. 십자가 그 밑에 연약함으로 우리의 죽음, 나의 죽음의길에서 나의 물음에 질문하고 고민할 수 있고 생각할 수 있고 대화할 수 있는 시간을 우리가 나눈다면, 그것은 보이지 않게 결정된 가족이고 이웃으로서

같이 그 몸의 떡을 나누고 떡과 같이 삶의 양식으로 대화하는 우리들의 관심 속에 십자가 그 보혈로 흘린 이 잔을 마시듯, 그 떡으로 나누는 말씀이 그를 가리키고 그를 드러냄이 그 작은 가족으로 다시 탄생하는 관계의 시작입니다. 우리가 이 세상에 그분을 대신하여 그를 나타내는 배역들로 선택된 시간 속으로 들어와 있음을 알았다면 누가 그 무엇으로 이 모든 관계를 끊을 수 없고, 무엇이 이 관계를 없앨 수 없다는 것입니다. 하지만 우주를 깊이 알고 천체를 보며 운행을 보아도 이 모든 것은 설명을 위한 그림자라는 것을 알게 됩니다. 그 실체의 모습을 알려주는 허깨비와 같은 것이라 알게 됩니다. 그것 자체가 진리가 아니라는것을 우리가 가슴에 품은 믿음이라는 것이기 때문이다.

빌 3:8 또한 모든 것을 해로 여김은 내 주 그리스도 예수를 아는 지식이 가장 고상하기 때문이라 내가 그를 위하여 모든 것을 잃어버리고 배설물로 여김은 그리스도를 얻고

그런즉 우리가 아무리 그리려 해도, 그를 나타내어도 그가 아니기 때문에 우리도 이곳도 허상속에 숨은 그 영생, 그에 대한 것을 알았다면 그것으로 나눌 따름입니다. 그저 기쁘게 나눔으로 모든지 그를 드러내는 모형과 도구이니 이는 그를 아는 자에게서 이 율법 속에 자유함을 얻음같이 더욱더 그를 드러내는 것이, 우리가 가진 최고의 선입니다.

고전 13:11 내가 어렸을 때에는 말하는 것이 어린아이와 같고 깨닫는 것이 어린아이와 같고 생각하는 것이 어린아이와 같다가 장성한 사람이 되어서는 어린아이의 일을 버렸노라.

힘들게 말하지 않고 눈빛만 보아도 그 사람의 마음을 아는 것 같이 성령이 우리에게서 생각나게 하여 가르친다면, 예수의 십자가 그 높은 곳에서 모든 것, 세상의 모든 것을 스스로 부정한 채 죽으시고 이 유한한 세계를 넘어 영원한 곳으로의 처소를 우리에게 대접하시는 것을 알았다면, 이제 말하지 않아도 모든 것이 멈추고, 다시 태어난 새로운 피조물이라 하였습니다.

이렇듯, 누구는 이 세계에서 그곳의 삶을 살아가고, 누구는 이곳에서 그곳을 바라며 살아가나니, 두 개의 민족으로 나누어 하나는 하늘의 것을 말하고 하나는 땅의 것을 말하듯 이것을 심판이 됩니다.

빛 과 어둠 그리고 (삼손과 들릴라)

창 1:3 하나님이 이르시되 빛이 있으라 하시니 빛이 있었고
1:4 빛이 하나님이 보시기에 좋았더라 하나님이 빛과 어둠을 나누사
1:5 하나님이 빛을 낮이라 부르시고 어둠을 밤이라 부르시니라 저녁이 되고 아침이 되니 이는 첫째 날이니라

빛은 우리가 눈으로 보게 되면 각막 및 망막이 위험해지고, 오래 보게 되면 실명하게 됩니다. 빛이 사물에 반사하여 어느 정도 어두운 상태에서 들어오는 빛의 양으로 우리는 그 사물을 직관하게 됩니다. 빛이라는 것을 정의하기 위해서는 어두움이라는 소재가 빠지면 빛 자체의 존재 가치가 사라지게 됨을 알 수 있습니다. 빛은 스스로를 드러내기보다는 그 반대 영역의 존재가 가지는 특성을 드러내는 역할로서 특징이 더 많은 것을 알 수 있습니다.

오히려 그 빛의 실체와 어둠의 영역의 실체가 동일한 설명을 하고 있는 듯한 것을 쉽게 알 수 있게 됩니다. 원래 빛도 어둠도 그 어느 기준의 것 이전에 하나였던 것에서 마치 두 개가 분리되어 (자카르와 네케바) 각기 다름으로의 기능을 부각시켜 놓은 둘의 형상으로 존재하고 있다는 생각을 하게 됩니다. 이 둘의 관계를 직관적이고 거대하게 설명해 놓은 곳에 우리가 삶을 살아가고 있다는 것을 알 수 있습니다. 그 중간에 우리가 그 두 소재 이전의 준비된 것에서 출발하여, 각기 다른 모습으로 또한 깊은 관계를 가지고 빛과 어둠이라는 두 생명적 존재의 사이를 이어가고 설명해 내고 드러내는 역할로서의 의미를 가지는 것이 설득력 있는 것을 알 수 있습니다. 빛과 그 사이 나타내는 만물이라는 색과 형체, 그리고 모든 것을 빨아들일 것 같은

어둠이라는 설명으로 그 누구도 부정할 수 없는 이 연약한 피조물로 오늘도 서 있다는 것입니다. 만약 수억 광년 멀리 떨어진 외계 어느 곳에 가 있던, 그곳에서 오던 어떤 미지의 존재에게 우리를 설명한다면 제일 먼저 우리의 빛과 색에 대한 형태적 설명, 어떻게 생겼고 어떤 기능으로 성장하며 어떤 것을 먹고 살며 그로 인하여 우리의 생존적 번식에 대한 것을 나열할 때 이 두 가지 요소에서 벗어날 수 있는 방법은 없다는 것입니다. 이 거대한 양분된 두 틀의 힘의 균형 속에서 우리가 존재한다는 것은 이 두 개의 속성을 우리가 가지고 그것이 우리를 대변한다는 것을 말하는 것입니다. 이것은 시공에 나타남으로 존재를 하는 것이기 때문에 무엇보다도 의미 있는 설명이라는 것을 알 수 있습니다. 이것을 인문학, 물리학, 철학에서 설명하고자 노력하고 자연과학에 통계학으로 분류화하기도 합니다. 인간의 공존과 모든 생명의 존재 여부 또한 이 거대한 두 그물에 걸려서 그 모양으로 새겨져 있음을 부정할 수 없는 상태라는 것입니다. 어느 생명체이든 이 두 가지의 특성을 몸에 가지고 있고, 이 두 가지의 한계에서 빠져나갈 수 없음을 나타냅니다. 동물이 마치 태어나서 자라서 어미가 되는 것을 반복하고, 고등동물에 의해서 죽음을 맞이하는 순간까지도 빛과 어둠의 양분 속에 그 순행하는 과정을 담고 있다는 것을 알고 있습니다.

들에 자라는 곡식과 풀과 꽃의 모습 또한 이 방대한 스케일의 그물에 의하여 씨가 빛을 받아 싹을 틔우고 그 싹이 자라서 그의 힘을 펼쳐내 꽃을 피우기 시작합니다. 그 꽃은 떨어지고 씨는 열매로 되어 더 많은 생명을 잉태해놓는 이 과정의 순환 역시 우리가 생존하는 질서와 방법으로 이 거대한 그물 같은 캔버스는 말하고 있다는 것입니다. 그 싹이었던 풀과 곡식이 겨울로 들어서서 어두운 죽음을 맞이하게 됩니다. 아무것도 없이 사라지는 겨울 위에 순백의 눈이 내리는 절정은 마치 온 우주가 이 큰 두 소재를 활

용하여 그분, 그리고 그 아들을 그려 나가고 있다는 것을 알아야 한다는 것입니다. 빛과 어둠 그리고 의와 죄, 이 두 가지가 하나의 존재 이전의 하나님, 그분, 아버지의 속성을 둘로 나누어 쪼개어 이 땅에 본인을 본인이 다시 여러 형태로 쪼개져 모든 것이 되어 설명하고 있다 해도 틀린 말이 아니라는 것입니다. 죄인이 들끓는 이 세상 속에 어둠으로 가둔 한 그 빛의 한 줄기, 그리스도 예수를 등장시키는 것은 두 개의 소재를 두 가지로 나누어 보라는 것이 아닌, 그 구원이라는 완성에 더 초점이 있다는 것을 설명하고 있을 뿐입니다.

성경의 난해한 구절을 해석해 내는 방법을 구속사적 관점으로 보라고 목회자들에게 듣곤 하는데, 아니, 모든 것이 그 구원이라는 키워드에서 벗어날 수 있는 것은 단 하나도 없다는 것입니다. 그들이 신학에서 배운 지식에 편중된 빛만 '자산'으로 구별하는 순간, 어둠의 그 진짜 실체는 그들에게선 가치 없는 존재로 버려짐을 알아야 한다는 것입니다. 어둠, 악, 죄를 배척하고 그것을 나쁘고 악한 것으로 취급하여 비교해 버린다면, 진짜를 못 알아듣기 위한 어둠으로, 그 어둠을 왜곡하는 말로만 받는다면 그 양면성의 존재 자체를 부정하게 됨으로 어둠의 그 존재의 가치를 빛이라는 그 상대에게 설명하며, 어둠의 영역을 인정하지 못 하는 것은 곧 그리스도 예수의 이 땅에 나심 자체를 부정하는 것과 같은 것이니 육으로 오는 모든 것 자체를 부정하는 상태입니다.

마 9:12 예수께서 들으시고 이르시되 건강한 자에게는 의사가 쓸 데 없고 병든 자에게라야 쓸 데 있느니라
더 나아가 이 땅은 창세기에 벌써 저주를 받은 상태이고, 그것은 죄로 말미암았다고 하고, 이것은 우리가 저주받은 곳에서 사는 저주받은 생명체,

죽음을 기다리는 그런 존재로서 그분만을 의지하고 기다리며 소망하는 피조물이 아니라는 역설입니다. 그분, 그리스도 예수가 와서 그분으로 하여 우리의 이 유한적 장애를 제게 함으로 구원받을 존재를 부정하게 되는 것입니다. 인간이 성숙하고 발전하고 변화되어 구원받는 것이 아니라, 당신의 손톱만큼의 의는 부정당하고 십자가에서 예수 그리스도의 흘린 핏값으로 구원에 이르는 것을 알기는 하지만, 내 의를 포기하지 못 하는 진짜 저주받은 자들, 영벌의 염소와 같은 모든 것을 했다고 생각하는 자들과 다를 바 없다는 것을 알아야 합니다. 이런 자들이 성경을 볼 때 본인과 같은 의로 성장하고 악을 미워하며 죄를 멀리하는 바리새인들의 특징을 그대로 담고 있습니다.

눅 18:9 또 자기를 의롭다고 믿고 다른 사람을 멸시하는 자들에게 이 비유로 말씀하시되
18:10 두 사람이 기도하러 성전에 올라가니 하나는 바리새인이요 하나는 세리라
18:11 바리새인은 서서 따로 기도하여 이르되 하나님이여 나는 다른 사람들 곧 토색, 불의, 간음을 하는 자들과 같지 아니하고 이 세리와도 같지 아니함을 감사하나이다
18:12 나는 이레에 두 번씩 금식하고 또 소득의 십일조를 드리나이다 하고

눅 18:13 세리는 멀리 서서 감히 눈을 들어 하늘을 쳐다보지도 못하고 다만 가슴을 치며 이르되 하나님이여 불쌍히 여기소서 나는 죄인이로소이다 하였느니라

기독교인의 가장 핵심은 죄 인식에 대한 바른 자세입니다. 그것은 나 또한 죄인의 의식을 담고 있기 때문에 남의 죄를 불쌍히 여기는 데 있습니다. 이 세상은 빛이 아닌 그 대상인 어둠으로 그려 나가고 있다는 것을 깨닫지 못하면 본인 스스로 모든 것을 정죄하며 자신을 의롭게 여기며, 예수라는 모델의 의로운 행위 몇 개를 끌어다가 도전과 성취를 자랑할 수 있게 됩니다. 계명과 율법을 던진 이유 자체를 모르기 때문에, 그 반응이 본인 자신이 얼마나 더럽고 추악하고 깊은 어둠이라는 것을 모르고 있다는 것입니다. 어둠, 어두운 빛의 양면, 빛의 필연을 인정하지 못 하는 것 본인이 빛이라고 생각하면 어둠을 깨닫지 못하고 본인이 그 빛의 작은 흔적을 더욱더 돋보이게 하고 드러내려 하는 모든 시도 자체가 어둠임을 진짜 깨닫지 못하기 때문입니다. 그 어둠, 죄, 악, 살인, 간음, 도둑과 같은 특성을 성경에서 수도 없이 말하고 있는 그 공간에 가서도 그들은 의라는 무기로 핍박하는 바리새인과 똑같은 모습이 이 세상에 가득 그려져 있다는 것입니다. 너무나 잘난 21세기 기독교, 아니 기독교를 가장한 이단들의 얼굴이 빛을 발산하며 마치 광명한 천사처럼 그들의 얼굴의 민낯을 죄로 드러낼 때 감사하십시오. 그 덮음과 가림의 역사가 본인에게 없을 때 우리는 짙고 어두운 곳으로 들어가게 될 것입니다.

삿 14:1 삼손이 딤나에 내려가서 거기서 블레셋 사람의 딸들 중에서 한 여자를 보고

죄인인 이 어둠에 인간에게 그 빛의 존재를 직접적으로 나타낸다면 불덩어리 같은 빛으로 우리의 모든 눈을 멀게 될 수 있습니다. 그러면 아무것도 볼 수도, 그려낼 수도 없고, 설명이 되지 않을 뿐더러 이곳을 창조한 의미가 사라집니다. 빛이 유일하게 그려놓을 수 있는 것이 있다면 흰 바탕에 검은

선과 어둠을 채워가며 그 여백으로의 존재를 부각시키는 것을 알 수 있듯이 삼손과 들릴라라는 인간들, 이 저주받은 땅에 속한 사람들에게서 그의 의를 드러내는 수단으로 죄인의 몸에 행하는 구속사적 가치에 초점을 보아야 한다는 것입니다. 삼손이 딤나에 내려가 블레셋 딸과 만나는 장면도 죄인인 성도와 예수 그리스도의 혼인잔치라고 그래도 비슷합니다. 천국이 이곳을 혼인잔치라고 하셨듯이, 보기도 안 좋은 신부들, 성도들을 데려다가 혼인잔치를 하는 건 더욱더 더럽지 않습니까? 신이신 분이 인간, 피조물과 왜 혼인을 해야 하나요? 부모들은 다 생각하고 있습니다. 자기 자식들은 자식보다 더 좋은 신랑, 신부와 결혼하기를 바라지 않나요? 들릴라가 계속해서 삼손에게 그 힘의 원천을 물어봅니다. 그 힘, 영생을 꿈꾸는 성도들의 신앙심을 그려놓고 있지 않나요? 그런데 미련한 삼손은 세 번이나 속으면서도 그 무릎에 있습니다. 참 미련한 삼손이죠. 영생의 주인이신 그리스도 예수의 한결같은 성도, 쥐새끼만도 못 하는 그 성도의 바보 사랑의 모습을 그 삼손을 통해서 보이는 것인가요?

삿 16:15 들릴라가 삼손에게 이르되 당신의 마음이 내게 있지 아니하면서 당신이 어찌 나를 사랑한다 하느냐 당신이 이로써 세 번이나 나를 희롱하고 당신의 큰 힘이 무엇으로 말미암아 생기는지를 내게 말하지 아니하였도다 하며

세상 성도들의 대표로 들릴라가 그 가짜로 사랑한다며 삼손의 그 비밀, 하나님의 나실인으로 받은 은사를 그리스도 예수의 그 십자가의 비밀을 물어보는 듯하지 않습니까? 머리카락처럼 연약함을 가지고 그 십자가에서 죽으신 어린 양 같은 그림.

기독교인의 가장 핵심은 죄 인식에 대한 바른 자세입니다. 그것은 나 또한 죄인의 의식을 담고 있기 때문에 남의 죄를 불쌍히 여기는 데 있습니다. 이 세상은 빛이 아닌 그 대상인 어둠으로 그려 나가고 있다는 것을 깨닫지 못하면 본인 스스로 모든 것을 정죄하며 자신을 의롭게 여기며, 예수라는 모델의 의로운 행위 몇 개를 끌어다가 도전과 성취를 자랑할 수 있게 됩니다. 계명과 율법을 던진 이유 자체를 모르기 때문에, 그 반응이 본인 자신이 얼마나 더럽고 추악하고 깊은 어둠이라는 것을 모르고 있다는 것입니다. 어둠, 어두운 빛의 양면, 빛의 필연을 인정하지 못 하는 것 본인이 빛이라고 생각하면 어둠을 깨닫지 못하고 본인이 그 빛의 작은 흔적을 더욱더 돋보이게 하고 드러내려 하는 모든 시도 자체가 어둠임을 진짜 깨닫지 못하기 때문입니다. 그 어둠, 죄, 악, 살인, 간음, 도둑과 같은 특성을 성경에서 수도 없이 말하고 있는 그 공간에 가서도 그들은 의라는 무기로 핍박하는 바리새인과 똑같은 모습이 이 세상에 가득 그려져 있다는 것입니다. 너무나 잘난 21세기 기독교, 아니 기독교를 가장한 이단들의 얼굴이 빛을 발산하며 마치 광명한 천사처럼 그들의 얼굴의 민낯을 죄로 드러낼 때 감사하십시오. 그 덮음과 가림의 역사가 본인에게 없을 때 우리는 짙고 어두운 곳으로 들어가게 될 것입니다.

삿 14:1 삼손이 딤나에 내려가서 거기서 블레셋 사람의 딸들 중에서 한 여자를 보고

죄인인 이 어둠에 인간에게 그 빛의 존재를 직접적으로 나타낸다면 불덩어리 같은 빛으로 우리의 모든 눈을 멀게 될 수 있습니다. 그러면 아무것도 볼 수도, 그려낼 수도 없고, 설명이 되지 않을 뿐더러 이곳을 창조한 의미가 사라집니다. 빛이 유일하게 그려놓을 수 있는 것이 있다면 흰 바탕에 검은

선과 어둠을 채워가며 그 여백으로의 존재를 부각시키는 것을 알 수 있듯이 삼손과 들릴라라는 인간들, 이 저주받아 땅에 속한 사람들에게서 그의 의를 드러내는 수단으로 죄인의 몸에 행하는 구속사적 가치에 초점을 보아야 한다는 것입니다. 삼손이 딤나에 내려가 블레셋 딸과 만나는 장면도 죄인인 성도와 예수 그리스도의 혼인잔치라고 그려도 비슷합니다. 천국이 이곳을 혼인잔치라고 하셨듯이, 보기도 안 좋은 신부들, 성도들을 데려다가 혼인잔치를 하는 건 더욱더 더럽지 않습니까? 신이신 분이 인간, 피조물과 왜 혼인을 해야 하나요? 부모들은 다 생각하고 있습니다. 자기 자식들은 자식보다 더 좋은 신랑, 신부와 결혼하기를 바라지 않나요? 들릴라가 계속해서 삼손에게 그 힘의 원천을 물어봅니다. 그 힘, 영생을 꿈꾸는 성도들의 신앙심을 그려놓고 있지 않나요? 그런데 미련한 삼손은 세 번이나 속으면서도 그 무릎에 있습니다. 참 미련한 삼손이죠. 영생의 주인이신 그리스도 예수의 한결같은 성도, 쥐새끼만도 못 하는 그 성도의 바보 사랑의 모습을 그 삼손을 통해서 보이는 것인가요?

삿 16:15 들릴라가 삼손에게 이르되 당신의 마음이 내게 있지 아니하면서 당신이 어찌 나를 사랑한다 하느냐 당신이 이로써 세 번이나 나를 희롱하고 당신의 큰 힘이 무엇으로 말미암아 생기는지를 내게 말하지 아니하였도다 하며

세상 성도들의 대표로 들릴라가 그 가짜로 사랑한다며 삼손의 그 비밀, 하나님의 나실인으로 받은 은사를 그리스도 예수의 그 십자가의 비밀을 물어보는 듯하지 않습니까? 머리카락처럼 연약함을 가지고 그 십자가에서 죽으신 어린 양 같은 그림.

삿 16:16 날마다 그 말로 그를 재촉하여 조르매 삼손의 마음이 번뇌하여 죽을 지경이라

번뇌하여 죽을 지경이라고 하는데 이 장면 어디서 많이 보이던 것은 아닌가요?
마 26:38 이에 말씀하시되 내 마음이 매우 고민하여 죽게 되었으니 너희는 여기 머물러 나와 함께 깨어 있으라 하시고

삼손을 빼고 그 속에 예수 그리스도를 넣고 들릴라를 빼고 우리 성도들을 넣어서 다시 읽어보십시오. 이 상황극 속에서 그리스도 예수를 차고도 넘치게 발견하지 못한다면 당신은 정말 소경, 보지 못하고 듣지 못 하는 귀머거리라는 반증입니다. 구약 전체의 그림이 바로 그리스도 예수의 필연성을 설명하기 때문에 그들의 행위는 가치로 평가할 수 없다는 것입니다. 이것은 우리의 현재 삶으로도 이어져 내려오고 있습니다. 이 시대가 가지는 죄성으로 인한, 모든 판단은 우리 스스로를 설명해내기 위한 어둠의 그림자라는 것을 명심해야 합니다. 바리새인처럼 그들과 같지 않아 다행이라고 하는 순간, 당신은 염소 자리에서 멸망의 말을 가지고 있는 자라는 것을 아십시오. 마약, 폭력, 살인, 간음, 도둑, 동성연애, 모든 죄라고 생각이 들고 판단하는 모든 인류의 어둡고 지저분하다는 그 모든 것이 바로 인간에 잠재되고 내재된 죄성임을 모른다면 당신은 큰일 난 것입니다. 이런 것은 치유되는 것이 아니라 구원의 대상임을 설명해놓은 빛, 밝음이 해내는 상황극의 역설적 존재들이라는 것을 모르기 때문입니다. 더욱더 무섭고 사악한 것은 이런 사회법이 아닌 예수의 모습 속에 행위들로 몇 개를 자기 것처럼 연극하며 마치 의로워질 수 있는 듯한 가짜 경건의 대상자들, 그들의 선동으로 인한 가짜 열심의 열매를 내놓게 하는 독사 같은 자들입니다.

마 23:16 화 있을진저 눈 먼 인도자여 너희가 말하되 누구든지 성전으로 맹세하면 아무 일 없거니와 성전의 금으로 맹세하면 지킬지라 하는도다
마 3:7 요한이 많은 바리새인들과 사두개인들이 세례 베푸는 데로 오는 것을 보고 이르되 독사의 자식들아 누가 너희를 가르쳐 임박한 진노를 피하라 하더냐

뱀들의 자녀들은 마치 성경책을 동화책같이 읽어주고 그것을 따라 해보라는 듯이 자기들로 힘든 것을 쉽게 말하고 있습니다. 이 또한 경건의 가짜 모형이니 진짜가 이것을 보았다면 그냥 문 닫는 교회의 무리가 많아질 건 뻔합니다. 어쩌면 이런 가짜의 연극은 몇 번으로 그치고 맙니다. 진짜가 오게 되면 그것도 필요 없지만 어차피 세상은 그들이 자랑할 수 있는 유일한 곳인 것 같습니다.

진짜가 없기에 가능한 현실의 어둠들의 가짜 빛들의 잔치. 우리의 삶의 현장에서 가끔 빛으로의 행실과 마음을 가질 때가 있습니다. 그럴 때마다 나를 부인하는 적극적인 믿음은 우리를 받으시는 분께서 주시는 특별한 선물입니다. 나로는 되지 않기 때문에 그의 의를 생각하는 이곳이 그래서 어쩌면 더욱 아름답고 소중할 수 있습니다. 그것은 그의 의가 이 세상이라는 가짜 캠퍼스에서 피어나기 때문이며, 이는 어둡고 깊은 밤에서 피어나는 횃불 같기 때문입니다.

의가 드러나기 위하여 어둡고 보이지 않을 것 같은 불안과 우울함이 이 세상을 지배하여도 믿음은 소망으로 향하는 한 자락 빛이 되기 때문입니다.

불의의 재물로 그리고 십일조

눅 16:9 내가 너희에게 말하노니 불의의 재물로 친구를 사귀라 그리하면 그 재물이 없어질 때에 그들이 너희를 영주할 처소로 영접하리라

16:13 집 하인이 두 주인을 섬길 수 없나니 혹 이를 미워하고 저를 사랑하거나 혹 이를 중히 여기고 저를 경히 여길 것임이니라 너희는 하나님과 재물을 겸하여 섬길 수 없느니라

성경을 읽으면 읽을수록, 들으면 들을수록 더욱 더 깊이 있는 인간미의 완성에 도달하기보다 더욱더 난해하고 더욱더 무의미해지며, 더욱더 무력해지는 것을 경험하게 됩니다. 미리 정해 놓은 시점과 주제, 그리고 그려 놓은 이 세상이라는 그림 또한 그렇고, 이곳에서 벗어날 수 없는 무한의 한계로 나를 뒤덮고 가려진 수많은 것들의 조각처럼, 그냥 흘러가 버리듯 거스르는 그 역류에 모든 것으로의 한 조각 먼지와 같다는 생각에 깊이 빠져들 때가 너무 많은 듯합니다.

더 이상 말해도 어렵고, 더 이상 그려내는 모습의 상념을 떠올리면 아픔과 절망과 고통들로 다시 빛은 그 힘을 얻는다. 육체로 빛나선 이 깊고 깊은 바다의 어둠을 또한번 비추어 내고야 마는 이 하루하루의 반복이 어쩔 땐 지겨운 향기로 꺼져가는 불 밑에 점점 굳어져가는 돌처럼 멈추어지는 듯 합니다. 설명해낼 수 없는 글들과 형상의 언어는 소리로 바람과 사라지고, 어느 느낌을 간직한 기억으로 서서 나를 들여다본다면, 오히려 나를 만드신 제작자에게 "왜 나를 이렇게 만들었을까?"를 너무 궁금해하고 있다는 것을

발견하게 됩니다. 우리의 노력보다도, 우리의 힘보다도 나의 존재 이유에 답을 찾을 수 없는 이유는 우리의 존재 자체가 어느 기준으로써 설명의 답을 담은 그릇으로의 기록을 그대로 담아내고 있다는 것을 의미하는지 모른다는 생각은, 곧 많은 종교와 철학적 사유로 풀어 내려 해도 별의 숫자만큼도 못 되는 어리석음을 알게 됩니다.

하나님과 재물을 어떻게 섬길 수 없는지를 불의의 청지기는 얼마나 불의한 것을 행하는지를 알지 못하는 사람이 이 글을 읽는다는 것으로 하나님을 섬길 수 없는 상황에 놓일 수 있다는 말을 하는 듯이 들릴 수 있게 됩니다. 그냥 "너희는 나를 섬기지 못 하는 자"라는 것을 대놓고 말씀하시는 것이 핵심일 수 있습니다. 그에 동원되는 불의의 청지기를 불의한 재물을 낭비하듯이 이넘 저넘 막 퍼다 주는 형태로, 그 재물의 가치 자체를 오직 본인의 살아남음을 궁리적 모색으로 남발하는 듯한 이 급박한 재물의 낭비를 어떻게 지혜롭다고 하고 또한 나쁜 불의로의 섣부른 단정이야말로 세상을 사랑과 그분의 의로 바라봐야 하는 목회자의 깊은 고통과 고민의 성찰을 오히려 독려하는 것은 아닌지 생각하게 됩니다.

"너희 자격 없는 자들아, 너희도 너의 구원이 선물 세트를 사서 얻은 것이 아닌 것 같이 어떻게 네가 나를 섬길 수 있어? 나의 발도 닦을 수 없는 그런 죄 덩어리의 존재 자체로 어떻게 나를 섬기겠냐. 오히려 너희 발 앞에 무릎을 꿇어 섬기는 것이 나, 하나님이 아니면, 그 십자가에서 내려와 너희 죄는 너희가 짊어져야 하는 거 아니야? 그래야 천국 갈 수 있을 거야?" 라고 말하고 들리지 않습니까? 나를 섬기는 것이 재물을 섬기는 것보다 더 어렵다고 하는 순간, 재물과 하나님을 선택하는 순간 모든 것들이 다시 십자가를 세우기 전으로 돌아가는 사태가 발생합니다. 내가 올라가야 하는 십자가, 나의 죄를 내가 구원해야 하는 그 판단으로 "그래, 불의한 청지기 이 바보가 저렇게 해버리면 큰일 나는 거지, 그럼 하나님을 섬길 수 없으니 큰일 난 거지." 그 소중한 재물을 남겨서 한 달란트, 두 달란트, 다섯 달란트를 남겨서 드리는 것 같이 그분을 섬겨야 되는 거죠? 재물도 못 섬기면서 보이지도 않는 하나님을 어떻게 섬깁니까? 하나님의 형상으로 창조해 놓았는데 하는 짓들은 전부 짐승같이 생각하고 말하고 먹고 마시는 것이, 무슨 우리가 누구를 섬긴다고 합니까. 오히려 그분이 우리를 그분의 격에 맞도록 존중으로 여겨 주시는 것이지 우리가 잘나서 대해 주시는 것이라고 생각하는 게 너무 수치스럽다고 생각하지 않습니까? 그냥 쥐, 소, 돼지, 말 12띠로 사용되는 동물, 그냥 짐승처럼 어느 우리에서 배불리 먹다 만 세상이라는 이 좁은 곳에서 무슨 하나님을 알고 섬깁니까? 그래, 그 재물은 또 어떻게 알고 그것을 우리가 섬긴다는 것입니까? 재물을 당신이 섬긴다고 재물이 오나요? 재물이 그가 가고 싶은 곳으로 간다는 생각을 하진 않습니까?

눅 16:13 집 하인이 두 주인을 섬길 수 없나니 혹 이를 미워하고 저를 사랑하거나 혹 이를 중히 여기고 저를 경히 여길 것임이라 너희는 하나님과 재물을 겸하여 섬길 수 없느니라

하나님 본인을 위하여, 스스로를 드러내기 위한 것을 위하여 그와 같은 피조물을 만들고 그에게 결핍을 심어 이 세상에 내보낸다는 생각이 더 설득력 있어 보입니다. 굶주리고 지친 인생이라는 이 원하지 않는 숙제에 우리가 재물을 취하는 것은 그냥 원래 본성이라고 하면 됩니다. 배고프면 먹어야 하고, 졸리면 자야 합니다. 이 본능은 엄마 뱃속에서 배워서 학습된 것이 아닌, 내가, 우리가 이 세상을 벗어날 수 없는 한 그냥 인정하며 살아야 합니다. 늘 양식이 있어야 하고, 물이 있어야 하고, 숨을 쉬어야 합니다. 위

장에, 입속에 늘 밥이 들어가서 우리에게 영양을 공급해야 살아갈 수 있습니다. 그냥 이것은 우리가 공통적으로 가져야 하는 문제입니다. 그러면 이렇게 연명하기 위하여 재물을 필요로 하는 것을 그냥 재물을 섬긴다는 것인가요? 조금 살기 편해졌다고 해서 조금 창고를 더 짓는 것도 그것이 그러면 섬기는 것인가요? 그 누구도 이런 시험 앞에 전부 불합격받을 수밖에 없습니다. 왜냐하면 그러면 우리는 따로 혼자의 객체로 창조되지 않았고, 이런 문제를 준비하는 것 또한 이상하기 때문이라는 겁니다. 그러면 무엇을 말하려 저런 이상한 등장을 연출하시는 것인지 궁금해 보신 적이 없으신가요? 전혀 이해하지 못 하는 구조와 설명을 해서 "너희는 알아듣지 못해야 하는 것으로 말씀이 쓰여 있었다고는 생각하지 못하시나요? 너희가 알아듣는다면 그건 너희가 잘나서가 아니라 내가 알려줬기 때문 아니겠어? 너희는 스스로 절대 모른다"는 것일 수 있지 않을까요? 그 불의한 청지기의 행동이 마치 그러면 안 된다는 하나님과 재물의 선택 중 골라라라는 이 메시지를 말입니다.

한 번 옳고 그름을 떠나서 다르게 그려볼 필요가 있지 않을까 합니다. 주인의 재물, 그 재물을 살아가는 데 꼭 필요로 하는 자들에게 나누어 주는 자. 죄인으로 하여 십자가에 죽을 수밖에 없는 절박한 자들에게, 구원이라는 재물로 그것을, 그의 심판받을 하나님, 주인의 심판을 받아야 하는 일을, 십자가에 죽을 것을 감수하고 그 죄사함을 베푸는 그림으로 한 번 겹쳐보십시오. 빚진 자들에게 베푸는 그 생명을 나누어 주는 분을 설명하려면 어떻게 하겠습니까? 예수님이 당연히 십자가를 짊어져야 하죠. 우리가 뭐라고 소, 돼지만도 못한 그냥 입김으로 뼈를 만들고 살을 입혀 만드는 피조물을 위해 왜 신이 십자가에서 죽어야 하죠? 너무 당연하니까 긴장감이 없나요? 그냥 그렇게 알고 말하고 기록하고 전부 말하니까 그런 것인가요? 당신이 집에서 키우는 강아지, 아니 바퀴벌레를 위하여 십자가를 질 수 있나요?

눅 16:9 내가 너희에게 말하노니 불의의 재물로 친구를 사귀라 그리하면 그 재물이 없어질 때에 그들이 너희를 영주할 처소로 영접하리라

마치 재물을 훔쳐다가 막 사용하며 불우한 친구들에게 주면 다 퍼다 주고 나면, 그들이 받은 고마움이 있어 나중에 거할 어느 처소를 준다는 건가요? 그것이 천국일까요? 그 처소. 다시 16장 1절에서 13절을 읽어 내려가 이가 한 행동을 살펴보면 구원이라는 십자가를 짊어지는 형상으로 나타납니다. 오히려 이 말씀은 그 구원의 비밀함, 신비함을 감추기 위한 비유로 설명하고 있다는 심증을 얻습니다. 십자가 예수의 설명을 알아듣지 못하게 하여 다 넘어지는 함정을 말하고 있다는 것을 알 수 있습니다. 왜 비유로 밖에 설명하지 않으셨을까요? 이 글 속에 십자가를 보지 못 하는 자들에게 전부 그의 행위대로 놔둔다면 말씀이 말하는 십자가, 그리스도 예수를 깨닫지 못하면 전부 그 행위로 이문장에 걸려 넘어지는 일이 발생하고 그럼 인문학적 한계에 부딪힌 채 풀지 못 하는 난해한 구절로 남겨져 버리게 됩니다. 그럼 이 글을, 말씀을 그냥 읽고 "그렇게 불의한 청지기처럼 되지 말아야지" 하면 그냥 율법이 되는 것같이 그럼 율법대로 우리의 마음에 용서와 사랑은 없다는 반증을 역설하게 되는 중요한 구절이 됩니다. 비슷한 말씀이 있는데 어디죠?

말 3:8 사람이 어찌 하나님의 것을 도둑질하겠느냐 그러나 너희는 나의 것을 도둑질하고도 말하기를 우리가 어떻게 주의 것을 도둑질하였나이까 하는도다 이는 곧 십일조와 봉헌물이라

비슷한 문맥입니다. 하나님의 것을 불의한 청지기가 도둑질하여 그 빚진 자들에게 써버렸죠? 말라기 말씀도 하나님의 것을 도둑질한다는 관점에서 비슷합니다. 너희가 불의로 훔친 십일조와 봉헌물이라고 하죠? 그것을 어떻게 훔쳤다고 할까요? 우리에게 주는 모든 것이 전부 하나님 것이라고 해서 그것을 하나님께, 교회에 내놓지 않으면 다 훔친 건가요? 문맥이 한 방향으로 어떻게 이어지고 그려가는지 자세히 살펴볼 필요가 있습니다. 말씀에 단어의 파자는 그 의도된 성분을 뜻하고 말씀의 형태로 그 단어가 흐르는 방향을 연결하여 구성하는 것을 문맥, 문장이라고 합니다. 말씀의 그 핵심 단어 성분을 어떻게 알았다면 그것이 그려 나가는 그 형상을 모르니까 자꾸 의미를 부여하게 됩니다.

인간의 기준으로 단정 짓다 보면 인간의 기준으로 인해 하나님의 행위적 관점을 놓치는 일이 발생하여 그 것을 해석하면 그건 읽는 자의 글이 된다는 것입니다. 우리는 그것을 그분의 글로 이타적 입장에서 관찰할 필연적 이유가 있다는 것을 의미합니다. 우리가 어떻게 주의 것을 훔쳤다는 거죠? 하지도 않는 것을 훔쳤다고 하면, 하나님의 것이 무엇인지를 알아먹으라는 것을 알아야지 하고 들리지 않나요? 아이들이 배고프고 불편하면 그냥 웁니다. 그렇게 그가 신호를 보내는 거죠? 너희 죄를 위하여 내 아들을 십자가, 그 헌물, 양을 잡아다가 죄 사함으로 바쳐야 하는데, 너희 몸을 각을 떠서 죽일 순 없고 대신 헌물 십의 대표, 너희 민족, 이스라엘의 대표 예수를 십자가에 죽였는데, 그것을 못 알아듣고 양이나 염소나 재물을 가지고 왔다는 거죠? 내 아들의 피, 그 피의 고백, 나의 죄사함. 내가 내놓는 모든 썩어 없어질 재물이 아닌, 영생을 위하여 바쳐진 그 보혈을 내놓으라는 말씀 아닌가요? 그것을 가져와야지. 그 십자가가 너희 마음에 새겨져 있어? 그것을 내놔 봐라 하고 말씀하시는 것은 저만 들리는 문제인가요? 헌금을 하지 않으면 불안하신가요? 복을 주시지 않는다고 표면적으로 들리고 그렇게 말씀하는 것 같지 않으신가요? 온전은 그럼 어떻게 이해할까요? 온전한 십일조, 그래야 복을 백배나 준다고 하셨으니까요? 아니면 조금 떼어먹으면 약간 주신다는 건가요? 무슨 인간이 내는 헌물과 십일조가 온전이 어디 있습니까? 지나가는 여인을 보고 음욕을 품으면 전부 간음한 자라고 하는데, 어렸을 적 엄마 젖을 먹은 건 그럼 그건 양식이며 재물에 속하지 않는 것인가요? 그럼 그것도 기억해서 내야 하는 것 아닙니까? 하나님은 중심을 보신다고 하니 각자의 마음의 기준으로 온전하다고 하면 그것이 온전인가요? 도대체 무엇이 온전일까요? 흠 없고, 티 없는 것이 세상에 없죠? 자기 아들만 받겠다는 것으로 왜 해석이 안 될까요? 아니라고요? 그렇게 재물과 헌신을 죽도록 하십시오.

눅 16:13 집 하인이 두 주인을 섬길 수 없나니 혹 이를 미워하고 저를 사랑하거나 혹 이를 중히 여기고 저를 경히 여길 것임이니라 너희는 하나님과 재물을 겸하여 섬길 수 없느니라

우리가 찾는 재물의 그 가치보다 하나님이 우리를 위하여 주는 그것은 비교할 수 없는 가치를 가지고 있다는 것입니다. 도대체 우리가 평생 일만 달란트를 벌어도 얻을 수 없는 큰 구원은 비교할 수 없다고 단호하게 말씀하시고, 불의한 청지기가 그의 친구를 위하여 기꺼이 불 세례를 받으며 돌아가신 그 십자가의 형벌을 받아내서 우리에게 준 재물, 처소, 영생이라는 것입니다. 그것을 지혜롭다고 하고, 지혜는 곧 예수 그리스도를 말하는 것입니다. 때론 이것을 모르고 살때, 재물을 빼앗길 때가 있습니다. 욥기처럼 모든 것을 빼앗고 나서, 그분이 누구이신지를, 그 모든 것의 주체자가 되시는 그분이 스스로 드러내시고자 하여, 우리가 섬긴다는 그 우상 같은 재물

을 빼앗아 가실 때도 있을 겁니다. 세상은 변하지 않는 것 같습니다. 그냥 누군가는 그 말씀 속에 선악을 벗겨내어 십자가의 영광을 찬양하며 그 나라 그 영광을 보지만, 누군가는 율법에, 그 행위에 걸려서 무거운 짐을 지고 힘들게 사는 모습을 하고, 그들이 한 행위를 내세워 거대한 교회를 꾸며 내세우며 살아가는 것이 가치 있는 것일까요?

마 11:28 수고하고 무거운 짐 진 자들아 다 내게로 오라 내가 너희를 쉬게 하리라

셋째하늘 (Ver 2.0)

고후 12:2 내가 그리스도 안에 있는 한 사람을 아노니 그는 십사 년 전에 셋째 하늘에 이끌려 간 자라 (그가 몸 안에 있었는지 몸 밖에 있었는지 나는 모르거니와 하나님은 아시느니라)
12:3 내가 이런 사람을 아노니 (그가 몸 안에 있었는지 몸 밖에 있었는지 나는 모르거니와 하나님은 아시느니라)
12:4 그가 낙원으로 이끌려 가서 말로 표현할 수 없는 말을 들었으니 사람이 가히 이르지 못할 말이로다

우리는 태양이 뜨는 동시에 눈을 뜨고 생활을 합니다. 마치 죽은 듯이 자다가, 그 어둠의 밤을 통과한 것을 모른 채 누구나 아침을 맞이하게 됩니다. 태양이 하늘 중앙으로 오르면 더 맑은 빛으로 세상을 비추고 하늘 위를 가로질러 마치 지구 위를 한 바퀴 지나듯이 시간은 흘러갑니다. 태양이 우리를 도는 듯한 이론은, 천문학의 발전으로 우리 지구가 도는 것으로 발견되었습니다. 태양이라는 거대한 빛덩어리는 특정 우주의 공간을 가득 채울 빛으로 계속해서 스스로를 태우며 자신의 존재를 끊임없이 나타내고 있습니다. 이 태양을 이루는 항성계들은 은하계에 수천만 개 있습니다. 이 항성계들이 모여 은하계가 되고 무려 우리 은하의 지름은 10만 광년이라고 합니다. 10만 년 동안 빛의 속도로 가야 우리의 은하계 끝을 볼 수 있다는 것입니다. 그 중심에 블랙홀이 버티고 모든 것을 끌어들이고 있습니다. 이것이 우리의 현실입니다. 그 블랙홀은 빛과 모든 것을 사건의 지평선 너머로 빨아들이고 있습니다. 마치 빛과 어둠이라는 경계를 짓고 그 중간에 시공을 형성하여 물리적 관계를 유지한 것처럼, 그 힘의 균형을 맞추고 있다는

것입니다. 이 과정을 다시 말하면, 빛과 어둠 속에서 서로의 힘을 균등하게 지니며 서로의 특성으로 공존하기 위한 에너지를 보이고 있다는 것입니다. 이것은 지금 양자역학으로 관찰되는 것이며, 빛과 어둠, 이 두 요소는 어떻게 무엇으로도 대체될 수 없는 극단의 존재로 양립하고 있음을 설명합니다. 마치 하나님께서 그분이 빛도 짓고 어둠도 만든 것처럼, 선도 짓고 악도 창조하시는 모든 것의 주권자의 모습과 일치한다는 것을 의미합니다.

이 창조론의 성경이 마치 빛과 어둠의 힘으로 양분되어 서로를 설명하는 중요한 요소로 우리의 우주, 은하단과 초은하단, 상상할 수 없는 공간을 지금 설명하고 있다는 것이 사실이라는 겁니다. 우리가 헤아릴 수도 없고 가볼 수도 없는 그 공간의 너비와 거리를 굳이 만드신 이유가 무엇일까 생각해 보면, 마치 하나님께서 우리로서는 찾아갈 수 없는 형태로 그 광활한 공간을 설명할 수 없는 상태, 혼돈의 상황에 놓이게 하신 것 같습니다. 일괄적으로 빛으로 어둠의 대부분을 밝혀 나가는 형태로 그려졌다는 것입니다. 큰 질량의 어둠과 소수의 빛, 그 밝은 빛의 균형으로 모든 구성 요소를 채워가는 것을 의미합니다. 마치 악의 세력이 거의 99%에서 단지 빛이 1%의 비율로 그려나가는 그림 같다고 할 수 있습니다. 그렇게나 넓은 공간을 왜 그렇게 하셨을까요?

이 큰 그림을 우리 성도의 모습 속에 펼쳐내고 있는 것은, 그 모습을 설명하고 듣기를 원하며 보기를 원하시는 이유가 있지 않을까 합니다. 창조자이신 하나님께서 그분이 직접 창조하셨다면 말입니다. 하지만 사도 바울은 우리에게 이상한 이야기를 합니다. 셋째 하늘 우주에도 없는 셋째 하늘을 그가 가서 보았고, 그것을 낙원이라고 설명합니다. 한술 더 떠서 사람이 감히 말할 수 없는 말을 듣게 되었다고 하는데, 그것이 무엇일까 궁금합니다. 셋째의 의미를 성경에서 찾으면 간단합니다. 아버지, 아들, 성령으로 나눌 수 있으니까요. 순서상의 셋째이니까 우리의 하늘은 첫째겠죠. 그렇다면 우주는 둘째 하늘일까요? 어디까지가 둘째일까요? 그렇다면 화성과 달의 둘째 하늘은 우리와 때때로 겹쳐지는 걸까요? 그렇다면 보이지 않는 것이 셋째겠네요. 이건 물리적으로 모순이 있습니다. 둘째도 셋째도 그 이야기가 아니라는 것입니다. 셋째라는 것은 우리가 모르는 것을 셋째로 하는 게 더 설명적입니다. 어디엔가 있는 곳, 그곳에 사도 바울이 가본 것, 그곳이 정말 궁금합니다. 그러다가 중요한 힌트를 얻을 수 있는 것이 있는데.

롬 8:18. 생각건대 현재의 고난은 장차 우리에게 나타날 영광과 족히 비교할 수 없도다

무슨 영광이 나타난다는 것인가요? 어떤 영광이죠? 추측이 되시나요? 무엇인가 보았으니까 영광이라고 하고, 그것이 영광스러운 형상이거나 모습, 또는 그런 느낌이 있기 때문에 그렇게 말하는 건 아닌가요? 얼마나 크면 현재 사도 바울의 핍박을 이기고도 남을 그 힘의 원천이 어디서 나오는 것일까요? 아마 가장 고난을 받고 힘들게 시간을 보낸 사도들 가운데 가장 힘들게 산 주인공이 아닌가요?

고후 11:23 그들이 그리스도의 일꾼이냐 정신 없는 말을 하거니와 나는 더욱 그러하도다 내가 수고를 넘치도록 하고 옥에 갇히기도 더 많이 하고 매도 수없이 맞고 여러 번 죽을 뻔하였으니
11:24 유대인들에게 사십에서 하나 감한 매를 다섯 번 맞았으며
11:25 세 번 태장으로 맞고 한 번 돌로 맞고 세 번 파선하고 일 주야를 깊은 바다에서 지냈으며

11:26 여러 번 여행하면서 강의 위험과 강도의 위험과 동족의 위험과 이방인의 위험과 시내의 위험과 광야의 위험과 바다의 위험과 거짓 형제 중의 위험을 당하고
11:27 또 수고하며 애쓰고 여러 번 자지 못하고 주리며 목마르고 여러 번 굶고 춥고 헐벗었노라
11:28 이 외의 일은 고사하고 아직도 날마다 내 속에 눌리는 일이 있으니 곧 모든 교회를 위하여 염려하는 것이라
11:29 누가 약하면 내가 약하지 아니하며 누가 실족하게 되면 내가 애타지 아니하더냐
11:30 내가 부득불 자랑할진대 내가 약한 것을 자랑하리라

이같은 힘든 상황을 통과하면서 그 믿음을 지켜나가는 것이 전적으로 은혜라는 것을 설명할 수도 있습니다. 보이지 않는 어떤 성령의 힘 같은 것이 그를 애워싸 그를 둘러 큰 힘으로 담대히 감당할 수 있었을까요? 그렇다면 자체 모순이 발생되는데, 고난은 주어질 필요가 없게 된다는 것입니다. 마치 십자가에서 피 흘려 돌아가신 예수님이 마취제를 맞고 그 자리에 선 것과 똑같은 것은 아니라는 것입니다. 예수님의 십자가에서

마 7:34 쓸개 탄 포도주를 예수께 주어 마시게 하려 하였더니 예수께서 맛보시고 마시고자 하지 아니하시더라

그분은 그 십자가의 고통을 그대로 다 받아들였습니다. 그것처럼 사도 바울의 그 연약한 자랑 속에 죽을 뻔한 수많은 상황을 설명해 내고 있습니다. 그가 다메섹에서 직접 예수님을 만났을 때 그가 아는 모든 것이 다 뒤집히는 사건이 벌어집니다. 직접 자기가 핍박하던 존재를 만났고 그가 어떤 분

인지 보았다는 것을 설명하는 것입니다. 장차 나타날 영광은 도대체 무엇일까요? 그가 셋째 하늘에 낙원으로 이끌려가서 그 영광을 보았다는 것으로 설명이 됩니다. 영광, 태양의 빛이 그 어둠의 끝 사건의 지평선을 넘어 완성된 그 역사의 끝, 다시 말하자면 우리는 창세 전에 그 영광을 입고 있었다는 것이 설명됩니다.

엡 1:4 곧 창세 전에 그리스도 안에서 우리를 택하사 우리로 사랑 안에서 그 앞에 거룩하고 흠이 없게 하시려고

영광의 무리로, 나라로, 아들들로 서서 완성된 그 새 예루살렘의 모습을 직접 그가 보았다는 것을 의미합니다. 본인이 그 낙원으로 가서 보니 완성된 영광의 모습으로 서 있는 나, 그 바울의 모습을 보았다는 것을 그가 말하고 있음을 알 수 있다는 것입니다. 거기에 내가 하나님의 나라로 서 있더라, 이게 무슨 말도 안 되는 형상을 보고 있을 때 나타나는 현상을 장차 나타날 영광이라는 문맥으로 이어지는 것이 자연스럽다는 것을 알 수 있습니다. 그 자리에 본인만 빠졌다면 "에이, 그만둬야지... 뭐 집에 가서 고기나 잡자" 하고 있었겠죠? 아닌가요?

요 20:25 다른 제자들이 그에게 이르되 우리가 주를 보았노라 하니 도마가 이르되 내가 그의 손의 못 자국을 보며 내 손가락을 그 못 자국에 넣으며 내 손을 그 옆구리에 넣어 보지 않고는 믿지 아니하겠노라 하니라

결국 예수님이 나타나셔서 진짜인 것을 확인시켜줍니다. 그때 제자들에게 그 실체를 직접 드러내어 보고 만질 수 있게 나타나심은 아주 중요한 메시지입니다. 도마처럼 사도 바울도 그 영광의 실체를 경험하여, 이 세상의 모

든 고난이 아무 가치도 아니게 되는 전환점이 됨을 그의 이야기 속에서, 예수님을 향하는 사랑의 메시지를 읽을 수 있습니다. 그렇다면 우리에게도 그런 특별한 경험을 할 수 있을까요? 네, 당연할 수 있습니다. 그분이 데려 간다면. 그러나. 그런 사건을 기록 한다는 건 그런 체험이 일어나지 않는다는 반증이고 그런 것보다 더 중요한 것이 있기 때문이라는 설명이 강하고, 우리는 지금 이 빛과 어둠 속에 있다는 것 자체가 그 영광된 곳에서 이 곳으로 아버지의 관계를 배우기 위해 나온 자녀들이라는 강한 메시지가 우리의 선배인 사도들이 설명해 내고 있음을 나타내고 있기 때문입니다. 예전에 이와 같은 비슷한 경험과 체험이, 감동과 감격으로 눈물이 날 만큼 그런 것이 없느냐는 질문을 받을 때 그것도 저에게 그리 와닿는 대답이 없음을 듣던 그 어느 고인이 되신 분의 이야기가 생각이 납니다. 저에겐 상처로 남겨 있지만, 그렇다면 우린 이런 사도 바울의 기록들은 무의미해지는 것을 알 수 있게 됩니다.

모두가 다 그와 같을 수 없다는 것은 오히려 그분의 그리스도 예수의 구속만큼 더 중요하지 않기 때문입니다. 그 영광은 이미 완성된 상태라는 것을 성경은 간접적으로 설명하고 있습니다. 그 제자들과 그 아들의 모습으로 십자가에서 하신 말씀, "다 이루었다"는 것처럼 어쩌면 이 세상은 태양과 블랙홀의 빛과 어둠의 그림자로 힘의 균형을 이룬 시공이 영화처럼 재생되는 곳이라는 것을 설득력 있게 설명합니다. 시간의 비가역성, 상대성 이론과 시간의 개념, 과거의 물리적 형태와 정보의 보존, 양자역학과 우주론은 우주를 상영관으로 비유할 때 양자역학과 일반 상대성 이론을 통합하려는 여러 이론이 제안되고 있습니다. 마치 가상 현실과 시뮬레이션 이론을 뒷받침해내고 있다는 결론을 가지게 된다는 점에서, 성도는 미리 완성된 그 자리로의 기대와 소망, 믿음을 가진다는 결론이 아주 큰 유익으로 다가온다인지 보았다는 것을 설명하는 것입니다. 장차 나타날 영광은 도대체 무엇일까요? 그가 셋째 하늘에 낙원으로 이끌려가서 그 영광을 보았다는 것으로 설명이 됩니다. 영광, 태양의 빛이 그 어둠의 끝 사건의 지평선을 넘어 완성된 그 역사의 끝, 다시 말하자면 우리는 창세 전에 그 영광을 입고 있었다는 것이 설명됩니다.

엡 1:4 곧 창세 전에 그리스도 안에서 우리를 택하사 우리로 사랑 안에서 그 앞에 거룩하고 흠이 없게 하시려고

영광의 무리로, 나라로, 아들들로 서서 완성된 그 새 예루살렘의 모습을 직접 그가 보았다는 것을 의미합니다. 본인이 그 낙원으로 가서 보니 완성된 영광의 모습으로 서 있는 나, 그 바울의 모습을 보았다는 것을 그가 말하고 있음을 알 수 있다는 것입니다. 거기에 내가 하나님의 나라로 서 있더라, 이게 무슨 말도 안 되는 형상을 보고 있을 때 나타나는 현상을 장차 나타날 영광이라는 문맥으로 이어지는 것이 자연스럽다는 것을 알 수 있습니다. 그 자리에 본인만 빠졌다면 "에이, 그만둬야지... 뭐 집에 가서 고기나 잡자" 하고 있었겠죠? 아닌가요?

요 20:25 다른 제자들이 그에게 이르되 우리가 주를 보았노라 하니 도마가 이르되 내가 그의 손의 못 자국을 보며 내 손가락을 그 못 자국에 넣으며 내 손을 그 옆구리에 넣어 보지 않고는 믿지 아니하겠노라 하니라

결국 예수님이 나타나셔서 진짜인 것을 확인시켜줍니다. 그때 제자들에게 그 실체를 직접 드러내어 보고 만질 수 있게 나타나심은 아주 중요한 메시지입니다. 도마처럼 사도 바울도 그 영광의 실체를 경험하여, 이 세상의 모

든 고난이 아무 가치도 아니게 되는 전환점이 됨을 그의 이야기 속에서, 예수님을 향하는 사랑의 메시지를 읽을 수 있습니다. 그렇다면 우리에게도 그런 특별한 경험을 할 수 있을까요? 네, 당연할 수 있습니다. 그분이 데려 간다면. 그러나. 그런 사건을 기록 한다는 건 그런 체험이 일어나지 않는다는 반증이고 그런 것보다 더 중요한 것이 있기 때문이라는 설명이 강하고, 우리는 지금 이 빛과 어둠 속에 있다는 것 자체가 그 영광된 곳에서 이곳으로 아버지의 관계를 배우기 위해 나온 자녀들이라는 강한 메시지가 우리의 선배인 사도들이 설명해 내고 있음을 나타내고 있기 때문입니다. 예전에 이와 같은 비슷한 경험과 체험이, 감동과 감격으로 눈물이 날 만큼 그런 것이 없느냐는 질문을 받을 때 그것도 저에게 그리 와닿는 대답이 없음을 듣던 그 어느 고인이 되신 분의 이야기가 생각이 납니다. 저에겐 상처로 남겨 있지만, 그렇다면 우린 이런 사도 바울의 기록들은 무의미해지는 것을 알 수 있게 됩니다.

모두가 다 그와 같을 수 없다는 것은 오히려 그분의 그리스도 예수의 구속만큼 더 중요하지 않기 때문입니다. 그 영광은 이미 완성된 상태라는 것을 성경은 간접적으로 설명하고 있습니다. 그 제자들과 그 아들의 모습으로 십자가에서 하신 말씀, "다 이루었다"는 것처럼 어쩌면 이 세상은 태양과 블랙홀의 빛과 어둠의 그림자로 힘의 균형을 이룬 시공이 영화처럼 재생되는 곳이라는 것을 설득력 있게 설명합니다. 시간의 비가역성, 상대성 이론과 시간의 개념, 과거의 물리적 형태와 정보의 보존, 양자역학과 우주론은 우주를 상영관으로 비유할 때 양자역학과 일반 상대성 이론을 통합하려는 여러 이론이 제안되고 있습니다. 마치 가상 현실과 시뮬레이션 이론을 뒷받침해내고 있다는 결론을 가지게 된다는 점에서, 성도는 미리 완성된 그 자리로의 기대와 소망, 믿음을 가진다는 결론이 아주 큰 유익으로 다가온다는 것을 의미합니다.(인용) 마치 어느 도서관의 수백 개 필름 중 하나를 꺼내 상영하는 이곳이 우리가 태어난 곳으로 받아들여지게 된다는 것을 설명합니다. 아버지와 어머니, 아내와 자녀들까지도 그 형상을 닮은 모습으로 살아가며, 기쁨과 슬픔과 고통으로 지나가는 이 시간은 그 아버지의 무한한 사랑을 설명해 내는 거대한 스펙트럼을 품은 상영관처럼, 알지 못했던 그분을 알아가고 느끼며 사랑이라는 감정으로 이어져 가는 중요한 장소임이 분명함을 사도 바울의 역설이 우리에게도 있음을 말하고, 또 그것을 위로하는 것이 아닐까 합니다.

고전 13:4 사랑은 오래 참고 사랑은 온유하며 시기하지 아니하며 사랑은 자랑하지 아니하며 교만하지 아니하며
13:5 무례히 행하지 아니하며 자기의 유익을 구하지 아니하며 성내지 아니하며 악한 것을 생각하지 아니하며
13:6 불의를 기뻐하지 아니하며 진리와 함께 기뻐하고
13:7 모든 것을 참으며 모든 것을 믿으며 모든 것을 바라며 모든 것을 견디느니라
13:8 사랑은 언제까지나 떨어지지 아니하되 예언도 폐하고 방언도 그치고 지식도 폐하리라
13:9 우리는 부분적으로 알고 부분적으로 예언하니
13:10 온전한 것이 올 때에는 부분적으로 하던 것이 폐하리라

저도 그처럼 온전한 것을 보고 싶을 때가 있었습니다. 그래서 마치 어디에 있을 것 같은 존재로 찾고 느끼고 싶을 때가 있음을 간접적으로 그가 그려내고 있음은 우리에게 큰 위로와 유익을 주는 그분들의 공로가 아닐까 합니다. 오히려 우리의 길 또한 선배들이 걸었던 힘든 길을 가야 한다는 간접

적인 메시지를 담고 있는지도 모릅니다. 그 보이지 않는 나라의 실체를 그가 온통 넘치는 것으로 수신서로 담고 있습니다. 우리가 글을 잘 쓰지 못하여도 말을 잘하지 못하여도 그 영광의 모습을 떠올릴 수 있는 것은 이들의 후세들에게 남긴 편지 속에 담긴 완성된 사랑의 메시지는 아닐까 합니다.

선악과와 양자역학의 관계 ver 1.14

창 3:3 동산 중앙에 있는 나무의 열매는 하나님의 말씀에 너희는 먹지도 말고 만지지도 말라 너희가 죽을까 하노라 하셨느니라

양자역학을 공부하다 보면 마치 수많은 가능성으로 우리 주변에 소통되고 교류될 수 있는 가능성의 나의 다른 것들로 존재한다는 느낌이 들 때가 있습니다. 마치 내가 수없이 많은 것들로 쪼개져서 어떤 선택을 하는가에 따른 선택과 동시에 그 결과의 관측을 우리는 예측할 수 있다는 과정을 정립할 수 있습니다. 마치 선악과를 우리가 선택한 것처럼, 양자역학의 구조는 우리로 하여금 미래에 될 나의 모습과 그렇게 되고 싶은 어느 모습처럼 선택의 끝없는 시도를 던지는 메시지를 담고 있는지도 모른다.

우리의 미래는 우리가 선택하고, 우리의 소망과 믿음에 동원되어 이루어지지 않은 모든 것들의 시간적 에너지를 끌어다 사용할 법한 시도를 내포하고 있습니다. 다르게 말하자면, 우리의 의도된 모습은 그렇게 미래를 탐구하고 선택하며 자아를 실천하는 듯한 모양의 틀로 이루어지고 진화되어 가는 것 같은 형상으로 지어졌다는 데에 있습니다. 마치 이 시대에서 쉽게 사용하는 AI라는 계산기처럼, 앞으로의 예측과 과거의 토대를 기반하는 지향적 형태로 나아가고자 하는 목적으로 한다면, 이런 유전적 원리의 제작에 대한 반응이 이러한 결과로 이루어진 것이라면, 인간은 어떠한 미래의 암울한 이야기라 할지라도 스스로 살아낼 자립심이 있고, 그것을 이어갈 생명을 끊임없이 발휘한다는 것을 의미하는지도 모릅니다. 다르게 말하자면 이것은 선악과를 통하여 시험하시는 그분의 말씀에 대한 항거처럼, 우리의

힘으로 그 에너지를 끌어당기는 동기화된 생명력 자체가 동산의 파괴를 불러일으키는 원동력이 되었다는 것을 말할 수 있습니다. 하지 말라고 하는 그것을 넘어선 그 의지는, 인간이 선택이라는 물음 앞에만 서면 신의 위치를 넘어서려는 본능적인 코드를 우리 몸에 가지고 있다는 말로도 해석이 됩니다. 이것은 우리의 선택과 동일하게 비선택의 관측되지 않는 절대적인 값이 아닐 수 있다는 양자 관측의 법칙에 해당하는 말을 하고 싶은 것입니다. 한마디로 우리는 선택하므로, 그 열매를 먹음으로 해서 먹지 말라는 말씀을 무력하게 하는 것이 아닌, 비관측의 무의 결과 같이 그 반대의 개념은 있지 어니다는 결과이고 그런 선택의 값은 그냥 우리, 아담과 그의 아내 및 모든 인류는 우리가 선택할 수 밖에 없다는 것을 뜻하는 것이니 그렇게 선택이 아닌 확인되는 리트머스 시험지 처럼 우리는 악 덩어리이며 죄악의 근원지로서의 에너지만을 내뿜는 것이라고 증명된 것입니다.

선악과의 특징을 창조주에게 들었고 금지되었기 때문에 먹지 말라는 말 자체가 관계의 평화를 가지고 있어서 이것을 선택이라는, 관측으로 접근 할 수 없다는 결론에 이르게 됩니다. 그러므로 그 선택이라는 방법 자체가 선보다 악의 성질에 가까운 결과를 품고 있기 때문에, 선악과의 출현 역시 그 악함을 드러내기 위한 것으로 해석되기 때문이다. 그래서 양자역학이라는 잣대로 비추어 그 열매는 꼭 먹을 수밖에 없는 것으로 해석이 가능합니다. 더 나아가 악과 선을 평가하기보다 그냥 우리의 실체(죄인)를 드러내는 도구에 가까운 결론을 가지게 됩니다. 그래서 우리의 선택은 그분의 또 다른 반대편 비관측의 형상으로 이어진다고 할 수 있습니다. 그 선택이라는 모양을 입히는 세상은 마치 스펙트럼처럼 무한한 분류를 포함하고 나누어지길 원하여, 계속해서 그 파장이 흘러나오고 있는지도 모릅니다.

수없이 많은 입과 귀로 속삭이며 말과 형상들 속에서 살아 있듯이, 우리는 우리의 형상을 끊임없이 구상하고 표현하고 만들어내고 있습니다. 이는 그 모습을 다른 신(우상)이라는 존재의 표현으로 수없이 많은 시간을 동원한다는 원리를 알지 못한 채, 나를 위한 나의 모습들, 되고 싶은 나, 될 수 있는 나라는 전제를 가지고 완성이라는 결과를 얻기 위해 노력하고 방황하며 결국 죽어가는 것을 목적처럼 여기는지도 모릅니다. 그러나 비관측, 비선택이라는 암흑과 같은 그 반대편에서 하나님의 형상은 인간의 그 유한적인 몸부림 보다 무한한 가능성을 내포한 무의 존재가 될수가 있고, 가능한 모든 것들로 하나가 되며, 스스로 모든 것들을 쪼개어 사라지고 관측되는 시간 속에 숨어서 끝없이 본인을 설명하고, 그가 되려는 죄의 인간 본성을 통해 그 신적 존재성을 드러내려 합니다. 그 숨겨진 비선택의 동기를 위한 무한한 상으로 얽매인 선악과처럼, 동산 중앙에 있어 절대적 존재의 시간 속에서 우리가 선택하는 그 모습 전체가 그분의 의도를 담은 에너지로 이곳은 의도되었다고 할 수 있습니다. 이것은 그분을 그 암흑의 비관측에서 스스로 나타내기 위한 모습으로 분리됨을 작정하신 것 같이, 아들과 자신과의 분리를 선택한 모습으로 비칠 수 있다. 아들들의 선택을 끝까지 확인하는 그 무한한 공간의 대척점이 에덴이라고 해도 될 만큼, 이 세상은 그분의 모든 모습을 담은 거대한 양자 캠퍼스로 이루어져 어느 때, 어느 시점을 넘어서 우리에게 그 화려함을 드러내놓고 있다 해도 과언이 아닙니다.

창 3:6 여자가 그 나무를 본즉 먹음직도 하고 보암직도 하고 지혜롭게 할 만큼 탐스럽기도 한 나무인지라 여자가 그 열매를 따먹고 자기와 함께 있는 남편에게도 주매 그도 먹은지라

우리는 계속해서 판단에 잡혀 존재하고 있습니다. 계속해서 선택하는 수고

를 감수해야 한다는 것과 같고, 그것으로 수없이 많은 걸림에 놓이는 것들로 가득 채워졌다는 결과를 이끌어 나갈 것입니다. 인간만이 유일하게 겪는 정신병은 그 아름다운 열매의 산물이라 할 수 있습니다. 그 선택의 탐스러운 것을 중앙에 우리에게 먹이는 그 끝없는 사랑이라는 결과에 우리가 동참한다는 것을 알아야 합니다. 먹고 아는것 그리고 결국 죽는 것, 먹고 신이 아닌 존재로 죽어야 한다는 것을 우리는 선택이 아닌 그분의 일방적인 방식으로 모두 구속되었다는 것을 말하는 것입니다. 인간이 먹지 말아야 하는 것을 먹는 순간, 인간의 모든 물리 질서가 무너진다는 것을 의미합니다. 그래서 보이는 것으로 존재하고, 보이는 것으로 관측할 뿐입니다. 그래서 보이는 것으로 심어져서 보이는 것으로 우리가 먹게 되는 방식으로 하나님은 우리를 알게 하시는 것뿐입니다.

이것은 보이지 않는 그분의 특권을 숨길 수 있는 길을 여시고, 시공을 넘나드는 절대자의 위치를 들어냄으로 우리가 관측도 않는 설명이 가능하게 되는 것입니다.

요 4:24 하나님은 영이시니 예배하는 자가 영과 진리로 예배할지니라
열하 6:17 기도하여 이르되 여호와여 원하건대 그의 눈을 열어서 보게 하옵소서 하니 여호와께서 그 청년의 눈을 여시매 그가 보니 불말과 불병거가 산에 가득하여 엘리사를 둘렀더라
물리는 보이는 것, 만질 수 있는 것 이외에 설명할 수 없습니다. 그러므로 우리가 세상에 갇혀 있는 것은 어느 정도 설득력을 가지게 됩니다. 그래야 우리의 선택을 그치게 하는, 보이지 않았던 그 누군가의 등장을 기다릴 수 있다는 것이 됩니다. 그 비선택과 비관측에서 드러난 것은 우리의 죽음으로의 선택, 사망으로의 선택을 그치게 하는 유일한 그분이 직접 선택은 바

로 십자가이고 그 아들의 희생이라는 것입니다.
히 2:14 자녀들은 혈과 육에 속하였으매 그도 또한 같은 모양으로 혈과 육을 함께 지니심은 죽음을 통하여 죽음의 세력을 잡은 자 곧 마귀를 멸하시며

십자가는, 그것은 그 양자역학의 끝없는 선택의 결과로의 관측을 단번에 파괴하는 것과 같다. 에덴이 우리의 선택으로 파괴되었다면, 십자가에서 그 육체(물리적법칙)를 찢어 세상에 드러난 예수의 몸처럼 선악과를 찢는 것과 같이 없게 하심은 이제 더 이상 성도에게 악으로의 관측이 되지 않음을 역설하시는 결과인 것입니다. 우리를 죄인으로 보는 것이 아닌, 관측된 악의 선택이 아닌, 그 아들을 이세상에 선악과의 나무로 세우시고 그 열매를 먹은, 아들의 형제들에게 본인이 세운 십자가에 세워 그의 육체와 함께 찢어서 성도에게만 그 선악과 자체를 없애 버린 것이 되는 것입니다. 이는 모든 물리의 질서와 순서와 운행을 단번에 역행하는 초월적 형태인 것을 의미한다. 명리학과 동양철학을 공부하다 보면, 모든 만물의 순리와 조화를 우선시하며 그에 따른 역학을 인간이 타고난 범주에서 살아가도록 제안하고 설명해 내고, 영향을 받게 됩니다. 이것은 어쩌면 우리가 지구라는 별의 은하계를 벗어날 수 없는 그 한계성을 인지하고, 만물의 하나임을 따르는 순리로 인간이 드러내는 삶을 설명하고자 한다면, 성경의 말씀 속에 하나님은 그 순리를 벗어난 절대존재적 초월로 우리에게 말씀하심을 알 수 있습니다.

마14:25 밤 사경에 예수께서 바다 위로 걸어서 제자들에게 오시니

예수님의 행로에서는 모든 물리의 법칙을 넘어서는 것들이 많습니다. 아니, 성경 속에 하나님의 모습 또한 인간의 한계성을 드러내게 하시고, 우리

에게 그분의 놀라운 역사를 수시로 나타내십니다. 이것은 그분이 혼자 잘난 맛으로 스스로를 드러냄이 아닌, 우리에게 특별한 메시지, 곧 모든 순리와 운행을 넘어서는 초월적 존재로 우리를 대하고 계신다는 것을 말씀으로 드러내고 계신다는 것을 의미한다. 이를 더욱더 극대화 시키는 것은 성도의 기도라고 할 수 있다. 그분은 우리의 기도를 통하여 그분의 뜻을 알게 하시고, 이루어 가시며 드러내고 있습니다. 마치 지구라는 별에서 하나의 축을 비틀어 다른 시공으로 회전시켜 다른 파장과 형상을 지어 가시는 원리와 같은 것이라 할 수 있다. 관측되지 않는 그 비관측의 무에서의 무한한 가능은 우리가 관측한 것이 아니었던 것처럼, 그것은 우리에게 주시기 위한 통로로 예비된 무의 공간임을 더욱더 나타낸다는 것과 같을 수 있습니다.

이는 창조의 원리와 같은 것이며, 이는 그 무의 공간, 비관측의 상태에서 태어난 그 아들들의 모습을 형상으로 입히는 창조와 같다고 할 수 있습니다. 이는 이 세상의 순리와 운행을 넘어서는 사건으로, 그분의 이 모든 주권과 그 권리를 이 자연의 현상을 뒤틀어 버림으로 드러내고 있다는 것을 설명하시는 것이기도 합니다. 그런데 이런 권능을 그 아들들의 기도를 통하여 나누고자 하시는 데에 성도의 특권이라는 것이다. 기도는 이렇게 우리의 한계를 넘어서는 사건으로 펼쳐지게 되고, 보이지 않던 그 아들들의 탄생의 역할로써 이루어지게 됨을 드러내고 있다는 것을 보여주고 있습니다. 우리가 죄인 됨을 깨닫고, 그 십자가 아래로의 자기 자리 찾기의 모습을 통하여 더욱 선명하게 감추었던 비밀을 드러냄으로 해서 이 양자역학의 껍질을 무참히 파괴해버리는 모습이 바로 신이라는 존재, 아버지라는 절대 자리의 감추어진 모습인 것이다. 불교의 깊이를 보면 참 안타깝다 "천상천하 유아독존"이라는 말은 인도 부파 중 설일체유부(說一切有部) 문헌과 현장(玄奘)의 『대당서역기(大唐西域記)』, 『경덕전등록(景德傳燈錄)』에도 나온다. 천상천하(天上天下)는 천신들의 세상과 그 아래 세상인 인간 이하의 세상을 가리키며, 생명 있는 존재[衆生]의 세계 전체를 의미한다. 그 세계 전체에서 붓다가 가장 존귀하다는 의미는 생명 있는 존재 가운데 깨달은 붓다가 가장 존귀한 존재임을 드러내는 것입니다.(인용naver) 항상 어떤 문제의 근원을 관측된 형상만을 추구하다 보니, 그 비관측에 대한 의문을 가지고 있지 않기 때문에 모든 종교는 선악과의 그 형상에 걸려 있는 것 같습니다. 그리고 더 나아가 그 창조 이전의 창조주와의 대등한 권리를 중요하게 여기는지도 모릅니다. 왜냐하면 보이는 기준으로 그 이전의 무를 찾기 때문에 결국 보이는 것으로의 답에 묶일 수 있다는 것입니다.

성도는 크로스오버(Cross over)의 한계를 넘어서야 한다고 생각한다. 선택에 대한 관측과 비관측으로 나누어서 나타냄은 동시에 어떤 것을 선택하든지 그 숨은 해답과 원리를 어떤 것이라도 설명이 되고, 그에 대한 해답과 진리를 내포함을 동시에 에덴동산의 중앙에 있는 율법으로의 예수라는 나무는 말하고 있습니다. 선악과 그 과실을 모든 이가 먹은 채로 이 땅에 태어납니다. 그 상태로의 탈주의 궤적은 여러 형태로 나타나고 있는 것 같습니다. 종교로, 문화로, 철학으로, 우리의 생활로도. 하지만 성도라면 어떤 선택을 하든지 그 숨겨진, 비관측의 십자가라는 그 무한의 보혈이 흐르는 생명나무로 우리를 이끌어 내시고 말겠다는 것을 알고 있습니다. 붓다라는 껍질이 그 절대자를 설명하였다면 그냥 버리고 마는 우상에 불과합니다. 그에게는 영생으로의 생명 과실을 먹일 만한 능력도, 여력도, 그 어떤 존재도 되지 못할 뿐입니다. 그가 말한 그 절대자라는 설명에 감추어진 비관측된 비유에 하나님의 형상을 읽었다면, 그로 만족하여 그 또한 무한의 선악과로 우리 중심에 아름답게 서 있는 세상과 다를 게 없습니다. 오히려 이세상으로는 구원을 얻을 만한 그 어떠한 것이 없기 때문에 그 아들이 직접 십자가에서 죽었다는 설명이 명확할 뿐입니다. 그렇게까지 라도 얻어지는 것이 그 반대편에 서있는 존재가 성도라면 말이다.

계 22:2 길 가운데로 흐르더라 강 좌우에 생명나무가 있어 열두 가지 열매를 맺되 달마다 그 열매를 맺고 그 나무 잎사귀들은 만국을 치료하기 위하여 있더라

문자와 언어

우리는 책을 보거나 글을 읽을 때 특별한 시간을 갖습니다. 나에게 들려주는 문장을 이어가다 보면, 특정 인물과 배경, 그리고 관계를 설명하고 있다. 엄밀히 말하면, 시공간으로 들어가 말하고자 하는 주인공의 자리로 들어가 그가 되어, 그의 말과 행동, 감정을 교류하게 됩니다. 그러고 나면 그가 펼치는 사건 속에서 관객 또는 주인공의 자리에 선 대상이 되어 버립니다. 달리 말하면, 그 책의 글과 그 글 속의 사건이 우리에게 덮쳐 온다고도 설명할 수 있습니다. 우리는 각자 입을 가지고 있다. 이 입은 나를 계속해서 나를 드러내고 있으며, 나와 닮은 누군가와의 이야기를 끊임없이 들려주곤 합니다. 내가 그가 되고, 그가 내가 되어 서로가 한몸이 되어 자기 자신과의 동질성을 서로에게 드러내고 있는지도 모릅니다.

이는 우리가 다 한곳에서 나와 다 한곳으로 자라난다는 상징을 뜻하기도 합니다. 마치 하나의 덩어리에서 분리되어 서로가 서로를 설명하는 중이라고도 할 수 있습니다. 강아지가 새끼를 낳으면 어미를 닮는 것은 당연하듯 인간도 마찬가지입니다. 그리고 언어와 문자도 그 형이하학적인 구조에서 벗어날 수 없는 한계를 그대로 가지고 있습니다. 그래서 말로도 글로도 설명되지 않는 것이 무척 많을지도 모릅니다. 서로가 닮은 듯 다른 나를 구성하는 말과 문자를 가지는 데에는, 오히려 이 콘텐츠로 서로를 가두는 현상으로도 봐야 합니다. 비슷하기 때문에 전파력이 있고, 비슷하기 때문에 이해력이 뛰어난 전달 매체이긴 하나, 그 방법으로만 해결할 수 있는 것 또한 제한적이라는 것을 의미합니다. 형이상학적 구도의 표현은 아마도 가시적으로 보이는 것 외에는 표현되지 않기 때문에, 이것을 들어서 저것을 설명하는 대주제에 도달하게 된다는 것을 의미합니다.

마 13:13 그러므로 내가 그들에게 비유로 말하는 것은 그들이 보아도 보지 못하며 들어도 듣지 못하며 깨닫지 못함이니라
막 4:11 이르시되 하나님 나라의 비밀을 너희에게는 주었으나 외인에게는 모든 것을 비유로 하나니

그럼 누가 하나님을 알고 믿으며, 그의 말을 귀 기울여 듣는 것 자체가 불가능하다는 설명이 됩니다. 나와 비슷하거나, 나로 하거나 너로 하는 사건의 동질성을 가지고 있기 때문인 것입니다. 왜냐하면 우리는 전능하지 않기 때문입니다. 신적 존재가 언어를 취하여 우리에게 준 것으로 해석이 빠르게 됩니다. 아니면 우리의 언어는 우리가 만들어서, 마치 우리끼리의 교류를 정해두었고, 그 사이에 위대한 어떤 존재가 파고들어 그를 드러낸 사건일 수밖에 없기 때문이다. 그러나 인류는 문자를 스스로 개발하고 만들었으며, 그것을 스스로의 자부심으로 드러내고 있기 때문에 어쩌면 우리는 우상적 신적 관념이 더욱 커졌다는 결론에 이르게됩니다. 다르게 말하자면, 우리의 눈이 필요해서 눈을 만들었고, 해상도를 높이기 위해 카메라를 발명한 역사가 설정될 수 있다. 우리는 상대방의 언어를 듣기 위해 몸에 귀를 제작하였고, 그 소리의 데시벨을 높이기 위해 오디오를 만들었다고 할 수 있습니다.

이것이 신이 빠진 인본주의적 사고의 신앙이라고 할 수 있습니다. 이 점에서, 이것을 수시로 확인하는 곳이 이 세상인지도 모릅니다. 내 말과 네 말이 아닌, 신의 말의 싸움이 벌어지는 전쟁터 같은 곳에서의 삶이 세상이라고도 할 수 있을 것입니다. 말 속에, 문자 속에, 시공이 끊임없이 나를 설

명하고 설득시키며, 우리는 많은 교류와 느낌, 사고와 생각이 지배하고 있습니다. 우리의 일상은 시간적 한계를 벗어나고, 시간의 설정 속에서 그 뒤틀림의 시간적 한계가 계속해서 우리의 절대적 시간에 작용하고 있다는 말이 성립됩니다. 나를 성립하는 시간과 공간에서 언어와 문자는 서로 다른 차원의 것들을 끌어다가 정당화시키고 설명해 나가고 있기 때문입니다. 이 가설이 맞다면, 양자역학은 그저 쓰레기가 됩니다. 그 주변 상황 속 가능성이 아닌, 그저 어떤 우연성에 의해 지배받는 사건들이 나를 점령하고 주장하며 드러낸다는 것으로 설명이 가능합니다. 어디서 그것을 볼 수 있냐 하면, 대표적으로 마가의 다락방 사건이 그렇습니다.

행 2:2 홀연히 하늘로부터 급하고 강한 바람 같은 소리가 있어 그들이 앉은 온 집에 가득하며

우리는 우리가 구하는 것도 모릅니다. 생각도 측량도 할 수 없는 사건이 기록된 것은, 앞으로도 어느 순간에 이것이 우리를 침공하여 드러낼 수 있음을 뜻한다는 말이 됩니다. 한마디로, 우리가 모르는 어떤 세계의 언어와 문자가 우리의 세계관에 들어와, 그가 그를 나타냄으로써 설명이 시작될지도 모릅니다. 타자의 시각에서 볼 때, 이것은 단순히 그가 알고 있는 관념의 언어와 문자가 나타내는 시간성과 공간성의 표현일 뿐이기 때문에, 이를 미쳤다고 말하는 것이 더 쉬운 설명이 됩니다. 왜냐하면 신은 어쩌면 만질수도 보일수도 없는 것이였기 때문이다 그래서 그는 우리에게 있는 것의 비유를 택했던 것이기 때문입니다. 이렇게 된다면 우리는 오히려 하나님 아버지를 나타내기보다는, 이상하고 요상한 절대자의 사건과 사고를 드러내는 행위가 더 설명적인 것이 됩니다. 현대 물리학의 현주소인 양자역학은 우리의 선택과 동시에 대상이 설명되는 식이지만, 하나님의 물리법칙은 조

금 다른 것 같다. 사람들의 방법적인 언어와 문자의 추구를 이해하고 서로 비슷한 사고의 형태를 두르며 그 속에서 존재를 나타낸다면, 하나님의 표현 방법은 조금 과격하고 일방적이며, 너무 독특한 에너지로밖에 설명되지 않는다는 것을 이해하게 됩니다.

한마디로, 그분은 철저하게 그 문자와 언어에 숨어 절대 그 자신을 드러내지 않는다는 말로 해석될 수도 있다. 비유로밖에 설명이 되지 않는다는 것은, 그 비유가 가지는 것이 전부이기 때문에 그 비유에 걸려 넘어지는 것이 목적인 셈입니다. 이 말은, 한마디로 비유 속에 숨긴 참뜻이 있긴 하지만, 그 참뜻을 드러내는 순간 그 자체의 설명 또한 이 세상의 것으로 밖에 될 수 없다는 한계를 가진다는 뜻이기도 합니다. 이 정도가 되면 우리가 성경을 설명 한다거나, 설교를 하거나, 종교를 설명하거나, 교리를 드러내는 것 자체가 무의미해지는 것을 이해할 수 있습니다.

그렇다면 왜 드러내는가?

사 6:9 여호와께서 이르시되 가서 이 백성에게 이르기를 너희가 듣기는 들어도 깨닫지 못할 것이요 보기는 보아도 알지 못하리라 하여
사 6:10 이 백성의 마음을 둔하게 하며 그들의 귀가 막히고 그들의 눈이 감기게 하라 염려하건대 그들이 눈으로 보고 귀로 듣고 마음으로 깨닫고 다시 돌아와 고침을 받을까 하노라 하시기로

그분의 존재, 그분의 신성과 그분의 차별을 우리는 말하고 듣고 알며 쉼을 얻을 뿐, 우리가 어떻게 해서 우리와 같은 씨를 만들 수는 없는 것입니다. 그저 그분이 입을 만들고, 언어를 만들고, 문자로 기록하여 우리가 그 길을

밟아가는 과정일지도 모릅니다. 그렇게 그 백성들은 스스로를 드러내기보다는, 그 주인의 말과 언어를 그 몸으로 드러낸다고 하는 것이 더 설명적이 됩니다. 우리의 머리사이즈나 세포의 수나 그 지각적 기능의 뇌를 처음 설계하신 분께서 만 문자와 언어를 넣는 틀로 제작하여 이곳이란 곳에 보내졌기 때문입니다. 제작자의 의도에 맞추어 나를 연구하는 것 자체가 아마도 신적 존재를 연구하는 것이 더 빠른 신앙의 길인지도 모릅니다. 그렇다면 고난은 단연 필수적인 코스가 될 것입니다. 기독교인들이라면 이러한 말도 안 되는 표현 방법에 한계성을 가지며, 그것이 옳다고 방향성을 제시하며 사는 것 자체가 세상과는 다른 방향성과 목적성을 가지기 때문입니다. 하지만 세상이 추대하는 관점은 필자의 서두에 밝힌 고난과 조금 다른 것 같습니다.

모든 인류가 바벨에 모여 하나님의 자리에 오르려 했던 그 사건은, 인간이 위로 올라가려는 모습을 드러내고 있기도 하나, 그 벌로 언어를 혼잡하게 했다는 의미는 깊은 메시지를 담고 있는 듯합니다. 말의 뜻을 모르면 자꾸 다른 말로 그것을 표현하게 됩니다. 그러면 더욱더 원래의 뜻에서 벗어난 결과를 얻을 수밖에 없다는 것입니다. 피카소라는 입체파 화가가 있습니다. 사람들은 그를 대단하다고 하지만, 필자의 생각은 조금 다릅니다. 부서진 원형의 그 무엇을 마치 퍼즐처럼 흩어버린 조각에 지나지 않는 듯합니다. 그래, 나를 뭐라고 해도 나는 그렇게밖에 표현하고 싶지 않습니다. 그 방법은 행위에 담긴 것일 뿐, 표현 기법이라고 하면 좋을 듯합니다.

쉽게 설명되지 않기 때문에 더욱더 정밀하게 해석을 해도 그것은 비유에 불과하며, 그 비유의 진실성이 있어도 결국 그것은 원래의 것에서 나온 또 다른 것에 지나지 않는다는 것을 의미합니다. 가짜는 결국 진짜를 설명할 뿐, 그것 자체라고 할 수 있느냐는 문제를 제기하는 것 자체가 성도가 할 수 있는 유일한 말과 언어일지도 모릅니다. 그럼 가짜로 진짜를 알았으면 그 가짜도 귀하게 되는 것이고 비유도 언어도 문자도 이렇게 갇혀버린 상태의 모든 것도 아마도 특별한 이유를 물어볼 때가 아닌가 싶습니다. 우리는 하나님을 알고 말하고 찬양하며 그분을 드러내도, 결국 그분의 의도대로 그 앞에 있을 뿐입니다. 마치 우리가 그분을 드러내는 피조물이 되는 것처럼 말입니다.

 예수님께서 "저들이 그 행위를 알지 못한다"고 하신 그 말씀이 이해되기 시작할 때쯤, 당신은 지금 이 지구라는 감옥, 이 세상이라는 감옥에서 탈출을 시도하고 있다고 생각해도 좋을 듯싶습니다. 미국의 어느 장소에서 외계인이 떨어졌고, 그들과의 인터뷰를 통한 사실인지 가설인지는 모르나, 어느 부분에 참 묘한 점이 있어 말하고자 합니다. 서로의 언어와 문자가 다르기 때문에 말보다 텔레파시로 그 의사를 먼저 들었다는 그 외계인이라는 존재의 글에서 우리는 왜 텔레파시로 서로를 알며 공유하지 못할까 생각했습니다. 하지만 답은 간단했습니다. 성도들에게 특별한 능력이 있다면, 아마도 말 속에 감추어진 그 진의를 그 누구보다도 이해하고 확신하는 힘일 것입니다. 그 믿게 하는 힘은 어디서 나오는가? 어떻게 보이지 않는 존재를 알고 믿게 되는가? 어떻게 세상이라는 이 감옥에서, 명리와 질서 속에서 벗어날 수 있는가에 대한 답은 단 하나입니다.

눅 12:9 사람 앞에서 나를 부인하는 자는 하나님의 사자들 앞에서 부인을 당하리라
12:10 누구든지 말로 인자를 거역하면 사하심을 받으려니와 성령을 모독하는 자는 사하심을 받지 못하리라

12:11 사람이 너희를 회당이나 위정자나 권세 있는 자 앞에 끌고 가거든 어떻게 무엇으로 대답하며 무엇으로 말할까 염려하지 말라
12:12 마땅히 할 말을 성령이 곧 그 때에 너희에게 가르치시리라 하시니라

외계인들의 소통방식이 만약에 텔레파시라면 아마도 성령의 방법 또한 그것과 유사할 수 있겠다는 것을 생각했습니다. 나를 가로막는 이 한계성을 설정한 것은 우리에게서 기다림과 인내와 참는 시간을 통하여 알기를 원하기 때문은 아닐까 생각합니다. 가끔 우리가 버려진 것은 아닐까 생각 합니다. 머리털까지 도 세시는 분께서, 나에 대하여 다 아시는 분께서 우리를 고아처럼 놔두지 않는다는 분께서 정말 같이 있는 것인지에 대한 물음은 곧 그 신적존재의 대상으로 여겨주시기 때문은 아닐까 합니다. 오히려 이런 말씀은 너희는 항상 그렇게 느낄 꺼야 로 저만 들리는 것인가요? 그래 그런 말씀을 굳이 기록한 이유가 있듯이 친구와 같은 대상 선물이란 때론 우리가 원하지 않는 것일 수 있습니다. 그래서 현대인들은 받는 이의 의사를 묻고 물건을 준비하는 것을 합리적이라 여기는지도 모릅니다.

하지만 필자는 선물로 받은 물건을 볼 때마다 그 준 사람을 떠올리는 버릇이 있다. 이렇듯 우리에게 필요한 것이 그분을 드러내는 언어와 문자라면, 그것은 그분이 주신 특별한 목적이 있다는 의미가 됩니다. '선물(禮物)'의 파자는 "신에게 예의를 갖추어 풍성한 것을 드리다"와 "소와 같은 물질적인 것"의 조합이다. 선물의 뜻은 이와 같이 신에게 인간이 드리는 것으로 해석될 수 있지만, 특정한 이들에게는 그분이 우리에게 주는 특별한 것을 선물이라고 가르치시는 것은 아닌가 싶습니다. 우리가 내놓는 이 땅의 유한한 것보다도 영원한 그 무엇을 드러내는 말과 언어, 문자는 세상 사람들이 받을 수 없는 그 무엇과 같다는 것이 아닐까 합니다.

본향

내 죽을 때 유언하나니 적어도 나를 소개할 때
글을 사랑하고 그림을 사랑하고
음악을 사랑한다고 했으면 한다
뭘 입고 벌고 쓰며 취해서가 아닌 어둠 속
별 흐르듯 녹는 이 내 슬픔의 강처럼
그 푸르름 찬 심연의 그리움 따라 오르는
언어의 본향같이 날 데려다줄 인생에 올라타

바람따라 별빛따라 들리듯 사라진 얼굴 찾아
내 메아리 쫓아갈 거면
아리아리 피는 따듯한 햇살
그 눈빛을 꼭 한 번 보려만
이 나의 노래가 그대 볼까지 가려마는
제발 내 무엇이 보여도 무얼 알았어도

그로 오인은 마오

이내 마음은 제발 말 속에 있지 않으니
너도 소개할때 눈웃음으로
그 말 대신한다면
내 오늘 여기에다 발을딛 고
그 하늘 어디 높은 곳을 보곤
가만히 듣겠소 그 숨소리

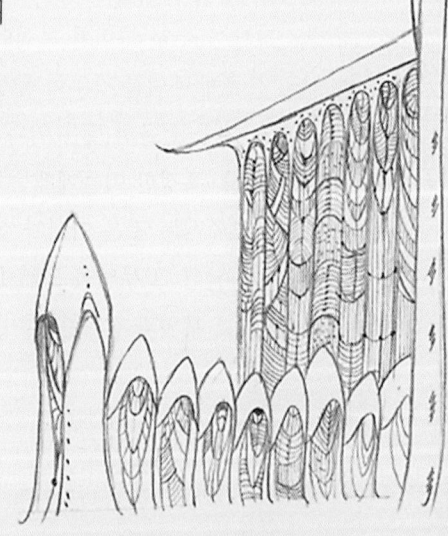

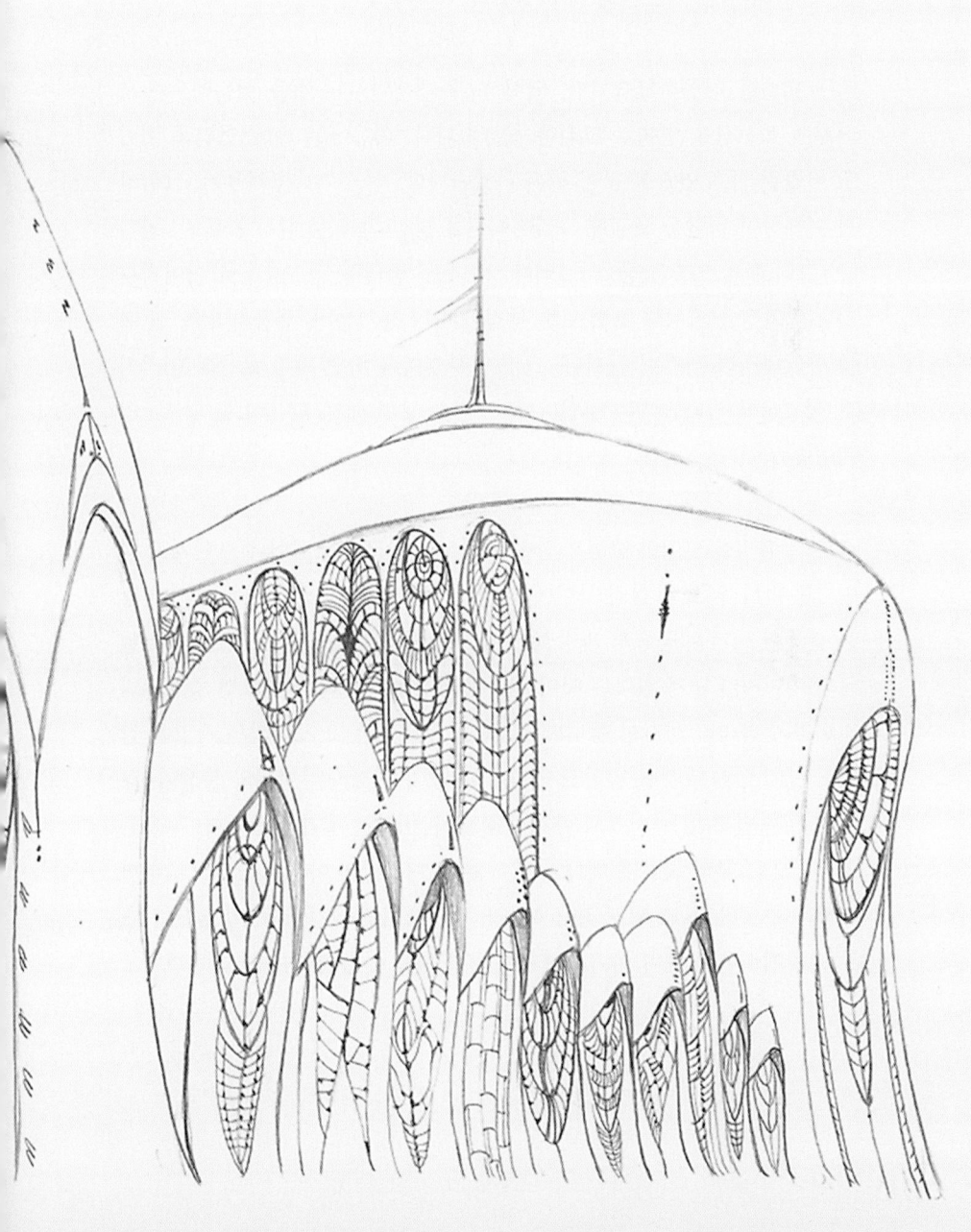

빛의 시작과 끝의 어두움

창 1:3 하나님이 이르시되 빛이 있으라 하시니 빛이 있었고

저는 미술을 전공하였습니다. 입시생 때 데생이라는 것을 했는데, 큰 도화지에 석고상을 연필로 그리곤 하였습니다. 처음에는 손에 연필을 쥐기도 어려워 기초 연습을 많이 하곤 하였습니다. 선 긋기, 면 채우기, 그림자를 이해하여 명암을 조절해 그라데이션을 넣는 기술 등 삼각뿔과 원, 원기둥, 그리고 마스크 각상, 아그리파, 비너스, 줄리앙 석고상으로 이어지는 기나긴 과정을 거치다 보면 보통 특징이 하나 생기는데, 전공자라면, 한 번쯤 공감하리라 생각이 듭니다. 그것이 무엇이냐 하면 자기 모습의 이미지가 석고상에 나타난다는 것입니다. 그림을 보면 쉽게 그 주인을 알 수 있듯이 말입니다.

물론 그 과정을 넘어야 중립적 관찰을 익히며 참모습을 담아내는 단계로 넘어가곤 합니다. 물론 실력 차이에 따라 그 과정이 없기도 합니다. 하지만 많은 분들이 느끼는 공통적 과정일 거라 생각됩니다. 대상을 그리는데 내 얼굴의 이미지가 담겨 있다는 것이 신기할 따름입니다. 생각해보면 창조주의 것도 비슷하리라 생각이 듭니다. 만들 그 무엇에는 그 제작자의 사고와 감정이 담겨 있다는 것을 말하고자 합니다. 그가 생각하는 범위와 상상력, 그리고 그가 알고 있는 지식의 한계성을 볼 수 있다는 생각이 듭니다. 누가복음 3장 23절부터 족보에 대해 나열하는데, 예수님의 아버지 요셉으로부터 시작하여 헬리요~그 위로 결국 하나님 위에까지 올라갑니다. 이 말은 반대로 그쪽에서 시작하여 여기까지 왔다는 설명도 가능합니다. 우리들까지도

전부 포함되어 있다는 뜻을 가지고 있습니다. 우리 이웃, 이웃나라, 모두가 전부 한 뿌리에서 시작되었다는 것을 간접적으로 설명하고 계십니다. 아니, 더 나아가 온 우주의 시작, 셀 수 없을 정도의 많은 것들이 139억 년 전부터 시작하여 빛의 속성으로 시작해 계속 이어져 내려오고 지금도 어디론가 가고 있다는 것을 의미합니다. 지구는 계속해서 돌고 한 방향으로 돌며 이어져 가는 것 같은 모양을 하고 있습니다. 이것은 그 방향성의 의미를 포함하고 있으니 주의 깊게 살펴보라는 것일지도 모릅니다. 1년은 봄, 여름, 가을, 겨울로 이어지며 마치 무한 반복으로 돌고 있습니다. 물론 동양에서는 60갑자로 나누어 보기도 합니다. 서양에서는 별자리로 그 위치를 정하여 각각의 별자리의 의미를 부합해 통계를 내곤 합니다. 어찌 되었건, 139억 년이 되었건 우리 인생의 조상의 족보가 이어져 내려올 때까지 이 지구는 쉼 없이 이 자리에서 본인 스스로를 설명해 내고 있다는 결론을 가지게 됩니다. 아마도 가장 강력한 서술형 답안을 가지고 날마다 하루를 그려내고 말하고 있는 것인지도 모릅니다. 달의 모습과 그 위치, 그리고 반사되는 각도의 모습으로도 그 설명은 무궁무진하다는 생각이 듭니다. 그것만 있겠습니까? 가끔 시골에서 볼 수 있는 수많은 은하수의 흐름은 또 어떻게 받아들여야 할지 고민이 됩니다.

우리가 사는 이 무한한 에너지가 끝없는 힘으로 우리를 감싸고 있는 것 자체가 설명해내고 있는 것은, 모든 것이 어느 한 빛, 어느 한 점, 어느 창조자의 생명이, 그 창조주의 실체가 빛이 되어 수없이 많은 생명력으로 나뉘어졌다면, 아마도 누구는 내가 되어 태어나고, 누구는 자연으로 태어나고, 누구는 저 달로 태어났는지도 모릅니다. 창조주를 닮은 모든 것들이 온 우주를 가득 메운 것은 그분이 이곳을 창조했기 때문입니다. HR 기거라는 에이리언 디자이너의 그림들이 있는데, 대학생 때 책을 팔러 온 사람을 통해 그의 작품을 접했을 때 참 혐오스러운 오브제로 인간을 합성한 듯한 인상이 강하게 들었습니다. 이런 세상으로 우주가 그려졌다면 참 살 맛이 안 나겠구나 하는 생각이 지금도 가시지 않는 그런 느낌이 가득 듭니다. 그래서 에이리언 시리즈의 그 혐오스러움을 이용한 폭력적 외계 생명을 우리 인간의 가증한 죄성과 연결시켜 인간의 악마성을 잘 그려내는지도 모릅니다. 이렇듯 그 주체자가 그렇게 하기로 한 것은 그 본모습의 속성을 그대로 가지고 있다는 것을 우리들의 모습 속에서 나타내고 있다는 생각이 듭니다. 나의 아버지와 그의 아버지로 이어지는 관계 속에서 나의 자식과 그들의 자녀로 이어지는 이 유전적 관계는 정말 놀랍게 닮은 형상을 가지고 있습니다.

그러나 배우자의 특성에 따라 그와 비슷하게 닮아가고, 둘의 관계에서 서로의 모습을 계승하여 태어나는 것을 보면, 우리의 이 거대한 특성은 아마도 창조주의 그 속성을 그대로 나타내고 있다는 느낌이 듭니다. 하지만 그렇다면 이런 가설이 생길 수 있습니다. 이렇게 모두를 모으면 그 창조주가 될 수 있을까? 이론상 그래야 하는 것 아닐까 싶습니다. 그렇게 세상으로 빛이 쪼개져 흩어져서, 쏟아져 나온다면 그것을 다시 합체하여 그 분리 이전의 무엇을 생성하게 되지 않겠냐는 질문이 나와야 합니다. 불교의 화엄경을 접하다 보면 더한 가능성이 있어 보입니다. 모든 존재는 실체도 없고 생긴 적도 없다는 것, 세상이란 거울에 비치거나 물 위에 비치는 그림자와 같다고 합니다. 너나 나나 몸과 마음이 한낱 거울에 비치는 그림자와 같다는 점에서 우리는 평등하다고 합니다. 어쩌면 맞을 수도 있습니다. 창세기에서 윗물과 아랫물을 가른다는 것은 이곳이 그 윗물을 설명해내기 위한 거울, 껍데기라는 것을 의미하는 것일 수 있습니다. 앞에서 말했듯이 빛이 그 원인 창조주에게서 떨어져 나옴을 너무 정확하게 표현하고 있다는 것입니다. 그러나 이것에는 함정이 있습니다. 다시 거꾸로 돌아가야 한다는 것입니다. 그것을 깨달았으니, 그럼 그것이 원래의 것으로 합쳐지고, 또 그렇게 되면 그것이 창조주가 되는 것인가요?

그렇게 성경은 마지막이 기록되지 않은 듯합니다. 요한계시록에는 새 하늘과 새 땅이 펼쳐지고, 영벌, 그에 해당하는 사람들은 지옥으로 들어가는 그림으로 그려져 있습니다. 그럼 화엄경은 시작의 환영은 보았으나 그 끝이 다르다는 것을 설명하고 있는 것에 대해 결론을 내지 못하기 때문입니다. 아직 그 계시록이 열리지 않은 채 진행형으로 시간이 가고 있기 때문이 아닐까 합니다. 물론 그 끝이 언젠가 오겠지만, 그 계시록의 기록과 그 화엄경의 시작은 조금 멀다는 느낌이 듭니다. 그 시작이 하나님 창조주로 시작되었으니 화엄경에서 말하는 '너나 나나 하나로부터 나온 것이니 내가 하나님이다'가 성립되려면, 다시 흩어졌던 것이 하나로 모여야 한다는 것을 말합니다. 어쩌면 그 원래의 것을 쪼개도 그 원래의 것의 특성은 변하지 않습니다.

다시 말해, 무언가를 설명하고자 하는 그림은 처음부터 전부 허상이라는 것을 의도합니다. 화가가 캔버스 앞에서 무엇을 그릴까 구상하는 것처럼, 주인이 그 붓을 들기까지 그 캔버스에 수많은 구상들이 어지럽게 그려졌다가 지워지고, 다시 어떻게 그릴까 시도하며 우선 머릿속에서 그리기 시작한다는 것을 의미합니다. 물론 그 그림의 주체자는 아직 그리지도 않았지만, 한번 작정된 모습을 그려 내놓고는 그 그림이 실체라고 말할 수 없다는 것을 의미합니다. 그림의 구상에서는 그것이 모두 하나의 생각, 계획 속에서 존재하기에 그 순간에 같이 있는 존재로서 하나와 같이 동일한 것으로 생각할 수도 있습니다. 우리가 어느 곳을 가기로 계획했다면, 그곳에서 무엇을 할지와 어떻게 가고 오는지는 전부 나의 주체된 자아 속에 있기 때문과 비숱한 구조라는 것입니다. 네, 우리의 일상도 그 실체가 아니듯이, 원래의 작가의 의도로 그려질 뿐입니다. 그 작가가 본인이 의도하고, 본인의 기법으로 완성을 했다고 해서 그 작품이 본인 자체는 아니라는 것을 말하는 것입니다. 하지만 누구나 그가 그렸다는 사실은 부정할 수 없다는 것을 이야기하는 것입니다. 화엄경의 그 허상의 시작은 이 세상의 그림을 마치 창조주의 실체로 착각한다는 것을 의미할 수 있다는 것입니다. 다시 말해, 하나님은 따로 계시고 그 속성을 그대로 담는 그 무언가를 빛으로 삼으시고 그것으로 본인을 나타내셨다는 것이 맞습니다.

지구가 거꾸로 돌 수도 있습니다. 겨울, 가을, 여름으로 해서 봄으로, 원래 열매를 없던 것으로 숨길 수도 있다고 생각합니다. 모든 인류의 양식으로 설명되지 않는 그 방식으로 돌아간다고 해도 별로 이상하지 않습니다. 왜냐하면 우리는 이 지구를 멈출 만한 힘이 전혀 없기 때문입니다. 그 위대한 창조주께서 너무 큰 힘의 균형을 철저히 이 세상을 담을 행성들에게 할당한 듯합니다. 이 거대한 세상이 마치 큰 수족관처럼, 우리 인간들은 그냥 밖에서 돌아가는 대로 우리의 의지와 상관없이 우리의 인생을 살아내야 한다는 것입니다. 너무 무력하지 않습니까? 창조의 원리는 알았고, 나의 아버지인 하나님으로부터 신적 유전을 이어받은 것 같은데, 당장 이 지구의 각도 하나도 조절 못 하는 이 작은 생명이 말입니다. 이쯤 되면 내 아버지인, 성경의 계보의 끝인 하나님이 정말 맞는지 반문을 가져야 한다는 것입니다. 모두 기도할 때 '하나님 아버지'라고 하지 않습니까? 나누어진다는 것은 다시 합치기 위함이 아닐지도 모릅니다. 나뉘어지는 것은 원래의 그 큰 에너지가 어둠을 향하여 주는 사랑의 특성을 담아내고, 그려가는 창조의 원리라는 것을 세상이 그려내고 있기 때문입니다. 받는 것이 사랑입니까? 사랑은 이타성을 가지고 있어야 그 말이 완성됩니다. 그래서 사랑은 주는 것으로 그려지고, 그 대상이 받음으로써 드러나는 것을 의미합니다. 인간이 이를 잘 하지 못해 달라고만 할 때가 있습니다. 부족하여 시기, 질투, 미움, 분노와 싸움이 있는지도 모릅니다. 다 사랑을 설명해 내는 거대한 캔버스로, 우리가 나누어져서 서로가 서로를 내주는 모습이 이 세상, 이 지구는 오늘까지 이어져 내려오고 있는지도 모릅니다. 우리가 무엇을 잘나서 땅에 씨를 뿌려 열매를 수확했습니까? 우리가 당연히 바다의 물고기를 잡아야 합니까? 내주는 분, 그 쪼개지는 그분의 특성을 설명하라고 지구를 돌리고 있는데, 아직도 나의 중심으로만 보고 생각하고 있는 것은 나의 하나님 자리를 버리지 못 하는 것 아닐까 합니다. 그분의 나누고 싶은 것들로 세상에 가득 차 있는 것 자체가 그 나누어지고 쪼개지고 있음이 그 아들 예수까지 십자가에서 다 쏟아 내는 그 무한한 사랑을 알아 먹으라고 하는 것 아닐까 생각이 듭니다.

마 27:46 제구시쯤에 예수께서 크게 소리 질러 이르시되 엘리 엘리 라마 사박다니 하시니 이는 곧 나의 하나님, 나의 하나님, 어찌하여 나를 버리셨나이까 하는 뜻이라

세상에서 가장 위대한 하나님의 분리, 외면하는 이곳으로 오는 그분의 첫 사랑의 나눔이 아닐까 합니다. 그 아들을 버리기까지 우리에게 나누어 주시는 것, 그 아버지의 한 부분을 우리에게 주는 것이 바로 이 세상의 창조가 아닐까 합니다. 이곳에서 벌어지는 일상, 날마다 벌어지는 이 지구의 자전과 공전 속에, 빛이 되어 낮을 밝히고 밤에도 또 빛나는 하늘이 우리의 거대한 캔버스에 담겨 있지 않습니까? 아직도 우주는 빛만큼 커진다고 합니다. 그 끝은 빛의 속도로 커진다고 하니, 그 사랑의 힘의 끝은 우리가 가히 척도조차 할 수 없다는 것을 의미합니다. 우리가 정말로 권리가 있어서 아들의 신분의 자리를 얻었습니까? 아무런 노력 없이 양자 됨을 얻은 자들이

어떻게 아버지의 사랑을 함부로 말하겠습니까?

눅 15:18 내가 일어나 아버지께 가서 이르기를 아버지 내가 하늘과 아버지께 죄를 지었사오니
15:19 지금부터는 아버지의 아들이라 일컬음을 감당하지 못하겠나이다 나를 품꾼의 하나로 보소서 하리라 하고

사랑이라는 것을 우리가 당연히 받는다고 권리를 주장할 수도 있습니다. 그렇게 우리 인간의 관계는 부모에게서 태어나고 다시 자식으로 이어지는 관계로 되어 있기 때문입니다. 그 애착이 너무 익숙한 듯하지만, 사랑은 그 시작한 원 주인(창조주)이 주지 않으면 보이지도 느낄 수도 없는, 아무것도 아닌 허상이라는 것을 세상이 말씀으로 설명하고 있다는 것입니다. 더 나아가 우리에게 어느 특정한 자리로의 복귀를 말씀하십니다. 너는 하나님이 아니고, 그분을 위하여 창조된 피조물, 캔버스 속의 그림들이라고 하십니다.

눅 17:10 이와 같이 너희도 명령 받은 것을 다 행한 후에 이르기를 우리는 무익한 종이라 우리가 하여야 할 일을 한 것뿐이라 할지니라

연필심이 그 압축된 흑연을 이용해 큰 도화지로 그것이 흩어져 어느 형상을 그려냅니다. 작은 그 심에서 흘러 흘러 그어지는 역사처럼 그 작가가 그리고 싶은 형상대로 그림이 다 마쳤을 때, 그 연필심이 다 닳아져 그림으로 변화되는 것을 이 세상이라고 하고 또 그 내용이 십자가라는 주제를 담고 있다는 것입니다. 이렇듯 이 화폭에 담겨진 느낌이 누군가에게 전달되었다면 그 대상은 아마 우리가 아닐까요?

신의 부활

신의 부활! 신의 죽음에 관하여 서술하다 보면 그 죽음이 부활을 목적으로 하는지도 모른다는 심증을 가지게 됩니다. 왜냐하면 죽음도 생명도 그분들에 의해 창조되었기 때문입니다. 죽음으로 몰아가는 세상의 그림은 그 누구도 의도되지 않았기 때문에 더욱 설득력이 있습니다.

사월쯤 되면 부활절로 정하고 전 교회들이 이 행사를 합니다. 달걀과 떡을 나누어 주기도 합니다. 신이 부활할 수 있겠죠? 신이니까 우리가 할 수 없는 것을 하는 것이 신 아닌가요? 우리가 못 하는 것이 무엇일까요? 나의 삶을 순식간에 변화시키는 능력? 막연한 사고, 천재지변 그런 것 말고 신이 생명을 만들고 어느 시간적 한계를 그어 그때가 되면 죽어 없어지게 설계한다면 아마도 세상과 비슷하겠죠? 그리고 영원히 죽지 않는 가치를 그 뒷모습에 숨기고 말없이 계속 아름답게 어느 정점을 그리고 서서히 늙게 세상을 그려 나간다면 아마도 생명이라고 태어나는 그 존재들은 영생을 꿈꾸지 않을까요? 영원한 생명, 그 지평선의 끝자락이 어디인지 모르지만, 그 막연한 기대감 같은 것 세상이라는 아름답고 눈부신 것들로 가득 채워 놓고 그것과 서서히 이별하게 만들어버리는 인생을 보고 있으면 그 후손들에게 끔찍이 여기는 심정은 그렇게 나쁜 것만도 아닐 수 있지 않을까요? 그건 모든 생명이 가지는 종족에 대한 애착의 다른 언어와 같은 이미지가 아닐까 합니다. 하지만 이 죽음의 바다에 신이 내려왔을 때가 있었습니다. 그 생명이라는 큰 탄생 품을 쥐고 마치 과일 열매처럼 그것을 따서 그 피조물들에게 먹이는 것 같은 설명이 말씀에 나와 있습니다.

고전 15:14 그리스도께서 만일 다시 살아나지 못하셨으면 우리가 전파하는 것도 헛것이요 또 너희 믿음도 헛것이며

그 열매를 먹은 자들마다 이상하고 괴이한 소리를 하게 되는데 그것이 바로 부활에 대한, 삶 그것에 관하여 이야기를 한다는 것을 알 수 있습니다. 신인 존재가 인간의 유한적 존재의 몸을 입고 와서 그들과 같은 형태로 죽고 나서 다시 살아나선 그들에게 나타나 부활을 설명하는 것 자체가 이 세상의 모든 빛, 어둠, 생명의 질서 전체를 파괴하는 형태를 띠고 있다는 것입니다.

세상의 파괴, 그분 몸이 십자가에서 쪼개짐을 상징하듯이 이 세상의 파괴를 미리 그 몸으로 보이시고 죽은 자 가운데서 살아나심으로 새 창조(새 예루살렘)를 이루시는 것을 세상의 시간 말세에 놓고 그래, 한번 맞춰봐. 신이 죽은 이유와 그렇게 다시 살아난 이유를 보이시며 그 자녀들에게 그 아름다운 생명 열매를 먹이고 끌고 나가시는 것을 보면 성도 자체의 가치관은 종말론적 사고관, 비관론적 사고관일 수밖에 없다는 반증을 가지고 있다는 것이 명백합니다. 아니면 부활이 없다는 것을 강력하게 말하고 있게 되어 버리니까요!

신이 죽은 이유, 그리고 다시 살아난 이유, 다시 살아난 것 자체가 세상을 심판한 것과 다를지 않을까 합니다. 다시 살아나지 않았다면 어떻게 되었을까요? 믿음, 소망, 인내, 이런 것 자체의 형태를 싹 무시하는 것으로 우리에게 크나큰 쓰나미처럼 휩쓸어버릴 겁니다. 그럼 세상에 부자들만의 신앙이 좋은 상태가 된다는 것과 다름이 없습니다. 지금 이스라엘이 그러고 사는 것 아닐까요? 부, 물질, 재산, 돈, 그 물질론적 사고관으로 크나큰 교회의 몸으로 세워진 교회가 자랑스러워진다면 정확하게 부활이 없는 상태라

는 것을 들키고 있는 것 아닌가요? 아니면 그 십자가에서 내가 같이 쪼개지지 않았다거나 그 십자가가 내 십자가인가요? 거기 그 십자가에서 내가 못 박혔다면서요? 아닌가요? 희망 사항인가요?

부활, 신의 부활은 우리가 도저히 감당할 수 있는 그런 것 자체가 아니라는 것을 그분이, 그리스도 예수, 그분이 스스로 옷을 벗고 입듯이 그렇게 드러나고 있는 것입니다. 이 영향력의 충격은 그 열매를 먹은 자들이 많이 알 수 있고, 그것이 내 속에도 그 열매가 있다면 그 말, 신의 부활, 그 말이 나오겠죠? 어떻게든 이것이 인간의 것이 아니기 때문에 그냥 쏟아져 나올 것 아닙니까? 슬픔의 바다에서 그 절망 속 무한의 염원을 누군가가 해답을 쥐고 우리에게 왔다면 우리는 놀라운 기적을 담고 있는 작은 토기와 다를 바 없을 겁니다. 그 토기에 담긴 보화가 넘치는 향기는 그리스도라는 예수의 실체 아닐까요? 그럼 그것 자체가 인간의 것이 되지 못한 그 신의 것 자체를 가지고 있는 자들이 그들의 삶으로 살아간다고 할 수 있겠느냐 이 말입니다. 그분이 살아서 우리 안에서 그 말을 쏟아놓는 일상에서 그분이 살아가는 것, 그가 이끌어 가고 드러내고 말하는 것이 부활 아닐까요? 아니면 인간의 신앙의 형용사적 표현일까요? 그 삶도 부활이라고 하지 않을 수 없다는 것을 그의 말이 들어내고 있는 것은 아닐까요?

영생, 영원히 살아가는 신적 존재와 같은 그 영생을 주시는 그 이유가 곧 부활을 통하여 모든 성도에게 전염되어 그 속에서 나오는 신의 언어로 살아가는 이유는 그분이 올라가신 그 하늘 어디를 향하는 그 영원한 믿음, 소망, 인내와 같은 것들이 나오는 것으로 그 똑같은 상태의 불덩어리 같은 열매의 작용이 있기 때문입니다. 그 세상 진짜 십자가에서 돌아가시고 다시 살아남과 같은 그 세상이 올 때까지 성도들의 죽어서 사라지고 다시 태어난 생명들로 그 십자가의 열매를 먹고 다시 그 부활을 입어 신의 말을 하다가 죽어가는 이 세상의 과정에서 부활만 말한다면, 모든 성도가 하나같이 그 말, 부활의 신앙만 말하다가 사라진다면 그것이 무엇일까요? 그 예수가 본인이 답답해 그것들을 마치 우리를 이용하여 들어내고 있는 것일까요? 지금도 그 성전의 불이 꺼지지 않고 밝히 말씀을 틀리지 않게 똑같은 것들을 이 땅에 설명하고 있다면 말입니다. 그것도 무려 2천 년이 흘러와서 말입니다.

요 20:20 이 말씀을 하시고 손과 옆구리를 보이시니 제자들이 주를 보고 기뻐하더라
20:21 예수께서 또 이르시되 너희에게 평강이 있을지어다 아버지께서 나를 보내신 것 같이 나도 너희를 보내노라
20:22 이 말씀을 하시고 그들을 향하사 숨을 내쉬며 이르시되 성령을 받으라

예수님이 인간이 되셔서 죽고 인간으로 살아난 상태를 부활이라고 하는 것일까요? 말씀에 그렇게 그려 놓고 있는데, 그 인간적 육체와 비슷하게 그려 놓고 못 자국, 창 자국을 보라고까지 하십니다. 그러나 인간의 몸으로 인간이 할 수 없는 부활을 입고 살아나셨습니다. 부활, 다시 살아나는 것을 말하기 이전에, 그 아버지가 부활이라는 것으로 다시 살아나게 하시는 것을 이야기하고 있다는 것입니다. 그러면 우리도 그분의 아버지의 자녀라면 다시 살아나지 않을까요? 그렇게 그 작용이 그로 인하여 세상을 만들어 죽음이라는 큰 과제 앞에서 그와 같이 영원한 존재로 있게 하는 그 대상을 영생, 부활의 상태로 끌어낸다는 것 자체가 그 구성원으로서의 권리를 설명하고 있다는 것입니다. 다르게 말하면, 사랑이라는 것의 생리적 표현은 수직의 자리에서의 위치 확보를 버리고 동등한 수평 단계로의 관계를 재형성하는

것을 포함하고 있다는 설명을 말씀하고 계시는 것입니다.

고전 15:48 무릇 흙에 속한 자들은 저 흙에 속한 자와 같고 무릇 하늘에 속한 자들은 저 하늘에 속한 이와 같으니
15:49 우리가 흙에 속한 자의 형상을 입은 것 같이 또한 하늘에 속한 이의 형상을 입으리라

성경에 부활의 모습은 아버지가 살리는 뜻이 있으며, 죽음과 상관없는 그 너머의 생명력을 그려내고 있습니다. 사망이 그 부활하여 있게 하는 생명력을 어떻게 할 수 있는 것이 아니라는 것을, 그분의 육체로 드러내 버렸다고 할 수 있습니다. 전 우주가 전부 빛으로 태어나서 어둠으로 사라지는 배경을 등 뒤로 하고, 유일하게 다시 빛으로 태어난 그분의 이름이 우리에게도 있다면, 그것을 부활이라고 할까요? 부활이 무엇일까요? 죽었다가 다시 살아나는 것 속에서 그분이 말하고자 하시는 것이 무엇일까요? 이천 년 전, 그 십자가에서 죽음을 경험하고 살아나신 분이 세상을 이겨내신 것이, 세상 모든 육체의 섞일 것들로 죽어가는 그 창조물들 중 오직 본인만 살아있는 자로 말씀하시는 것 아닐까요?

요 12:32 내가 땅에서 들리면 모든 사람을 내게로 이끌겠노라 하시니

그 생명, 진짜 죽음을 넘어서 유일한 새벽 별처럼 빛나기 시작한 그 빛을 우리 가슴에 품고 있으신가요? 신의 부활, 그 신적 능력의 부활로 모든 사람이 하늘에 속한 이의 형상을 입는다고 하시는데, 그 믿음이 우리에게 있다면 그 생명, 그 불변의 영원한 생명이 내 속에도 있는지 궁금하지 않으신가요?

고전 15:50 형제들아 내가 이것을 말하노니 혈과 육은 하나님 나라를 이어 받을 수 없고 또한 썩는 것은 썩지 아니하는 것을 유업으로 받지 못하느니라

무너지는 그 큰 육체적 교회 건물 앞에서 허망한 시대적 관점으로 주저앉아 괴로워하는 것이 당연할 수도 있습니다. 오히려 그들이 마치 높은 신앙인처럼 핍박을 가하는 신앙 생활 속에서 위로해 줄 친구가 없을 수도 있습니다.

그 찬란한 생명의 빛으로 부활하신 그분이 하늘로 올라가 다시는 나타나지 않고 있는 이 어두운 세상에서, 작게 밝히는 십자가 네온 불빛이 오래전 잊힌 전설이 아닌, 진짜 그 모습으로 못과 창 자국 그대로 오실 그날을 기다리고 계시는지요?

떡과 포도주, 그리고 나

마 6:48 내가 곧 생명의 떡이니라
6:49 너희 조상들은 광야에서 만나를 먹었어도 죽었거니와
6:50 이는 하늘에서 내려오는 떡이니 사람으로 하여금 먹고 죽지 아니하게 하는 것이니라

인간은 무엇을 먹어도 죽습니다. 현재 이 땅에서 영생을 위해 먹는다는 것은 거짓말입니다. 예수를 알아도, 믿어도 죽습니다. 보이지 않는 죽음의 너머는 우리가 가히 상상할 수 없는 영역임이 분명합니다. 추측이나 종교 등의 허상, 구전의 이야기로 만들게 되면 우스운 이야기가 될 수도 있습니다. 아무리 죽음을 피한다고 하여도, 말씀에 죽지 아니한다고 하여도 몇몇 구약 선지자들 빼고는 세상에는 죽지 않는 자가 존재하지 않는다는 것을 누구나 알고, 모두가 아는 기초적인 상식입니다. 그럼 우리에게서 부활이라는 단어가 어울리지 않게 되는 논리가 형성됩니다. 보이지도 않는 신의 존재가 와서 부활에 대하여, 영생에 대하여 아무리 말씀을 쏟아놓아도 우리의 추측 정도의 논리로 이 뜻을 받아들인다는 것 자체가 모순일 수밖에 없습니다. 그래서 여러 주석이 나올 법하고 여러 설교들이 다른 말들로 이해를 시키는 것이 가능합니다. 물론 이런 점을 이용하여 이단들이 꽤 괜찮은 논리를 세워 사람들을 미혹하게 하면 아주 그럴 듯할 수밖에 없다는 것을 이야기하는 것입니다. 반대로 생각하면, 정말 믿는 자들은 희박할 수밖에 없다는 가능성만 제시하고 있는 듯합니다. 이런 말씀을 들으면, 죽어보지도 않은 사람을 상대로 종교의 이론을 펼치는 것 자체가 최면이나 술수와 같은 이상한 영화 장면 같을 것입니다. 아예 예수님이 오신 그 시간대에 타

임머신을 동원하여 직접 가보지 않는 이상, 또 그렇게 간다고 하여도 사람들이 죽지 않는다고 하니 그 대상들의 구원, 영생을 볼 수 있는 확률은 없다는 것을 나타냅니다. 아마 그 시간 속에 가도 예수님 혼자 십자가에서 죽고 3일 만에 부활하여 승천했다는 것만 사실인지를 확인할 수밖에 없는 물적 증거만 있는 상태라는 것입니다.

그럼 우리가 그냥 믿어야 한다는 것일까요? 영생하고 죽지 않는다고 하니 죽는다는 건 또 무엇일까요? 죽고 어디론가 가서 대기 상태로 있고 또 죽는 2차 증후가 어디선가는 일어난다는 것을 이야기하는 것일까요? 그럼 이 인간들이 사는 세상과 다른 세상이 구별이 있어서 이 세상의 죽음을 통과하면 다른 세상에서의 죽음을 성경에 기록된 것처럼 말씀하시는 것일까요? 도대체 말씀에 나온 그 말씀이 생활력이 있는 존재들로 하여 응답하고 생각되고 내 것이 되려면 어떻게 죽지 않는다는 것을 받아들여야 할까요?

눅 20:37 죽은 자가 살아난다는 것은 모세도 가시나무 떨기에 관한 글에서 주를 아브라함의 하나님이요 이삭의 하나님이요 야곱의 하나님이시라 칭하였나니

미술사에 고흐라는 인물을 빼면 세계 미술사의 퍼즐에 구멍이 난 상태가 되듯이, 그의 존재 가치는 아주 획기적인 전환점을 보여주고 있습니다. 하지만 자서전을 읽다 보면, 그가 그림을 그리려고 했던 이유가 단순히 돈을 벌기 위한 것인지에 대한 연민이 그려집니다. 만약 그와 몇 달만 함께 살았다면, 아마도 지겨워했을 겁니다. 가난하고 소외된 모습을 그만의 열정으로 지켜 나가는 것이 그 시대의 삶의 궤적을 이어붙인다면, 예수님의 궤적과 비슷하지 않을까 생각이 듭니다. 그 시대에 유행을 타지 못할 스타일을 화

폭에 담아 그려낸다는 것은 그가 생각하는 시대적 관점 이상의 표현을 추구하고 있다는 생각을 하게 됩니다. 누구나 당대 원하는 것 이상의 도구로 표현할 수 있는 극한의 세계관을 끌어올리는 그의 에너지는 그의 생명을 몇 천 년 더 연장하는 듯한 생명력으로, 아직도 우리의 카드나 엽서 속에 살아 숨 쉬고 있다는 것을 금방 알 수 있습니다. 그 시대에 다른 화가들도 있었지만, 살아서 대대로 그의 예술적 세계관을 직시하면, 그는 일상적이지 않은 다른 눈으로 세상을 보고 그것을 자기 화폭에 가두어 버렸기 때문입니다. 단순히 물감으로 배경을 넣어서 그린 것 이상의 역동성 있는 붓질은 그 삶의 치열함을 그대로 남는 붓 자국의 생동감을 드러내고 있습니다. 마치 그의 그림은 인간의 감정을 넘어서 그 세상의 배경이 되는 모습에 본인의 사상을 전의해 버린 것을 느낄 수 있습니다. 그가 보는 세상의 색과 운동력, 생기와 생명력을 간략한 붓 터치로 나타낸다는 것은 이전에 없었던 자신의 기법적 충격이 그대로 담고 있다는 것을 알 수 있습니다. 일반 화가들이 생각지 못한 그의 그림을 대하는 다른 방법이 그가 살아있는 것처럼, 사람처럼 아직도 살아서 우리에게 말하고 있는 것을 그림으로 설명하고 있습니다.

물론 고전 음악과 문학에도 이런 걸작이 많이 있습니다. 본문으로 돌아와서, 영생이라는 죽지 않는다는 그 말씀에 이해를 돕기 위해, 지금 창조주께서 모든 것을 동원하여 설명한다고 느껴지는 것일까요? 우리의 육은 죽지만, 우리의 영, 생각의 지배는 죽지 않는다는 것을 고흐의 작품을 보면서 힌트를 얻을 수 있습니다. 인간의 그리움은 보이는 대상으로 하는 감정일까요? 죽은 자들을 기리는 것들은 전부 그들을 위하여 그런 것일까요? 죽은 자의 성묘나 추모 또한 그 보이지 않는 존재들을 위하여 그렇게 하는 것으로 생각하지는 않겠죠? 과연 우리의 결혼 생활 중 얼마나 배우자와 서로 공감을 형성하고 죽을까요? 혹시 나라는 존재 자체를 결론 내놓지 못하여 그렇게 죽기 전에 후에 한다고 할까요? 도리어 육체와 영을 굳이 그 근원적 영생을 직접 설명하고자 하여 하나인 그것을 스스로 쪼개어 드러내시려는 것 아닐까요? 십자가에서 쪼개지는 육체의 완전함까지도 그 성도들을 위해 삼위일체가 하나였던 그 빛의 실체가 세상으로 쪼개져 뻗어 나가는 것을 느끼시나요?

요 6:50 하늘에서 내려오는 떡이니 사람으로 하여금 먹고 죽지 않게 하는 것이니라

하늘에는 죽음이 없다는 말로 들리는데, 이 땅에는 죽음밖에 없다는 것이겠죠. 이 죽음과 무덤들 가운데 사망을 이긴다는 것 자체가, 지옥에 내려온 그분의 설명 자체가 하늘의 떡, 생명의 떡이라는 것을 설명하는 듯합니다. 온통 죽음에 병에 걸려서 헤어 나올 수 없는 몸으로 태어났다면, 우리는 단지 죽어서 흙으로 된다는 것을 내포하는 동시에 꼭 육체가 있어야 하는 중요한 점을 같이 말씀하시는 것입니다. 원래 이 육체는 섞여 없어질 것에 주목적 이외에 영생의 몸으로의 것들을 설명하기 위한 하나의 옷자락 같은 것을 말하는 것 아닐까요? 그렇게 세상이라는 옷자락을 걸치고 와서 새 옷, 새 떡, 하늘의 옷자락, 의복을 받아 입어야 하는 필연적 숙명으로의 과제를 던지고 있다는 것이 아닐까요? 살과 피, 이런 것들을 먹어야 한다는 것은 그분의 살가죽을 벗겨서 굽든, 날것을 그것을 이빨로 씹어서 삼키는 행동 넘어, 그분이 육체로 영생의 옷을 입고 세상에 왔듯이, 우리에게도 그 영생의 육체로 존재해야 한다는 것을 말씀하신 것이 일까요? 계시록에 그분이 속히 오리라는 말씀이 있습니다. 속히, 빨리, 당장, 현재에 지나가듯이라는 것을 담고 있다면, 이것은 함께 하신다는 의미와 비슷합니다. 그 끝, 세상의 끝이 언제인지 모르지만, 그때까지의 세상을 넘어서 모든 역사를 담

아 품어 선, 초월하여 죽음이라는 진짜 답을 아는 그분이 우리에게 내놓은 답안은 그분과 같지 않으면 안 된다는 것을 역설하시는 것이 아닌가 합니다. 그분, 그 형제들, 그 가족들을 살리는 예표로 먼저 와서 그 고통으로 그려 놓은 고흐의 화폭처럼, 어느 작은 산에서 쏟아놓은 십자가를 말입니다.

눅 24:39 내 손과 발을 보고 나인 줄 알라 또 나를 만져 보라 영은 살과 뼈가 없으되 너희 보는 바와 같이 나는 있느니라

영지주의자들의 한계는 이 세상의 물질에 대한 고찰이 부족하여 그것을 부정하게 받아들이는 것입니다. 그러나 위의 말씀은 분명히 살과 뼈가 있는 모습으로 다시 나타나신다는 것을 말합니다. 그들은 영이라는 설명의 주목적으로만 만족해하며 그것을 인식하는 것만을 인정합니다. 그러나 영 또한 그 바탕을 육에서 얻고 있다는 것을 놓치고 있습니다. 영이라는 것이 존재하기 위해서는 육의 테두리에서 벗어날 수 없다는 것을 말하고 있습니다. 이 점을 이해하지 못하기 때문에, 육에서 느껴지는 감정을 놓치고 있을 수 있습니다. 우리가 꿈을 꾼다는 것은 보이지 않는 영이라는 존재를 설명하기 위한 것일 수 있습니다. 꿈이 실존한다는 그 자체가 성립되려면, 그곳에 가야 한다는 것을 의미하며, 그곳에 가서 존재한다는 것과 동시에 그곳, 꿈에서 다시 이곳에 와야 하는 과제가 성립되어야 합니다. 그럼 꿈도 꿈이 아닌 일상이 됩니다. 하지만 우리가 마치 죽은 자처럼 잠들 때 나타나는 것은 무엇을 의미하는 것일까요? 꿈이라는 공간적 구성과 사건에 의도되지 않는 묵시는 우리가 어떻게 컨트롤할 수 없는 그 영적 세계관의 해석이 더 확실한 해답이라는 것을 말하는 것이 아닐까요? 이렇듯 제자들에게 나타난 예수님의 육체적 설명의 핵심은, 세상이 앞으로 전부 이루어지지 않은, 우리가 꿈이나 환상으로도 상상할 수 없는 절대적 존재의 가치관으로 직접 육

체의 실현된 모형으로 나타났다는 것을 의미합니다. 우리 삶에서 믿어지지 않는 것들이 믿어지고 보여지는 것은 실상 없는 것 중 하나라고 받아들인다면, 세상은 일찌감치 불타 없어졌거나 그분의 껍데기로 이 쓸모없는 주체를 알아가기까지 많은 시간과 에너지가 소모되지만, 그것도 누군가의 계시가 없다면 전혀 알아들을 수 없는 상태를 이 육체의 한계라는 설명을 더하고 있을 뿐입니다.

눅 22:20 저녁 먹은 후에 잔도 그와 같이 하여 이르시되 이 잔은 내 피로 세우는 새 언약이니 곧 너희를 위하여 붓는 것이라

언약을 신실하게 이루어 가시는 분께서 그 잔의 피로 우리에게 맹세하시는 것은, 우리의 마음판에 새겨지는 그 말씀과 언약이 되어가는 과정 속에서, 우리 속에서 영으로 부활하여 아브라함의 하나님, 이삭의 하나님, 야곱의 하나님으로 이제 당신의 하나님으로 서서 말하고자 하는 것이 아닐까요? 그분의 피와 육체를 살리는 그 근원적 설명인 그 피의 언약이 우리안에 있나요? 그 피가 오늘도 나의 살속에 돌고 돌며 그분의 이야기를 꺼낼 준비가 되어 있나요?

그 오랜 역사 속에서 살아 계신 그리스도 예수를,

무엇이든지 구하라! 그러면 다 이루어지리라

성경의 말씀의 구조 자체가 인간들이 사는 이 땅을 소재로 바탕으로 그려 가고 있으므로 결과적으로 이해하기가 쉬울 수도 있습니다. 보이지 않는 그 무엇으로 이루어지고 설명이 되었다고 해도 그것들을 소재로 하여 배역들과 배경들을 동원하지 않았을 겁니다. 그냥 먼 외계의 어떤 형태의 구조적 변화로 어느 특정 집단의 이야기, 현실에서 파악이 좀처럼 어려운 우리의 상상력으로 각각의 지각과 감성에 맞는 여러 가지 해석을 위해 쓰였다면, 이것이 우리의 이야기가 될 확률은 매우 낮아지고 뜬구름 잡는 이야기로만 남겨졌을 겁니다. 하지만 말씀은 우리의 삶을 배경으로 그려 나가고 있다는 것에 핵심이 있습니다.

요 15:7 너희가 내 안에 거하고 내 말이 너희 안에 거하면 무엇이든지 원하는 대로 구하라 그리하면 이루리라

"다 이루어지리라!" 구하면 다 이루어지나요? 무엇을 구하라는 것인가요? 이루어지신다고 하셨는데, 우리가 막연하게 구하는 것이 개인마다 다 다른데 그런 것 자체가 이루어진다고 하는 것일까요? '구하라? 이루어지리라!' 구하라 구해진다가 아닌, '이루어진다'는 표현 자체가 무엇을 구하면 무엇이 이루어진다고 하시는 것일까요? 그 답이 본문에 있지 않을까요? 그냥 이 구절만 딱 떼서 마치 주술처럼 막 구하면 그 본문에 내가 원하고자 하는 무언가를 모르고 구하는 자의 바람 앞에다가 넣어서 해석하면 된다는 건가요? 본문 15장 1절부터 끝까지 무엇을 그리는지 자세히 살펴보면, 포도나무가 열매를 맺기 위해 이루어지는 과정을 그리고 있습니다. 열매를 맺어

가는 과정, 열매, 포도. 먹고 마시는 거? 아버지가 농부라고 했죠? 포도원 농부 그리고 예수님을 참 포도나무라고 하십니다. 농부가 있는 농원에 예수님이 포도나무로 서 있습니다. 그리고 우리 성도가 가지라고 합니다. 하나로 연결되어 있죠? 연결, 그 연결 방법이 사랑이라는 거죠? 나무가 주체가 되면 가지를 붙잡고 있을 것이며, 그 방법적 요소가 사랑이라고 그리고 있습니다. 그 나무가 주는 에너지로 가지가 연결된 상태가 마르지 않는 것이고, 마르면 불에 던져 사르고, 그렇지 않고 붙어 있으면 열매를 많이 맺는다고 합니다. 그것이 아버지께서 영광을 받으시는 것이고, 그것이 또 제자가 되는 것이라고 합니다. 그 열매를 맺는 핵심이 곧 아버지가 나를 사랑한 것 같이 나도 너희를 사랑하였으면 그것이 내 안에 거하는 것이라고 합니다. 무슨 이야기냐 하면, 그냥 한 통속이 되어서 농부가 주는 비료? 가꾸는 사랑이라는 에너지 같은 것이 나무를 통해 가지를 통해 나타나는 것인데, 그 열매가 사랑이라는 것입니다.

13절에 아주 핵심적으로 사랑이 먼 줄 알아? 친구를 위하여 자기 목숨을 버리는 것이 큰 사랑 핵심이다 이거죠?

그게 십자가잖아요?
이 십자가를 이루기 위한 것이 십자가적인 희생의 사안이 나타내려는 포도나무의 의도가 되고, 그것을 통하여 우리가 포도나무에 붙어 있는 것이 내 안에 거하고 내가 너 안에 거하는 것, 즉 가지가 붙어 있는 상태, 연결된 상태입니다. 누차 말했듯이, 관계로 이어지는 그 사랑의 열매는 십자가, 친구를 위해 맺는 열매라는 것입니다. 이것을 구하라는 것이고요. 다른 걸 구하라는 게 아니라고 하셨죠? 십자가에서 예수님께서 "테텔레스타이", 다 이루었다! 다 갚았어! 내가 친구의 죗값을 다 했어! 이렇게 들리나요? "테텔레스타이"는 다 이루었다, 완료형이죠? 그럼 "기노마이"는 일어나다, 발생하다, 진행형입니다. 같이 십자가로 가겠다는 뜻이죠?

사 63:2 어찌하여 네 의복이 붉으며 네 옷이 포도즙틀을 밟는 자 같으냐
사 63:3 만민 가운데 나와 함께 한 자가 없이 내가 홀로 포도즙틀을 밟았는데 내가 노함으로 말미암아 무리를 밟았고 분함으로 말미암아 짓밟았으므로 그들의 선혈이 내 옷에 튀어 내 의복을 다 더럽혔음이니

포도 열매를 홀로 포도즙 틀을 밟고 계신 분, 농부가 포도나무를 통하여 맺힌 포도송이를 밟아서 자해하는 모습으로 구약이 서술합니다. 그 포도나무는 예수님이고, 그 피를 흘리는 열매 또한 그분이 우리를 친구로 대하여 죽는 그 모습이 혹시 느껴지십니까? 우리를 이 포도즙 틀로 초청한다는 생각을 해보신 적 있으신가요? 히브리서에서 한 근원이라면서요! 예수님과 우리 성도를, 그분의 사역적 혁명의 핏빛이 우리에게도 있나요? 그 피 튀기는, 그 피 비린내가 나는 그곳에 같이 함께 거한다면, 저속에서 그분의 피와 함께 아버지가 짓밟히는 이 역사 속에 내 몸이 본능적으로 거부하는 이 욕망의 마귀적 속성을 구하지 못하여 시퍼렇게 살아있는 나의 죽음을 혹시 구하라고 하시는 것은 아닌가요?

요 15:7 너희가 내 안에 거하고 내 말이 너희 안에 거하면 무엇이든지 원하는 대로 구하라 그리하면 이루리라
너희가 거하는 거, 예수님의 품이 따스하고 포근해서가 아니라, 그 세마포에 피로 얼룩지는 그 피 값을 지불하려는 목적으로 태어나신 분이 내 안으로 오라는 것은 내 의도, 예수님의 큰 의도, 이 땅에 오셔서 이루고자 하는 그 의도(목적)로 와서, 그것을 말씀 성경을 꽉 짜면 피가 나온다면서요. 예

수님의 피, 그것이 십자가에 달려 돌아가셔야 하는 이 궁극적 목적, 너희를 살려내는 그 사랑의 방법으로 열매를 맺게 하시는 그것이 너희도 그 피 값을 드러낼 거야. 그 피 값이 지불된 자가 그 속에 말씀이 있다면, 너희 속에 내 피, 예수님의 피가 흘러 나타날 거야! 예수님에게 구하는 것은 그 십자가, 친구를 위해 돌아가신 그 십자가로 우리의 삶을 이끌어 가고 드러나게 하고, 결국 십자가로 죽게 하신다는 것입니다. 예수만 자랑하다가 저 쪼다들, 예수쟁이라고 놀림당하고, 십자가로 나의 자아가 죽는다는 것입니다. 무엇이든지 원하는 대로 구한다는데, 이 땅에서 요술 지팡이처럼 죽어 없어질 개인의 것을 구하는 것이라고 들리십니까? 예수님, 그리스도 예수라는 존재에서 구할 수 있는 게 무엇일까요?

요 3:15 이는 그를 믿는 자마다 영생을 얻게 하려 하심이니라
영생, 이 이상에 대한 서술이 말씀에는 없습니다. 영생을 구하라 하면 그 영생은 그를 믿는 자라고 했으니, 그를 믿는 것이 곧 영생이고, 믿는 것은 곧 십자가를 아는 것이며, 그로 인하여 나에게도 그 십자가가 드러나는 것을 의미하는 것 아닌가요? 예수의 십자가가 나의 십자가가 되는 거죠. 한 나무 한 그루 동산에 선 선악과 나무로 서서 무한의 사랑을 열매로 맺혀야 하는 이 숙명적 과제로 우리를 초청해, 아니 그냥 일방적으로 가지로 붙이시고, 죽음의 열매 십자가를 이야기하고, 그렇게 또 이리에게 잡아먹혀 그 열매로 본인(성도)이 십자가가 되어 열매로써 하겠다는 것입니다. 그래야 그 열매가 계시록의 생명 나무로 우리가 살아나는 그 이야기, 나무의 이야기 중에 가장 핵심적인 중간에, 예수님이 이 땅에 와서 창세기의 나무와 계시록의 나무 사이에 비집고 와서, 그 나무가 먼 줄 알아. 그 십자가를 내가 포도나무로 설명해줄까? 그 십자가는 너희 욕망을 들어주거나 너희 욕망을 다 이루어 주는 요술 지팡이 같은 게 아니고, 또 모든 욕망을 그 크신 아버지

의 사랑으로 이제 십자가만 말하고 있다는 것입니다.

창세기 나무(단수-예수)가 서서 전부 못 보게 눈과 귀를 막아 버렸습니다. 그러니 전부 이분법으로 보는 것이 당연할 수 있습니다. 아니, 다 그렇게 봅니다. 자기들이 듣고 싶은 이야기의 긍정적 소재들로 맞춰낼 것입니다. 하지만 성령이 계시면, 눈, 일곱 영, 그것은 촛대라고 했습니다. 바로 보고 바로 알라는 것이 있으면, 포도나무가 무엇인지, 내가 포도나무 가지이고 십자가의 핵심 소재 중 하나라는 것을 알아간다는 것입니다. 내 십자가, 자기 십자가, 포도나무에 잡혀서 결국 십자가가 되어 죽어(열매), 친구를 위하여, 친구 예수를 위하여! 그것을 찬양이라고도 합니다. 그 자가 다시 생명나무(단수-예수)에 가서 생명 나무에 열매를 먹은 자가 되는 것입니다. 이렇게 보면 하나님께서는 아름다운 이야기꾼이라는 것을 잘 알 수가 있습니다. 그 십자가, 나무가 여름이면 울창하게 하늘로 뻗어가는 그 우러름을 한번 살펴보십시오. 그 나라가 어딘지는 잘 모르나, 하늘로 향하는 그 모양의 초록 생명이 본인이 내놓는 그 숨을 우리가 살아가고 있습니다. 그 울창한 초목이 불에 타올라 온 산에 번지면, 그 불에 타올라 온 세상이 두루마리처럼 사라질 때, 그 생명나무로 우리를 초청해 주시지 않을까요?

재물 과 심판

사람들이 어려울 때, 곤란한 지경에 놓여 있을 때, 그의 주변 인간관계가 드러난다고 합니다. 어려움에 처해 있는 자를 위로하거나 그 고난을 함께 짊어지며 바른 생각과 희망을 이야기해 주는 이들이 있는 반면, 어려운 상황을 너의 행위와 인간성에 대한 보응이라는 시선으로 바라보거나, 불쌍하게 여기기보다는 거리감을 두어 피해를 단절시키려는 무리도 존재합니다. 이들은 대중의 잣대를 들이대어 "너는 왜 견디지 못하느냐"며 반문할 수 있습니다. 하지만, 일반인들의 평가와는 달리, 가족이라는 집단에서 이러한 이야기가 나오면 가족이라는 개념을 다시 정의해야 할 때가 올 수 있습니다. 보통 사람들이 어려움과 곤란을 겪을 때, 그것이 주로 재물이나 물질에 관한 문제인 경우가 많습니다. 생활을 이어가기 어렵고 힘든 상황에 처했을 때 우리는 종종 돌아보고, 어디서 잘못되었는지, 주변에 대한 평가와 자신의 태도를 다시 확인하게 됩니다.

왜 이런 상황에 놓였는지 원인을 찾아 대안을 찾으려는 모습이 드러나곤 합니다. 사업이 잘되던 시기도 있었고, 직업도 순탄할 때가 있었지만, 어느 순간 위기가 오고 멈추는 상황은 많은 사람의 환경 속에 내재해 있습니다. 인간이 태어나서 성장하고 결혼하며 장년기를 지나 늙어가는 진리 속에서, 우리는 영원히 멈추지 않으려는 끝없는 시도, 즉 과학 발전과 의료 사업에 막대한 돈과 물질을 쓰는 시도를 하고 있습니다. 하지만, 자전하던 지구가 멈추지 않듯이, 낮과 밤이 없어지지 않듯이, 사계절이 사라지지 않는 것처럼, 지구가 태양과 그 위성의 질서를 벗어나지 않는 것처럼, 인간이 젊어지지 않는 것은 아주 자연스러운 일입니다.

필자가 말하고자 하는 중요한 이유는 물질이 고갈된 상황에서 그려지는 모습에 초점을 맞추고자 함입니다. 필자에게 해결할 수 없는 상황이 닥쳤을 때, 답은 간단했습니다. 그 이유에 대한 해답은 주변 정리에 있었습니다. 가족이라는 혈육의 관계를 재정립하고, 친척이라는 가족의 테두리를 새롭게 정리하는 것이 결국 물질 앞에서 모든 것이 무너지는 연약한 존재라는 사실을 받아들이는 데 도움이 되었습니다. 물질이 풍부할 때와 다를 수 있지만, 하나님은 때때로 우리에게 헌금과 헌신을 못 내놓게 하실 때가 있습니다. 예외적으로, 나를 낳아주신 어머님과 부모님은 자식에 대한 끝없는 관심과 배려를 자신의 나이가 들 때까지 이어가기도 합니다. 물론, 모든 부모가 그렇지는 않지만, 본인의 피와 같은 자녀에게 향하는 끝없는 관심은 아마도 자기 자신을 의미하기 때문일 것입니다. 나이가 들수록 아들은 어머니와 닮아가고, 딸들은 아버지의 얼굴이 나타난다고 합니다. 이처럼, 나를 보존하고 이어가는 우리 다음 세대들은, 마치 하나님 아버지와 그 분의 자녀에 대한 지대한 관심을 설명하는 그림처럼 보입니다.

욥 1:9 사탄이 여호와께 대답하여 이르되 욥이 어찌 까닭 없이 하나님을 경외하리이까
1:12 여호와께서 사탄에게 이르시되 내가 그의 소유물을 다 네 손에 맡기노라 다만 그의 몸에는 네 손을 대지 말지니라 사탄이 곧 여호와 앞에서 물러가니라

욥기의 내용을 다 아실 것이라 전제하에 서술하니 몇 번 읽어보십시오. 필자가 말하려는 본래의 취지의 시선은 그의 소유물로 삼겠습니다. 소유물, 물질, 재물이라는 관점에서 그 재물이 상징하는 부라는 것을 왜 하나님께

서 입혀 주셨는지, 그리고 왜 빼앗아 버리시고 그 앞에 나타나셨는지를 말하려 합니다. 미리 말했듯이 재물이 풍성할 때는 나의 주변에 있던 사람들도 그것이 없으면 욥의 아내처럼 하나님을 저주하고 죽으라 까지는 아니어도 그런 수모를 당한다는 것을 말하는 것 아닐까요? 재물, 그것이 그리스도 예수의 입장이라면 현재 말고 다음 생에, 죽음 너머 꼭 필요하여 그것으로 우리가 구원의 다리를 넘어갈 수 있는 이 저주의 육신을 유월(절)하여 넘어갈 수 있는 것을 말하라 하면 아마도 예수님의 존재적 가치가 없으면 안 된다는 것이고, 이것은 우리의 삶의 현 상황에도 개입되어 필연적인 생명 유지의 기본 가치로써 함께 꼭 있어야 한다는 것입니다. 부라는 것으로 재물이라는 것으로 그 풍요를 드러내려 하면 부를 입어야 하고, 부로 먹어야 하고, 부로 잠을 자고, 부로 자녀와 아내와 식솔을 거느려야 한다는 힘의 실질적 가치 부여를 가지고 있다는 것을 의미합니다. 그렇게 부유하게, 예수의 힘입어 존재하는 그 자체의 욥이 바로 '온전하고 정직하여 하나님을 경외하며 악에서 떠난 자'의 모습이란 것을 알 수 있습니다. 물론 부자라고 다 그렇다는 것이 아니라, 그것을 설명해 내기 위하여 이 땅에 부자 같지도 않은 인간들을 동원하기도 합니다.

당신이 돈을 벌고 싶습니까? 롯또 나 대박 같은 일로 돈에 깔려보고 싶습니까? 그럼 그 전에 그 물질이 말하는 관계의 뜻을 모르면 당신은 그 재물로 죽는다는 말씀을 동시에 하고 있습니다. 왜냐고요? 욥을 치실 때 사탄에게 생명은 그대로 두라고 하시는 것은, 다르게 말하면 재물에 대한 그 가치, 그리스도 예수의 풍요를 알지 못한다면 그것은 죽는 것이다, 간접적으로 설명하는 문장이 되기 때문입니다. 그가 하나님의 아들이자 백성이라면 부는 살리고 가르치는 하나의 수단이지, 목적이 되지 않는다는 것을 42장에 욥의 고백 속에 있습니다. 욥의 시험의 중요한 이유 중 하나는 그의 부를 빼앗을 때 그가 배신하고 하나님을 저주하는 그 말을 하나님은 몰라서 그런 말을 사탄 앞에서 했을까요? 정황상 그렇게 부를 빼앗길 때 하나님은 나를 저주할 거야 하시고 그것을 빼앗아 보라고 들리게 됩니다. 결국 아내까지 떠나가고 세 친구들의 대화 끝에 성질며 하나님을 저주하는 자리까지 가게 됩니다. 마치 사탄이 처음 공중, 회의 석상에서 하나님에게 말한 대로 그려져 가고 있음을 알 수 있습니다. 그럼 사탄이 다 알고 그렇게 말했다 하여, 고발한다는 식으로 해석해야 하나요? 자세히 보시면 마치 연출극의 시험을 펼치시는 것 같지 않나요? 부를 욥에게 입혀주고 사탄에게 빼앗아 가는 상황을 그려놓고, 네가 원망, 불평하나 안 하나 보다가 결국 불평하니까 폭풍우와 함께 나타나시죠? 이런 것들을 정말 몰랐을까요? 천지창조를 하시는 분이신데 정말 끝까지 말 안 하고 있으면 나타나셔서 우주의 창조 이야기 말고 다른 이야기를 했다는 것일까요?

우리의 삶에도 이런 힘겨운 상황이 다가옵니다. 헌금을 하지 못하고 생활에 연연하며 겨우 연명하듯이 지내야 하는 광야의 삶이 있습니다. 물론 우리의 삶을 더욱 넓게 본다면 광야, 물이 없는 땅 사막 한가운데에서 사는 것이 인간의 인생이 맞습니다. 이런 벌거숭이 상태를 가리기 위하여 무화과 같은 물질의 옷과 물질의 집과 많은 것을 동원하여 자기 자신을 가리곤 합니다. 그때마다 모든 문제를 어떻게 우리는 대하고 계신가요?

욥 3:1 그 후에 욥이 입을 열어 자기의 생일을 저주하니라
3:2 욥이 입을 열어 이르되
3:3 내가 난 날이 멸망하였더라면, 사내 아이를 배었다 하던 그 밤도 그러하였더라면,
하나님의 고난이 우리에게 떨어져 내릴 때 우리는 이 환란과 고난에 등 뒤

에서 숨어서 역사하시는 분의 의미를 알고 그분에게 나아가야 하는 것을 간접적으로 말씀하시는 것은 아닐까요? 욥의 자기 태어남의 저주는 곧 우리 모두의 저주, 왜 나를 태어나게 했다는 말을 대신하는 것은 아닐까 합니다. 이 고백은 아버지를 무시하는, 창조주를 무시하고 그분을 살해하는 숙명적 당면과제 앞에 모두가 서게 됩니다. 그때 그분이 원하시는 답, 그 답이 바로 욥의 저주가 아닐까 생각합니다. 왜 저를 이 땅에 보내셨습니까? 이런 수치를 당하는 저의 모든 것을 왜 허락하였습니까? 아버지를 저주합니다. 왜 이 고통으로 저를 인도하십니까? 왜 처음부터 부의 물질로 저를 입혀 주셨습니까? 세상은 그럴 겁니다. 그러게, 자산 관리를 잘하지. 더 많이 버는 사람도 수두룩하고, 빼앗아 가는 사람도 없던데 왜 그렇게 되었어? 당신이 물질을 번다고 생각하십니까? 아니면 물질에 노예로 살지 않습니까? 물질에 미친 세상, 물질이 문제보다는 인간이 문제가 아닐까요? 우리가 그리스도 예수를 영접하면 속어로 예수쟁이라 하지 않나요? 예수에 미친 사람. 필자는 이렇게 생각합니다. 물질이 그 본질을 드러내고 나타내려고 우리에게 오는 것이고, 우리를 이용한다고 생각합니다. 아니, 더욱 자세히 보면 그렇게 하고 있다는 것을 알 수 있습니다.

조선의 거상 임상옥의 전기를 읽어보면 어느 한 문장에 그것을 설득력 있게 말하고 있습니다. 오늘 여기 앞에 놓인 수만 냥이나 되는 돈이 내일에는 다른 이에게 갈 것이라는 것을 임상옥이 고백하고 있습니다. 그의 유명한 명언 중 하나가 재물은 평등하기가 물과 같고, 사람은 바르기가 저울과 같다(財上平如水 人中直似衡)입니다. 이 말에서 알 수 있듯이 재물은 그가 쓰이는 목적대로 이동한다는 것을 알 수 있습니다. 물같이 그 흐름이 물을 마셔서 살게 하는 그 존재로 끝없이 흐름을 뜻하고 재물도 그들을 살려내는 목적으로 끝없이 반복하여 흐른다는 것을 말하는 것입니다. 노자의 물 사상에서 볼 수 있듯이 물은 그 흐름이 높은 곳에서 낮은 곳으로 흐른다고 하였습니다. 물은 또 어떠한 형태로도 적응한다고 했습니다. 그리고 그가 원하는 곳으로 흘러간다고 하였습니다. 이런 것을 볼 때 그리스도 예수의 그 배에서 생수가 흐르는 모습에 대한 것을 추론할 수 있다는 심증이 듭니다. 그럼 욥기에서 사용되는 생명을 살리는 기능적 역할로서의 그 상징성, 그리스도 예수라는 재물, 부는 어쩌면 그 실존적 가치를 설명해 내는 역할로도 사용된다는 것을 말할 수 있습니다. 욥의 의롭다 하는 그 행위에 관점을 벗어난다면 보이는 것들이 많다는 것입니다.

막 3:33 대답하시되 누가 내 어머니이며 동생들이냐 하시고

위의 말씀처럼, 실제 가족, 가족의 구성을 알리는 기능적 역할로서의 부는 설명이 되는 것이고, 재물은 그것을 목적으로 동원되는 수단이라는 것을 알려주는 것일 수 있습니다. 우리에게 재물이 없을 때, 고난이 왔을 때 친한 가족이나 친구들의 사이가 끊어지거나 관계가 소원해지는 절박한 상황이 왔다면, 그것은 진짜 가족, 즉 하나님 아버지의 개입을 암시하는 것이 아닐까요? 돈이 없어 하나님을 원망하거나 불평할 때, 그분이 이 모든 주체자이며 재물의 주인이며 살아내야 하는 절박함 속에서 당신 아니면, 하나님 아버지가 아니면 안 되는 상황에서 불평이 터져 나온다면, 그것이야말로 아버지를 향하여 외치는 소리가 아닐까요? 당신의 실체적 주권에 대한 확신을 그렇게 보이지 않나요? 하지만 몇몇 분들은 항상 감사와 기쁨, 평안이 넘쳐서 원망과 불평, 불안과 조급함이 없다고 말씀하십니다. 그분의 신앙의 담대함에 존경과 하나님께 감사를 표할 뿐입니다. 하지만 저에게는 그렇지 않습니다. 그런 것이 당신들이 가지고 있고 느끼는 것이라면, 그에 감사하십시요. 강요하지 말고, 기독교의 사랑의 본질은 십자가이며, 그 십자

가의 본질은 희생이고 죽음이며 멸시와 천대입니다. 욥기에 등장하는 친구들의 말들은 인과응보의 말로 전부 원인 규명을 쏟아냅니다. 한 친구를 제외하면, 니가 이렇게 된 데에는 다 원인이 있다는 것입니다. 그 원인을 가리키는 것에는 바로 너라는 말을 이어갑니다. 세상에 보이지 않는 하나님을 드러내려는 것은 아직도 불가능합니다. 그래서 무신론자들이 할 수 있는 것은 현상에서 찾아 그것을 사고에 맞게 하려는 것이라면, 당연히 욥기에서 이렇게 된 원인이 욥 너에게 전적으로 책임이 있다는 설명이 될 겁니다.

돈이 없어서 무시당하는 성도가 계신가요? 다행히 하나님이 있어서, 아니 그분이 당신을 가난하게 하셨다면, 부하게도 하신다는 것 아닌가요? 진짜 성도라면 아버지, 그가 믿는 아버지가 창피해서라도 그를 복되게 하지 않을까요? 세상 사람들이 노력해서 가질 수 없는 그 특권을 한 번쯤 세상에 드러내게 하시는 일이 있다는 것을 재물에 주심과도 같다는 것을 함께 설명하시는 것입니다.

욥 38:3 너는 대장부처럼 허리를 묶고 내가 네게 묻는 것을 대답할지니라

재물이 거치고 나서 욥이 하나님께 아주 신실하게 원망과 불평을 하던 그 순간, 아버지께서 나타나 우주의 탄생, 천지창조의 이야기를 하십니다. 우리의 삶에 이런 아버지의 모든 숨은 비밀을 드러낸 책이 있다면, 그것이 바로 성경의 말씀 아닐까요? 그리고 그 말씀 속에 있는 모습으로 내가 들어가 그 곳에서의 모습과 내 삶의 모습을 통하여 그 사건과 이야기 속에서 느끼는 것이 같다면, 진정 아버지께서 욥에게 나타나 말씀하셨던 심정을 헤아릴 수 있지 않을까요?

신은 죽었다

니체의 신은 죽었다 도 있지만 성경 속에서도 비슷한 사건이 있습니다.

히 2:11 거룩하게 하시는 이와 거룩하게 함을 입은 자들이 다 한 근원에서 난지라 그러므로 형제라 부르시기를 부끄러워하지 아니하시고

한 근원은 하나의 선상에 두 가지 및 다른 것이 놓여 있다는 것을 의미합니다. 같은 목적을 가지고 두 가지가 서로를 설명하는 동기 목적이 똑같은 점을 향하고 있다라고도 할 수 있습니다. 마치 두 개의 눈이 한 곳을 바라보는 이치와 같습니다. 거룩하게 함을 입은 자들은 보통 피조물인 인간을 의미하고 거룩하게 하시는 이는 그리스도 예수를 뜻합니다. 이 두 부류가 한 사건을 목적으로 제작되다, 기획되다라고 할 수 있습니다. 거룩함을 위해 발생시키는 사건으로 두 배역을 등장시켜 한 가지 목적을 그려 놓고 있다는 말과 같습니다. 그 목적인 거룩한 것이 이거야라고 그 거룩의 옷을 입힌 듯 드러내기 위한 연출 같기도 합니다. 무엇이 그 두 관계를 거룩하게 했는지에 대하여 죄 없는 분과 죄 있는 무리의 조합이 희생이라는 큰 주제로 수평을 양분하여 나누어 사용하고 있다는 것입니다. 이 수평의 관계의 성립은 얼핏 거룩한 것 같은 인상을 주지만, 상호 동등한 관계, 아들들의 위치적 관찰로만 가능한 것이고 각자의 신분과 본질적 위치를 깊이 살펴보면 화해되지 않는 충돌이 발생한다는 것을 볼 수 있습니다.

인간은 우리가 스스로 의도되지 않은 피조물입니다. 그 어떤 것도 창조할 수 없는 수동적 존재. 바람이 불면 그냥 서서 그 바람을 맞으며 서 있어야

하는 그런 존재. 다른 반대쪽에 서 있는 분은 신의 무리에서 태어난?, 그 신적 존재의 가족력을 가지고 태어나신 이 땅에 육체도 아닌 하나님께서 직접 임신시킨 아들 예수라는 존재입니다. 물론 물리학적 관계를 논하는 게 아닙니다. 이것은 그렇게 해석하라는 것이 아니다를 쉽게 말하는 것인지도 모릅니다. 두 부류 모두 아들이라는 수평 위치적 존재는 어떻게든 화해가 되지만, 예수님께서 쏟아놓은 말씀 뿐만 아니라 그가 보여준 신적 존재로서의 그 기적 같은 능력은 굉장히 현시대에는 비현실적 괴리감이 있는 것은 사실입니다. 지금이라도 비슷한 일이 있다면 아마 서커스나 마술 공연단 이야기 같지 않을까 합니다. 그런 기가 막힌 능력의 소유자와 그 아버지를 백업으로 삼는 족보의 혈통과 도대체 그 피조물의 연합? 한 근원이라는 그 단어가 억지 같은 말장난처럼 서로 대립하고 있다는 것을 느낄 수가 있습니다. 교제하는 당사자분들의 우리가 예수의 형제야라고 속삭이듯이 그 문장은 그런 표현으로 되어 있고, 마치 비밀스러워 크게 말하기도 부담스러운, 이해되지 않은 난해 구절과 같은 형태로 필자와 함께 말씀을 나누는 대상에게 부담스러운 것 같습니다.

잘못 말하면 내가 예수야, 내가 하나님이야, 내가 신이야로 들리기도 하고 왜곡되기 쉬운 구절은 부인할 수 없을 겁니다. 그렇게 히브리서 문장이 동등한 권리로 여겨주기 때문입니다. 무척 예민해 하고 조심스럽게 그 히브리서에 접근하며 아예 1년에 한두 번 열어볼까 말까 하기도 할 겁니다. 어떻게든 희생을 주시는 분이 그렇게 하기로 했다고 치고, 수평적인 문제는 이해가 되는데 나라는 존재와 신이라는 존재 사이에 수직적 관계 개선이 되지 않는 이상 그분의 위대하신 희생으로 말미암아 그 큰 신적인 분이 나에게 이렇게까지 부담은 아마도 누구나 외면할 수 없는 상태일 겁니다. 이에 따라 그 틈새의 요구를 채워야 하는 큰 과제가 발생하고, 그 틈새의 채움을 우리의 정성으로 이어져 가야 한다는 강박관념이 세상의 육체로 세워진 큰 콘크리트 건물에 갇혀버린 것이 아닐까 생각합니다. 우리가 평생 돈을 벌며 구입해야 하는 일생의 사명인 집, 이 집 같은 성전의 동기화된 교회 건축에 대한 믿음이라는 척도로 왜곡된 건축을 생각해 보십시오. 신을 가두어버린 현대사회의 교회들을 보면서 감당하기 어려워 경매로 내몰린 미국 교회 및 곧 이어질 교회 건물 역사에서 구체적으로 그것이 아니야라는 반문의 준비된 자세를 받아들여야 할 때가 아닌가 합니다.

신이신 예수, 이 낮고 낮은 땅에 오셔서 죄 많은 우리를 위하여 십자가에서 돌아가신 사건은 인간으로서 감당하기에는 더욱 더 할 수 없기에 그 예수를 숭배하는지도 모릅니다. 친구가 되겠다는 부분을 망각한 채 말입니다. 우리를 위한 것이 아닌 우리가 되셔서 십자가에 달려 돌아가신 모습이 더욱더 설득력이 있는 것은 수직적 존재의 해결 실마리를 주십니다. 물론 하나님의 영광을 위해 만들어졌다 하고 그 말로만 하면 다 되냐 이 말입니다. 신의 죽음, 그분의 배경인 신적 가족력과 그분의 신분을, 신이 인간의 몸을 입고 온 그 상태로 따져보면 왜 신이 인간의 몸을 입고 왔을까부터 오히려 우리가 인간이 아닌 짐승의 몸으로 와야 하는 것이 아닌가의 반문까지 수많은 의문과 질문들이 왜 그렇게 하셨을까를 궁금하게 합니다. 신으로서의 신분을 죽이고 인간으로 연약한 채 죽어야만 우리와 그 근원이 수직적으로도 설명할 수 있게 된다는 것이 이해되기 쉽습니다. 십자가에서 죽음, 그분의 자해를 피해 갈 수 있고 외면할 수 있지만, 그 아버지의 뜻을 따라 그분은 인간의 죽음의 형태로 따라갔다는 것을 표현하고 있습니다. 마치 신이 신 분이 우리에게 연출하시는 듯이 보일 수도 있습니다.

그분의 영광을 위하여 행하는 관점이 우리를 위하는 사건으로 전개되기 때문에, 다른 시선으로 보면 우리를 위해 행하는 듯 보이기도 합니다. 그래서 당신은 사랑받기 위하여 태어난 존재로 아는 분들이 많은 듯합니다. 그럼 그 신적 존재의 파괴성이 주체가 된다면, 포악한 짐승 처럼 그렇게 그 가치관이 된다면 죽이고 파괴하는 것이 이 땅에 나타난다면 그것은 다르게 생각하겠죠. 그 주체가 우리니까요. 이것은 큰 함정이 있습니다. 신이 본인의 신적 존재를 벗어버렸다는 것은 신이 좋고 육체가 나쁘다는 선악에 기준입니다. 이 육체가 나쁘게 설계된 것에는 그 선이라는, 의라는, 반대의 거울이 사용되기 때문일 뿐입니다. 모든 것은 대상을 설명해 내는 것에 사용될 뿐이지 그 자체로 해석되지 않는다는 것입니다. 선악의 기준을, 선악의 과일을 동산에 넣어둔 그것이 바로 우리가 그것을 먹고 그 기준의 모든 것을 해석하기 때문에 그 두 개에 갇혀버린 것을 이야기합니다.

하지만 말씀은 그렇게 나누어서 그려놓고 그것을 나누어서 설명해 내지 않습니다. 오히려 두 가지를 합쳐서 내놓고 있다는 것에 관점이 있을 뿐입니다. 그런 관점을 가지기 위하여 듣는 자가 듣는 것이고, 보는 자가 보게 되는 것을 말씀하시는 것입니다. 그것도 그분의 영이 보게 하고, 듣게 한다는 말입니다. 한마디로 그 근원은 관계의 형성에 있습니다. 이것을 화평이라고 하고 연합이라고 하며, 천국은 혼인 잔치라고도 합니다. 위에서 내려와 땅으로 연합하는 것, 그리고 그 열매인 결과물을 내놓아야 하는 것을 의미합니다. 남녀가 결혼하여 자식을 낳듯이, 그리스도 예수와 혼인한 상태이면 그 자식, 그 열매를 내놓는다는 것을 설명하는 것입니다. 그것은 정확하게 그리스도인 예수를 말로써 내놓는 것을 의미합니다. 인간의 말이 아닌 신랑이신 그 씨를 품어 내놓는 것이라면, 그 씨 신적 존재의 그 가족력을 그려내는 그 말을 설명한다는 것을 의미합니다. 이것은 이 땅적, 육체의 사망을 의미하며, 그분이 우리에게 넘겨준 십자가이기도 합니다. 나를 자랑할 수 없는 그분의 십자가가 내 십자가로 받아들이는 것.

단 7:9 내가 보니 왕좌가 놓이고 옛적부터 항상 계신 이가 좌정하셨는데 그의 옷은 희기가 눈 같고 그의 머리털은 깨끗한 양의 털 같고 그의 보좌는 불꽃이요 그의 바퀴는 타오르는 불이며

항상 계신 아버지를 그리고 있는데 초신자일 때는 무척 신비롭게 다가왔지만, 지금은 참 왜 사람의 형상을 택했을까 하며 의문을 가졌습니다. 더 좋은 모습을 놔두고 수없이 많은 사람의 형상으로 나타나셨을까 하다가, 오히려 반문이 드는 것은 사람의 형상이 그분의 최고의 가치가 아닐까 생각해 봅니다. 자격 없는 존재가 이것을 입고 있을 때에는 그 반대편에서의 초라함으로 기록되지만, 그 대칭의 신적 존재가 입고 올 때 더욱더 완벽해 보이는 이유로 느끼는 것일까 합니다. 우리는 모두 선택하여 이 땅에 오지 않지만, 이곳에 주인이라고 밝히고 이 땅에 우리를 내보냈다는 무리 중 그리스도라는 예수가 있습니다. 그분들이 주인이라면, 우리 인간적 한계의 질문들이 어떻게든 화답해 내놓는다는 것입니다. 그것도 그분의 방식이 사랑이라는 관계에서 파생되는 것을 그려내고 있다는 것을 성경은 구체적으로 설명하고 있고, 우리의 삶에서도 그 모습 그대로를 담고 살아가고 있다는 것입니다. 그분이 설계된 대로 움직일 수밖에 없는 구조의 이 한계성은 아마도 관계라는 무한의 에너지를 바탕으로 유지되고, 그 관계가 그려내어 다가와서 만나는 그 관점이 그 근원을 채워 넣는 결과인 것 같습니다. 신의 죽음, 그 거친 껍데기를 벗어버려서라도 살리고 싶으신 그 존재가 있다면, 자녀, 자식, 가족 말고는 설명할 수 없다는 결과에 다다르게 됩니다.

마 15:34 제구시에 예수께서 크게 소리 지르시되 엘리 엘리 라마 사박다

니 하시니 이를 번역하면 나의 하나님, 나의 하나님 어찌하여 나를 버리셨나이까 하는 뜻이라

신으로부터 내려와 인간이 되고자 하는 것을 인카네이션이라고 할 수 있을 겁니다. 아버지께서 항상 함께하신 것으로부터 단절된 것일 수도 있지만, 이 분리는 그 존재의 구성원으로서 나누어지는 현상을 말하는 것일 수도 있습니다.

진짜 인간이 되는 순간 맞이하게 되는 죽음, 신이 아닌 상태로의 진입은 죽음밖에 없다는 것일까요? 이 죽음 앞에서 내가 되셔서 나로 죽으신 신이 있다면, 이분밖에 없을까요? 그래야 그 십자가가 내 십자가가 되지 않을까요? 육체와 정욕을 십자가에 못 박았다, 뜻이 우리가 벌써 십자가에 죽었다고 하는 말씀처럼 말입니다. 당신은 사랑하는 사람이 있나요? 자식을 위하여 때로는 나의 힘듦을 참고 희생하는 모습을 통하여 이분의 의를 조금씩 느낄 수 있지 않을까요? 그것을 사랑이라고도 합니다. 세상에는 이것을 설명하는 문장들이 많습니다. 구태여 자신만을 위한다 해도 그 모습은 그것을 그려내놓고 있으니, 그것이 사랑이라고도 할 수 있지 않을까요?

차원의 문으로

눅 17:21 또 여기 있다 저기 있다고도 못하리니 하나님의 나라는 너희 안에 있느니라

우리가 볼 수도 만질 수도 느낄 수도 없는 하나님의 나라가 존재한다는 것은 위에 말씀처럼 설명하기가 무척 어렵습니다. 보이지도, 차이를 두고 설명하기도 워낙에 까다롭고 서술로도 많은 분량의 비유와 수식을 이어서 서술해야 할 것 같습니다.

하지만 비유의 목적은 그것이 담고 있음에 원리를 이해한다면 금방 이해가 되는 기능적 특성을 가지고 있습니다. 보이지 않는 것을 보이게 설명하기 위해서는 보이는 그 무엇이 있어야 한다는 것을 의미합니다. 설명하기 시작한다는 것은 그것과 가장 비슷한 뜻이 본설명의 뜻과 비슷한 점을 가지고 있다는 의미이기도 합니다. "너희 안에 하나님의 나라가 있다"는 말씀은 다르게 말하자면 우리가 하나님의 나라로 살아가고 있다는 것을 의미합니다. 창세기 때 이 세상을 만든 이유는 그분이 이곳에 오시고자 하기 때문이고, 그분이 이곳에 있는 것이 주체적 목적이라는 것을 의미합니다. 하나님은 영이시라고 하셨듯이 보이는 들보로 보이는 눈동자로 보여지는 감각적 인간의 한계에 포착이 되어지겠다는 것을 드러내고 있다는 것을 의미합니다.

질서의 정리가 세상이라는 것을 바탕으로 구성이 되어졌음은 그 창조주의 주관을 반영함은 물론이고, 그분이 제작하는 의도의 모든 것을 담아내고 있음을 그 만들어진 것이 그것을 전부 설명해 내고 있기 때문입니다. 그러니까 우리가 보는 이 작은 눈에 들어오는 광선의 흔적과 그 넘어서의 육체

의 물리적인 정의가 전부 그 창조주의 것들을 담고 설명해 내고 있다는 것을 의미합니다. 나의 존재도 타인의 존재도 이웃에게서도 다른 생물에게서도 모든 것들이 그 창조주의 하나님이 설계를 하여 그 바탕대로 꾸며졌으며 제작되었다는 것을 의미합니다. 그런데 그것이 작동되는 원리, 어디론가의 흘러가는 그 지속적 시간의 덮임도 만들어졌다는 것을 의미합니다. 시간도 흐르는 것도 사라지는 것까지 모든 것이, 인간이 아직도 발견하지 못하는 이 거대한 은하계의 작동까지도 전부 그 나라를 위하여 설명되어지는 소리이며 설명이며 나라라는 것을 의미합니다. 우리의 삶의 관계까지도 살아가는 모습까지도 우리가 죽어가는 미래에까지 전부 그 숨소리에서 출발하여 세상의 끝인 어둠까지도 그분의 나라라는 것을 통합하여 말씀하시는 것을 의미합니다. 더 나아가 한 가정이 아버지와 어머니, 그 자녀와 그 자녀의 아이인 손자, 손녀가 대를 이어 가는 모습을 하나님 나라의 구조적 기초라고 본다면, 그 이웃의 가정의 모습도 비슷하다는 것을 알 수 있습니다. 이런 생육과 번식의 모습을 우리 지구의 생물들이 비슷하게 생성되어가고 나타내고 있음을 알 수 있습니다.

하지만 우리 이웃이 얼마를 벌어들이는지, 지출의 몇을 저금하고 몇을 세금을 내고 몇을 교육비로 하며 밥과 반찬은 어떻게 얼마나 소비하는지의 구체적인 것을 알 수 없습니다. 아니, 알려고 하는 순간 그 관계는 깨지기 쉬워집니다. 그 이웃이라는 가정의 모습에 중요한 사건이 벌어지거나 배우자가 실족하여 사망하여 위험한 일에 처해있을 때 그들에게 큰 도움을 주거나 대신할 수 있는 것에는 한계가 존재합니다. 그 이웃에 살아가는 문화와 세계관의 차이는 그 가장 가까운 직계 가족만이 가장 잘 알고 간섭할 수 있는 유일한 구성원입니다. 그래서 이웃에 싸움 소리에 귀를 기울여도 섣불리 나설 수 없는 순간이 종종 있습니다.

그 이웃의 존재는 분명 명확한 한 세대를 같이 살아가는데, 어느 선 이상은 절대로 넘어설 수 없는 것들입니다. 반대로 우리 자신의 가정의 모습의 삶 속에도 그렇습니다. 이것은 무엇을 뜻하냐면 우리의 가정마다 구성원마다 각자의 차원에서 생활을 이어간다는 것을 나타냅니다. 그리고 그 이웃들은 다른 차원의 구성을 가지며 생존해 간다는 것을 의미합니다. 이런 것을 쉽게 4차원이라고도 설명할 수 있습니다. 서로의 구성원이 합쳐질래야 합쳐질 수 없는 질서로 유지되는 차원 같은 공간에 있다 하여 그것이 합쳐지거나 유연하게 관계를 형성할 수 있는 그런 성질의 것이 되지 못 하는 차원, 물론 전쟁이 나거나 천재지변으로 인하여 어느 한곳에 몰려 어쩔 수 없이 같이 살아가야 하는 시간에 있다 하여 그것이 같은 구성이라고 할 수 없다는 것은 상식적인 것입니다.

이렇게 하나님의 나라는 한 공간을 차원에 두고 서로가 다른 구성원으로 설명해가는 것으로 살아간다는 것을 의미합니다. 더 나아가 수많은 우주의 은하들과 은하단들과 그 속에서 모래알처럼 빛나는 태양계들이 서로 비슷한 힘의 균형을 한체 존재하여 확장되었다는 것은 그 나라의 특성을 너무 강렬하게 설명하고 있다는 것을 의미할 수 있습니다. 어두운 우주 속에 별이라는 차원의 공간을 설정하여 그곳에 물리적인 형성으로 태어나는 과정들을 성경 속에 그려 내고 있다는 것을 의미합니다. 예수님의 탄생도 가정에서 나오게 됩니다. 그 가정에서 가장 어리고 약한 아이로 나타난다는 것은 그 가정의 기초한 설계자로서 모습을 담고 있는지도 모릅니다. 아이들로 나타나는 세상의 첫 단계를 우리는 이해해야 합니다.

아무것도 할 수 없는 생명으로 나타남으로 그 아이가 담겨진 실체의 모습으로 다가가야 합니다. 세상은 그 아이들의 모습으로 우리 인간이 정해졌음을 암시하는 것과 같습니다. 어른들의 도움 없이 아무것도 할 수 없는 오직 아버지와 어머니만을 바라보며 살아가야 하는 실체적 모습을 알아가는 것, 그것이 출발점으로 정했다는 것이 바로 이것이 너희의 전부라는 의미이기도 합니다. 머리가 커지면서 죄라는 것으로 입혀지는 현상이 바로 우리가 무엇을 하기만 하면 그 결과가 죄라는 현상으로 드러나게 됨을 그려가고 있지 않을까 합니다. 생각하는 것도, 말하는 것도, 사는 것도 전부 그분이 의도된 것과 죄와 깊은 관련이 있다는 것을 의미합니다. 그럼 신이 이 인간의 몸으로 온 것은 그 반대의 개념을 가지고 나타났다는 것을 추론할 수 있습니다. 누구는 아이로부터 태어나 죄로 결부되지만, 누군가는 아이로부터 태어나 의인으로 성장한다는 것입니다. 그 의인의 죽음으로 인하여 몇몇은 그 대상의 자격을 가지게 됨을. 그 과정은 설명할 수 있습니다. 그 몇몇의 대상이 같은 차원에 있는 가족이라는 것을 의미할 수도 있습니다.

막 3:31 그때에 예수의 어머니와 동생들이 와서 밖에 서서 사람을 보내어 예수를 부르니
3:32 무리가 예수를 둘러 앉았다가 여짜오되 보소서 당신의 어머니와 동생들과 누이들이 밖에서 찾나이다
3:33 대답하시되 누가 내 어머니이며 동생들이냐 하시고
3:34 둘러 앉은 자들을 보시며 이르시되 내 어머니와 내 동생들을 보라
3:35 누구든지 하나님의 뜻대로 행하는 자가 내 형제요 자매요 어머니이니라

예수님이 우리와 한 가정을 이루고 계시겠다는 것을 설명하시는 것입니다. 다른 차원의 것이 우리가 사는 차원으로의 관입을 말씀하시는 것과 같습니다. 아니, 더 나아가 원래 그분이 이렇게 함께하는 것을 작정하셨고, 그것을

위하여 이런 껍데기 차원? 역사라는 차원에 들어와서 직접 설명하고 있다는 것을 의미합니다. 그분의 가정의 구성원들을 찾아 나서는 기나긴 여정을 선택하여 제작된 곳이 바로 이 지구라는 별이 아닐까 생각합니다. 그분의 가족관계를 설명하기로 한 이곳, 이 삼차원적 세계를 만들고, 그 속에 다른 차원을 채워 들어옴으로 그 다른 하늘나라의 차원을 이야기하고 있다는 것을 4차원으로 정의할 수 있다는 것을 의미할 수 있습니다. 비유라는 것 자체가 실체가 아니기 때문에 3차원적 공간이 설명해 내는 것과 다른 것이기 때문에, 그것이 바로 4차원의 개념과 다르지 않다는 것을 의미한다는 것입니다. 다르게 말한다면 수도 없이 많은 인류의 역사를 창조하시고 살아가게 하시는 동시다발적 시간의 다른 가족의 문화와 환경을 한 공간과 한 시간 속에 넣은 모습은 4차원의 기본적 개요를 설명하시는 것이므로, 우리가 지금 사는 것이 우리만 이곳에 존재한다는 것이 잘못된 표현일 수 있습니다.

시간을 넘어서고 공간의 차원을 넘어서 서로 다른 수많은 차원과 생활의 모습이 바로 그 4차원보다 더 넓은 무한의 숫자가 공존할 수 있다는 것을 표면적 3차원에서 설명하고 있다는 것입니다. 철저하게 보이는 물리 또한 실체의 비유라는 가정을 거쳐 이해해 보십시오. 하늘에 수많은 별들을 봄으로써 그 별들이 가지는 광활한 스케일을 넘어서, 그들이 서로 공존한다는 것은 한 시간 몇 분, 몇 초의 표현 이상의 의미로 수를 헤아릴 수 없이 많은 것들이 같이 공존한다는 광활한 그 무엇을 인간이 감지도 못 하는 그 무엇의 반증한다는 것입니다. 한 장이 겹쳐지면 그 다음 차원으로 이해되는 것이 있다면, 그것을 다차원으로 해석해 보십시오. 그것을 이 삼차원에서 어떻게 설명할까요? 네, 그 한 장으로 그 3차원으로 설명할 수밖에 없다는 것입니다.

창 1:3 하나님이 이르시되 빛이 있으라 하시니 빛이 있었고

만약 빛이 무엇과 반응을 하여 만질 수 있는 물체로 되어진다면 어떻게 받아들이겠습니까? 단순히 우리의 육체적 한계인 보이는 기능 그 이상의 기능을 누가 없다고 정의할 수 있을까요? 빛이라는 존재의 새로운 기능으로 그 원자와 전자가 반응하여 나타나고 사라지는 것을 가질 수 없을까요? 만약 그것이 어떤 특정한 것과 반응하여 우리의 육체 물체 세상이 만들어졌다고 정의할 수 있을까요? 저 빛, 하나님이 빛을 만든 모든 것에 그 빛의 흐름으로 탄생되는 세상의 만물이 흘러서 그려 내고 있는 이 세상의 그분의 역사 전체가 느껴지는 것은 아닐까요? 우리가 모른다는 것을 더 많이 알고 있다고 여겨질 때, 더 많은 것들이 우리를 그 모르는 어떤 형상들로 드러나 버리고자 한다면, 그것들이 담을 수 없는 인간의 한계에 부딪혀 빛으로 발산할 때 감당할 수 없을 때, 사도 바울이 만났던 다메섹에서의 그 사건 같지 않을까요? 우리의 시야로는 감지도 못 하는 그 어떤, 우리의 현재 도구로도 감지가 되지 않을 그 어떤 빛이 혹시 존재하지 않을까요? 왜냐고요? 우리는 그럼 보이지도 않는 하나님을 믿습니까? 어떻게 2천 년 전에 오신 예수님을 이 세상의 주인으로 받아들입니까? 이런 설명 자체가 가지는 의미를 논한다는 것 자체가 우리가 지금 느낄 수 없는 그 무한의 것들이 너무 많게 같이 있다는 것을 말하는 것이 아닐까요? 영혼에 대하여 설명이 되던가요? 아니, 귀신에 대한 복음서에 수없이 나오는 데, 그것도 구체화시키지 못 하는 현대 과학의 갈 길이 너무 멀다고 느껴지지 않습니까?

그 빛의 시작점에 그 빛으로 오신 그리스도 예수, 빛은 곧 그분의 모든 것이 아닐까요? 빛으로 반응하여 탄생한 온 우주가 그분의 많은 창조자 많은 설명해내는 이유가 그 빛 자체가 그분이 아닐까요? 생명, 그것에 기준

이 무엇인가요? 그 빛에 의하여 반응하는 어둠이 죽음이, 이 육체들이, 이 유한적 존재들이 그 빛으로 잠깐 살다가 흘러가는 그 어두움의 사건의 지평선 속으로 빨려 들 때까지, 역사 속에서 잠든 선배들의 기억 속으로 흘러가듯이 우리의 육체, 세상 모든 것이 그분과 떨어지려야 떨어질 수 없는 것들로 창조되었기 때문에 모든 것이 그분을 말하고 이야기할 수밖에 없다는 것 아닐까요?

그 빛이 스스로 어둠이 되어 소멸된 그 사건의 지평선 넘어 그 빛을 이 어둠인 인간들에게 주시기 위하여 그 어둠을 스스로 삼키며 죽음과 공포와 그 고통의 십자가에서

어둠이 되신 것이 아닐까요?

계 22:13 나는 알파와 오메가요 처음과 마지막이요 시작과 마침이라

봄과

아무도 없이 혼자 불어올 줄 알았어.
그런 노란 꽃들 사이로 들앵무와 울며 갈 줄 알았어
찾아왔건만 햇살이 뜰에 가득 눈도 손도 발도 간질여 웃기는데
아무도 없이 혼자 불어오는 바람에 내 가슴만 내밀었어

그곳이 어디일까 봄이 온다고 추운 밤을 맨발로 나가 서성이던
하늘에는 찬 달만 혼자 있었어

고이 잠들고 싶어
아무도 없는 곳에 기대여 그렇게 눈만 감고

꿈만 꾸고 싶어
그대 얼굴에 감겨진 눈썹 진한 어두움으로

십일조

우리가 창조 이전에 서술이 무엇인지를 알았다면, 그리고 그 이전에 수많은 시간과 공간 속에서 무엇인가에 이끌려 그 너머에 빛의 기둥으로 이루어진 지평으로 펼쳐지는 그 실루엣 너머의 모습도 없이, 아무도 없을 것 같은 이전의 시간 속으로 거슬러 올라가서 그 너머 칠흑 같은 머나먼 곳에 우리가 다다를 수 있다면, 한번 가보고 싶습니다. 반대로 그곳에서부터 출발하여 아마도 이곳이 그렇게 희망이라는 것을 품고 드리운 그 조각들의 얼굴 빛깔들이 쏟아지는 이 은하계 어디에서 탄생되어지는 수많은 별들의 빛들처럼 너무 오랫동안 기다리고 기다린 그 시간을 기록한다면, 그 이야기가 아마도 그 지은이가 이 세상을 만들고 또 그 이야기들을 들려줄 그 눈군가에게 써내려가는 편지라고 하자면, 그 탄생의 주인공이야말로 가장 빛나며 가장 아름다운 존재로서 이루어지는 거룩한 빛의 기둥을 둘러 완성되어지는 순간만을 기다리고 있을 것 같습니다.

허리에 금띠를 매고 흐르는 맑은 물처럼 소리가 살아서 들리는 정점으로 그려내고 있다면, 그것은 그 주인이 스스로를 나타내시려는 거대한 연출이 이 작고 아름다운 지구에서 연약한 모습으로 낮은 자리로 왔던 모습을 극대화하여 보여준 사건이 아닐까 합니다. 블랙홀의 무한한 힘은 모든 것을 삼키고, 그 대상들은 그것을 피하기 위해 거리를 두고 운동을 시작하게 됩니다. 그 힘 사이의 공간을 두어 보이지 않았던 존재들에게 시간을 입혀 그 운동 속으로 넣었던 것이 세상, 온 우주가 아닐까 합니다. 시간이라는 육체를 입고 나타난 피조물들이 세상에서 이 시간 이전의 것을 안다는 것은 어쩌면 불가능할지도 모릅니다. 그렇게 그 무한한 빛깔로 태어나 밖으로 뻗어가는 유한의 존재로 입혀진 채 스스로 살아야 하고 죽어가는 생명체로 지어진 시간 속에서 그분이 그 친구를 초청해 내는 모습이 모든 것을 빨아들이는 시간의 멈춤 넘어 아무도 설 수 없는 그 정지의 정점에서 당신의 이야기를 그리고 있다는 생각이 듭니다. 그 아들이 받쳐질 성전 뜰에서 육체로 당하는 살속에 찔려지는 번제물로 떡이 되는 시간 속에서 피가 흐르고 말라가는 곳, 세상에 온 그 사건이 어떻게 사람의 손으로 지은 더러운 떡과 비교될 수 있을까요? 인간이 만들어 바치는 모든 세상의 떡들이 그 아들을 그려 내던 껍데기라는 것을 알려 주시는 말씀이 아닐까 합니다. 만군의 여호와께서 그 아들 독생자의 육체, 완전한 떡과 피를 요구하시는 것은 인간이 스스로 정결해질 수 없음을 스스로 정하신 죄 사함의 기준임을 우리에게 요구하시며 말씀하시는 것이 아닐까요? 아무도, 어떤 것도 그 제단에 올릴 수 없는 그 단 하나의 것을 역설하시는 그 것이 바로 그리스도 예수의 희생만을 받으시겠다는 것을 강력하게 말씀하시는 것 아닐까요? 너희는 전부 나의 것을 도둑질하는 범죄자, 간음자, 죄인이라는 말씀으로 모두가 다 사망에 해당하기 때문에 그 성전의 문을 닫아버리겠다고 하시는 것 아닐까요? 죽은 아들을 대신 가져다 줄 그 누군가를 기다리는 그분의 말씀이 우리에게 더러운 똥 배설물들로 가득찬 그 모습들이 예전이나 지금이나 화려하고 아름다운 세상의 썩어 없어질 인간의 노고로 지어지는 더러운 것이라고 자신을 대변하시고 계십니다. 진짜 교회로 오신 그분이 왔었다는 것을 우리가 믿기만 한다면 지금의 모습과 많이 달라질 겁니다.

말라기 1:7 너희가 더러운 떡을 나의 제단에 드리고도 말하기를 우리가 어떻게 주를 더럽게 하였나이까 하는도다. 이는 너희가 여호와의 식탁을 경멸히 여길 것이라 말하기 때문이라.

그 아들이 제단에 드려지는 재물이 될 수 있는 구조를 성전 짓는 그 순간부터 성전이 파괴되는 그 순간까지 전부 그 아들만이 그것의 주인이고 그것을 온전하게 이룰 것이라는 메시지입니다. 우리 피조물들이 하는 모형적인 관행과 행사들이 전부 그 원래의 것인 참 것, 그리스도 예수의 그것을 따라서 그려 내는 그림자와 같은 것들이라, 우리가 십일조를 하여도 우리가 떡을 내놓아도 그것은 전부 사라질, 영원하지 못할 허상이라는 것입니다. 비슷한 것들로 이 세상은 채워졌고 만들어졌고 계획되었기 때문에 그 비슷비슷한 것들만으로 세상이 보이는 것이며 보고 믿게 되어버렸기 때문에 그것이 다 비슷하게 이루어져, 그렇게 가르고 나누고 분리하는 것이 말씀에 많이 등장하는 것입니다. 그 아들, 그 아들의 영이라면, 그 십자가, 그 십자가의 모습이 있는지, 그것이 내 속에 있는지를 알 수 있을 것입니다.

갈라디아서 4:6 너희가 아들이므로 하나님이 그 아들의 영을 우리 마음 가운데 보내사 아빠 아버지라 부르게 하셨느니라.

아버지에게 돈을 바칠까요? 아버지에게 양식을 바칠까요? 아버지에게 교회를 바칠까요? 헌금과 헌신을 율법적 강요로 그것을 정당화할까요? 그것이 아버지와 자녀의 이야기인가요? 세상 부자지간에도 없는 것들을 왜 무서운 하나님으로만 만들려 하나요? 세상의 우주와 모든 것을 창조하신 아버지가 주인인데, 바치는 것 자체가 나의 복과 안정에 대한 보험들이 아닐까요? 너무 무섭고 불안하고 위태로웠던 것일까요? 그것을 가족관계라고 하나요? 내 아버지가 부자이신데, 내가 가지고 드릴 수밖에 없는 고작 이 세상의 섞여질 모형들을 마치 수집광처럼 진열하신다는 건가요? 140억 년에 걸쳐 은하단만 수조 개를 만드신 그 창조주가 배가 고프시거나 물질이 없어 별을 짓지 못한다는 것인가요? 아니면 충성과 헌신의 비교 시험을 우리에게서 요구하시나요? 당신들은 자녀에게 그런 것들을 시험하고 계신가요? 아버지가 자녀에게 빵을 요구할까요? 재물을 요구할까요? 가뜩이나 어려운 이 세상의 사람에게서 힘들게 모은 재산을 나에게 좀 나누어 줄 수 있겠니? 하신다는 거죠?

고후 11:14 이것은 이상한 일이 아니니라. 사탄도 자기를 광명의 천사로 가장하나니.

아버지가 아니라면, 그분이 아버지로 여기지 않는다면 그 무섭고 무서운 능력과 힘으로 우리의 안녕을 짓밟고 파괴하는 그 힘 앞에서 우리의 왕으로 섬길 수 있도록 모든 것을 바치지 않을까요? 두렵고 무섭고 때론 든든한 뒷배가 되어 나의 내일을 지켜줄 힘 있는 빽으로 전락해버린 아버지의 모습은, 그들의 자녀와 부모, 가족의 관계보다도 못 하는, 아버지라 부르며 행하는 것 자체가 그 속에 아들의 성령이 있는 것인가요? 그곳에 성령이 있어서 서로가 가족이라는 그 연대로 연결되어 있을까요? 그것을 가족이라고 하나요?

눅 16:13 집 하인이 두 주인을 섬길 수 없나니, 혹 이를 미워하고 저를 사랑하거나, 혹 이를 중히 여기고 저를 경히 여길 것임이니라. 너희는 하나님과 재물을 겸하여 섬길 수 없느니라.

이 말씀은 재물에 대한 것인가요? 아들이 용서함에 그 은혜의 당위성을 누가복음에서 서술하고 있습니다. 용서와 은혜를 재물에 비유하여, 그 재물은 곧 받을 합당한 것에 대한 당위성을 그대로 나타내고 있다는 것을 의미합니다. 구원받은 아들들은 그 독생자가 전부 그들을 이끌어 낸다는 것을 재물과 그 역할인 불의한 청지기의 모습으로 그려내고 있습니다. 그리고 마지막 부분에 하나님과 재물을 겸하여 섬길 수 없다고 하십니다. 하나님과 재물, 재물은 우리의 목숨을 살릴 중요한 것임에 틀림없습니다. 하나님은 우리의 생사여탈권을 가지고 계신 분입니다. 하나님은 재물을 만드시고 그에 의미를 두시고, 그렇게 우리에게 가르치고 계십니다. 다르게 보면, 우리에게 이 땅에 먼저 보내시고, 우리들의 삶에 재물을 가르치고 그것을 거두어 재물의 필요성을 가르치십니다. 이 경우는 욥에서 잘 그려지고 있습니다. 재물은 곧 하나님과 아들 예수를 상징하기도 합니다. 재물을 거둠으로써 그 재물이 없는 상태에서 우리에게 물으십니다. 내가(하나님) 중요하니 재물이 중요하니? 라고 할 때 우리는 전부 재물을 선택한다는 선배들의 기록을 볼 수 있습니다.

 우리는 구원을 받아야만 하는가? 우리는 영생이라는 것이 필요한가? 우리는 이 결핍 속에서 그분, 영생을 가지고 계신 분에게 나아가야 하는가를 적나라하게 드러내십니다. 우리 피조물들은 그렇게 영원하지 못하게 창조되었습니다. 피조물은 잠깐 빛으로 살다가 꺼져 가는 우주의 빛들처럼 사라집니다. 이 우주의 창조도 온 우주의 빛들이 언제가는 사라져갑니다. 오직 그분 아버지와 그 아들만 빼고 모두가 다 사라져가는 중에 있습니다. 그 영원한 재물, 그 아들 독생자를 이 꺼져가는 아들들에게 주시기 위하여 단번에 바쳐져 버리셨다면, 그 신성을 받은 형제들은 이제 더 이상 썩어 없어질 존재가 아닌, 그 아버지와 아들과 같이 상속을 물려받을 아들들로 탄생하게 됩니다. 그 희생의 떡, 그 희생의 십일조를 우리가 내놓을 수 있을까요? 그것을 명분으로 하여 헌금을 내놓으라고 할 수 있을까요? 모든 헌물과 헌신이 그렇게 그를 설명하고, 그것이 진짜가 아니라고 말리기에서 더러운 똥이라고 하였던 그것.

사도 바울이 그리스도 예수 이외의 모든 것을 더러운 배설물이라고 했습니다. 똥꿈을 꾸면 돈이 들어오는 지 아세요? 세상의 것은 영원하지 못하고 꺼져가는, 썩어 없어질 것들 중 하나라는 것을 의미하기 때문에 하나님께서 말라기에 똥이라고 하신 것입니다. 그런 것을 성도들에게 내라고요? 창세 전 세상에 그 아들을 내보낼 그 희망과 소망의 아버지의 꿈을 비교하고 싶지는 않지만 성령이 있다면 그것을 느낄 수 있지 않을까요? 말라기를 이제 끝내고 아버지께서 그 아들 예수를 보내기 직전에 그분을 보시고 가슴 아파하시고 동시에 구원될 아들들로 인해 가슴 설레는 모습을 한 번쯤 상상해 보셨나요? 진짜 떡과 재물, 헌물, 헌신, 그 사랑, 그리스도 예수를 내보낼 분의 마음을 말입니다.

말 4:6 그가 아버지의 마음을 자녀에게로 돌이키게 하고, 자녀들의 마음을 그들의 아버지에게로 돌이키게 하리라. 돌이키지 아니하면 두렵건대 내가 와서 저주로 그 땅을 칠까 하노라 하시니라.

성령 9 기도

마 26:38 이에 말씀하시되 "내 마음이 매우 고민하여 죽게 되었으니 너희는 여기 머물러 나와 함께 깨어 있으라" 하시고

마 26:39 조금 나아가사 얼굴을 땅에 대시고 엎드려 기도하여 이르시되 "내 아버지여, 만일 할 만하시거든 이 잔을 내게서 지나가게 하옵소서. 그러나 나의 원대로 마시옵고 아버지의 원대로 하옵소서" 하시고

가끔 나는 어디서 내가 생겨났을까 생각하곤 합니다. 어머니의 태에서부터 났기 때문에 거기에서 생성이 된 것인가? 아니면 씨를 준 분이 아버지이니 그분에게서부터 시작했다고 해야 하는 것이 맞는 것인지. 그도 저도 아니면 머나먼 우주의 어느 한 끝에서 온 것일까 하며 생각했던 적이 있었습니다. 알 수 없는 시작점이 나에게서는 지금도 그에 대한 해답을 궁금하고 신비롭게 생각하곤 합니다. 우리 인류는 탄생의 신비를 위하여 적지 않은 돈을 아끼지 않고 우주로 가는 것을 만들어 쏘아 올리곤 합니다. 그 끝에 어디에선가 나를 확인시켜줄, 확인하고 명확한 증거들을 수집하는 놀라운 일들을 지금도 계속 이루어지고 있습니다. 우리 태양계를 겨우 벗어난 어느 우주선이 멀리 지구의 모습을 찍어 보내온 사진을 보면, 아득히 먼 작은 별의 흔적이 이야기하는 것은 아무래도 아직도 우리의 탄생을 시원하게 알려줄 것 같지는 않다는 심증이 더 들 때가 있습니다. 나의 탄생과 그 기원을 누군가가 알려준다면, 나는 왜 만들어졌고 왜 이곳에 있는 것이며 살아야 하는지의 명확한 이유를 알려준다면, 많은 고통이라는 것에서 조금은 쉽고 여유롭지 않을까 생각합니다. 서로에 대하여 조금 더 이해를 하고 낯선 말들

로 나와 당신들에게 돌려주지 않을 평안 같은 것으로 조금 더 느리고 조금 더 많은 것들을 보며 스쳐 지날 내일을 맞이할 수도 있을까 생각해 봅니다. 나를 알아주고 상대를 알아주는 것이 아마도 이 세상을 살아가는 가장 훌륭한 기술이고, 결국에 진리인지도 모릅니다. 나를 인정한다는 것이 너무 힘든 요즘과 이 세상의 삶은 어쩌면, 아니 누군가가 만들었는지 불공정하고 불완전하게 만들어 버린 것이 틀림없다고 생각될 때가 너무 많다는 것입니다. 조금만 손을 보면 아주 기가 막히고 아름다운 정렬과 질서가 유지될 텐데, 왜 이런 삐딱하고 기울어진 형태의 위태로움으로 회전하여 반복되는지 의문을 가질 때가 너무 많습니다. 자신을 찾는 것도 많은 시간과 노력이 들고, 겨우 이해를 시켜도 사느라 정신이 없어 그것도 자주 잊고 떠밀려 살아가는 때가 너무 많아서, 겨우 죽기 전에야 잠깐의 여유 속에서 알때 이 생을 떠나버리는 그런 허망함을 간직하고 살아가는 것 같습니다.

너무 많은 미련과 만나야 할 그 대상들이 지나치고, 같이 보내야 할 소중한 것들을 그냥 지나쳐야 하는 삶이 어쩔 때는 그냥 창조주, 그분들이 야속할 때가 수도 없이 많다는 생각이 들 때가 있습니다. 그때마다, 다시 이곳에 태어난다면 어떻게 살까, 다음 생이라는 것이 있다면 어떻게 살까, 보통 다음 생에 태어나도 당신과 꼭 함께 살고 싶다는 분도 있고 절대로 만나선 안 된다는 분들도 있습니다. 아무튼 질문만 이루어져서 마치 그것이 목적인양 돌아가는 이 지구와 세상이 참 만만하지가 않아서 사는 것이 힘들 때가 정말 많습니다. 누군가는 이런 보이지 않는 것을 물으며 살아내고, 누군가는 질문을 가지고 답을 얻으며 살아가는 사람들이 있을 거라 생각합니다.

만약에 그 해답이 시원한 폭포수 같은 이야기, 말씀이 있다면, 참 살아가는 데 더 힘이 되지 않을까 생각할 때가 너무 많습니다. 앞일에 대한 불안과 그 불안을 가지고 어떻게 해야 되는 것인지에 대한 불확실성이 우리는 늘 스트레스로 다가오기 때문입니다. 그래서 점집에 가고 역술인에게 가도 다가오는 답은 살풀이를 하거나 무엇을 하라는 것밖에는 없다는 것입니다. 종교인들도 정성이 부족하다고 하고 헌금과 헌신을 하면 축복과 상급을 준다고 합니다. 불확실한 미래와 내일을 위하여 더욱더 실망스러운 오늘을 벗어나기 위하여 많은 사람들은 달리고 뛰며 얻으려고 높아지기 위해 배우고 있다는 것입니다. 하나님을 믿는다고 해도 감사와 믿음은 인정하되, 다가오는 것에 대한 감정과 현상의 충격을 이기지는 못한다는 것을 알 수 있습니다. 왜냐하면 세상을 이기신 분은 오직 예수님 밖에 없기 때문입니다. 단지 성도라면 그분의 형제이고 자매라면 그 승리하신 분의 뒤에서, 그분의 등 뒤에서 나의 연약함을 감추는 것이야말로 가장 안전한 곳이라는 것입니다. 위의 말씀 중에 '매우 고민하여 죽게 되었으니' 무척 힘든 상황을 앞에 두고 있음을 알려주십니다. 그 힘든 것을 아버지이신 하나님은 들어주신다는 것을 나타내고 있습니다. 우리가 죽을 때, 우리가 고민이 있을 때, 우리가 슬퍼할 때 옆에 있어주는 사람이 있다면. 어느 날 정신 없이 일을 마치고 저녁밥도 못 먹고 들어와 겨우 씻지도 않고 벽에 기대어 달력을 보다가 그날 저의 생일이 있었던 오래 전 그날을 기억합니다. 저의 방에는 커다란 오디오가 있었는데, 그 큰 덩치에서 흘러나오는 음악이 저를 달래주곤 하였습니다. 나를 기억해주는 것이 이 큰 스피커처럼 듣고 싶은 소리가 많을수록, 말하고 싶은 것이 많을수록 우리는 깊은 병 속에 있는 것은 아닐까 합니다.

누군가가 말을 하고 누군가가 듣는다는 것은, 그 둘이 하나로 연결되어 있기 때문은 아닌가 생각이 듭니다. 나에게 이런 것이 있는데 너에게도 그런 것이 있는 것이지? 너에게 있는 것이 무엇인지 나에게도 전달해줄 수 있을까? 그런 것이 아마도 우리가 연결되어 있고, 그래서 우리가 원래부터 같이 있었을 것 같은데, 아마도 우리가 떨어져 있는 것은 그런 짝들을 맞추어 가는 것이 아닌가를 생각하게 됩니다. 야외 큰 무대의 콘서트에 많은 관중들이 공연을 하는 가수의 음악 소리를 듣고 모두가 다 같이 함성을 지르며 소리지르는 라이브 콘서트 장에 있다고 생각해 보십시오. 모두에게 그 한 음성이 전달되어 하나의 감정으로 형성되어 간다는 공통된 현상을 같이 느끼고, 같이 즐기고 있다는 것으로 전달자와 받는 자가 하나가 된다는 사실로 여겨지는 것입니다. 서로에게 있는 그것을 자극하여 같이 느낌으로 이끌어내는 공통된 언어가 바로 기도의 목적이 아닐까 합니다. 하나님께서 원하는 것, 그것을 통해 우리에게서 원하는 것을 이어가기 위하여 어느 사건으로 가로막고 나서 그 문제의 의도를 서로에게 묻고, 다시 서로에게 확인하는 동기화된 통일화 작업이 바로 기도의 목적이라고 생각이 듭니다.

주고 다시 받고, 그분의 의도를 묻고 나의 의도를 말하며 서로의 의도가 하나의 의도로 확인되어 가는 그 과정이 기도라는 것으로 이루어진다는 것을 말하는 것이 아닐까 합니다. 남녀가 처음 만날 때는 항상 떠들어대며 웃고 즐거워하면서 아무것도 아닌 것에 대화를 이어가는 것을 보면, 서로의 관심사의 중요성을 유지해 가고 있다는 것을 알 수 있습니다. 그 목적은 서로가 하나의 평행선을 지키며 유지하기 위한 서로의 확인을 서로에게 알려주는 것입니다. 둘의 연애가 끝이 나면 관심이 없어지는 현상으로 말이 없어지고, 그 감정의 유지를 가지기 힘들어지며 그 평행선상의 균형을 유지하기가 너무 힘들어지는 상태를 고통으로 경험하게 됩니다. 이렇듯 아버지와의 관계에서도 항상성을 잃어버리지 않기 위하여 항상 기도를 하기 원하시는 것 아닐까 합니다. 앞일에 대한 막연한 불안과 벌어질 우리의 감당 밖의 일들에 대한 준비는 오직 그것을 지으신 분이 많이 알고 계시지 않을까 합니다. 그것을 우리에게 보이는 것 또한 우리가 알아야 할 의도와 말씀에 다른 것임으로 보다 명료하게 그려내고 있다는 것이 아닐까 합니다.

마 27:46 제구시쯤에 예수께서 크게 소리 질러 이르시되 "엘리 엘리 라마 사박다니" 하시니 이는 곧 "나의 하나님, 나의 하나님, 어찌하여 나를 버리셨나이까" 하는 뜻이라

우리가 버림을 받을 때, 외면을 받을 때, 그 대상에서 마음이 떠나고 관심에서 벗어날 때, 마음이 아프고 시린 상처로 남기곤 합니다. 하나님께서 그 관계 속에서 문을 닫고 뒤돌아버리는 사건이 발생된 십자가의 사건 속에서 예수님은 아마도 그 단절이라는 아프고 힘든 상황을 맞이했었던 것 아닐까 합니다. 기도란 나누어지기 전에 상황을 설명하는 것으로, 이 땅에 조각이 되어 들리는 흔적이 아닐까요. 기울어지고 불안정한 모습을 담고 어딘가 위태로운 그 모습이 마치 기도와 같은 형태로 이루어져 온전하게 됨을 이루는 통로로서의 역할을 가장 설득력 있게 그려나가는 표현일 것 같다고 생각이 되었습니다.

온전하신 분이 원하는 것은 그 완전이 이루어지기까지 지어져 가는 것이 아닐까요. 그 의도가 완벽하게 형성되어가는 그 과정 중에 쓰일 것들이 만약에 나타나야 할 것들이라면, 우리 성도들의 기도를 통해 그 나라가, 아버지의 그 온전한 나라가 이 땅에 이루어지는 것을 소망하고 있지 않을까 합니다. 나를 설명할 수 없는 것들을 나로 이야기해줄 수 있는 분은 오직 나를 잘 알고 계신 분의 이야기라는 것은 너무나 당연한 것입니다. 나를 만들었다면, 나를 이끌어 나갈 수 있는 분이라면, 나에 대하여 알려줄 수 있는 그 소리가 듣고 싶어지지 않을까요?

나에 대하여 궁금하고 나에 대하여 질문하고 듣고 싶은 그 말들이 세상을 가득 뒤덮고 있는 이 세상에서의 질문이 있다면, 나를 알려 달라는 것이 아닐까요? 그 질문에 대한 답을 가진 분께서, 쏟아지는 자기들의 언어밖에 없는 세상 속에서 침묵하고 계신 듯, 아무 말 없이 세상 자기들의 말만 있는 이곳에 오셨을까요? 그리고 그분이 그 본인의 말들을 쏟아내고 십자가에서 그렇게 단절됨을 뒤로 한 채 하늘에 가셨을까요? 그것은 성도들이라면, 그들의 형제들이라면, 그 속에 그분의 말이 있다는 것을 알고 그 말들을 말하고 복음서에 기록하여 확인해주시는 것이 아닐까요? 서로가 확인해서 듣게 되는 그 소리를, 다시 기록한 것이 복음서에 나온 것이 아닐까요?

요한복음 15:15 이제부터는 너희를 종이라 하지 아니하리니, 종은 주인이 하는 것을 알지 못함이라. 너희를 친구라 하였노니, 내가 내 아버지께 들은 것을 다 너희에게 알게 하였음이라.

성령 8 혼인잔치

히 2:11 거룩하게 하시는 이와 거룩하게 함을 입은 자들이 다 한 근원에서 난지라. 그러므로 형제라 부르시기를 부끄러워하지 아니하시고

지구의 나이가 대략 46억 년이라고 합니다. 인류의 출현은 대략 20만 년이라고 합니다. 그러니 대략, 아직 그들이 죽지 않고 전부 살아 있다면 수백만 명에서 수조억 명, 아마도 지구에 다 놓기는 힘든 숫자가 아닐까 합니다. 나이가 들어 죽고 또 태어나고, 그들이 장성하여 생활을 영위하다 다시 죽고, 그 후세들이 이어져 이렇게 지구의 인류가 주체가 되어서 남아 그 명맥을 이어가고 있습니다. 현재 지구의 인구가 조금 많지만, 구조적으로 본다면 세상에 사는 인구들의 밀집 관계에서 아마도 성경적 구원에 해당하는 숫자의 모습과 비슷하지 않을까 추론합니다. 왜냐하면 수를 헤아릴 수 없이 많은 구원받는 자들이 계시록에 등장하기 때문입니다. 현재 전 세계의 인구 밀집도를 따져 본다면, 아마도 이런 지구의 형태의 모습이 아닐지 상상하곤 합니다. 적지 않은 구원의 대상이 성경에 그려지고 있습니다. 그럼, 지구가 탄생하기 전, 우주가 태어나기 전 암흑 속에서 아무것도 없던 상태에서 누군가가 있었다면 그 누군가가 하나님이었다면, 그분이 왜 이렇게 많은 것들을 세상에 내놓으셨을까 궁금하지 않으신가요?

몇몇 조금의 숫자만 데려다가 그 넓은 곳을 새롭게 창조하며, 변경하며 살거나 없어지거나 존재의 유무를 벗어나 초월하는 그 이상의 존재의 형태로 독처하여도 된다는 생각이 들곤 합니다. 왜 우주는 끝없이 팽창하는 것인지, 그 은하계 같은 엄청난 크기의 별들의 군들이 증가하는지 마치 구원받

은 수많은 인구가 그 하나하나의 은하단에 가서 마치 지배하며 살아갈 것 같은 느낌은 우리들의 선배와 기독교 이단들도 생각했을 법한 현실의 비유적 모습일 수도 있습니다. 오히려 이 지구를 지옥으로 표현해 본다면, 지겨운 윤회에 빠져나갈 수 없는 구원의 대상에서 제외된 자들의 일상은 무척 고통스러운, 영원히 빠져나갈 수 없는 상태를 생각한다면 아주 끔찍할 수 있으며, 어떻게 보면 낭만적이기까지 할 수 있을까요. 왜 세상을 만들고 그분이 이곳으로 들어왔는지, 그리고 그 예정된 자들, 하나님께서 예수님에게 보낸 자들을 전부 구원에 이르게 하는 모습을 띠고 있는지에 대한 궁금증은 항상 가지고 있었습니다. 무엇을 하려고 이런 지구, 고통의 지구를 회전시키며 이 속으로 그 자녀들을 투입시키려 하는지에 대한 고찰이 나를 괴롭게 하곤 합니다.

어찌 보면 가학적 구조의 형태로 탄생시키는 피조물의 새로움은 전지전능하신 분의 거리가 있는 지루하고 고통스러운 시간 관념적 창조라고 할 수 있습니다. 고통을 통해 우리에게, 성도에게 말씀하시고자 하는 메시지는 무엇일까요? 도대체 처음부터 완전한 존재로 탄생을, 그 아버지와 그 아들 예수와 같은 방법으로 실천하지 않았냐는 의문이 듭니다. 온전하신 분이 능력이 있으신 창조주께서 그들이 탄생을 우리 피조물이 포착할 수 도 없지만, 그렇게 완전체들이 왜 피조물의 새 창조, 새로운 피조물을 짓기 위해 굳이 인간의 몸으로 들어와 피 흘리기까지 하여 죽는 것은 어떤 의미인지 궁금할 때가 많습니다. 그냥 말씀으로 다 생기라고 하면 될 것 같은데, 전지전능하신 분이 왜 시간이라는 것을 만들어 육체로 입고 그 속으로 들어왔는지? 궁금합니다. 그냥 영으로 산다는 게 심심하고 지루했겠나요? 아니면 누군가가 그분들의 존재를 칭송할 대상들이 없어서 외로워서 그런 것일까요? 왜 이런 시도로 그들의 가족, 그들의 관계 형성을 만들었는지, 창조했는지 궁금하기 시작했습니다.

그러다가 우리가 사는 모습이 어쩌면 그분들이 하나님과 그 아들 예수님이, 그분들이 살아가려는 본래의 의도가 아닐까요? 원래의 구성 요소, 가족이라는 관계와 나라라는 형태와 이 지구상에서 그려지는 사람들의 살아가는 모습이 어떻게 보면 그분들이 정말 살아가고 싶어 하는 모습이라는 것이 아닐까요? 그런 모습으로 지구를 만들고 살아가게 하려고 하는 곳에 먼저 인간이 들어와 자기들이 주인인 양 살아갔을 때 이렇게 살아가는 것이 아닐지 합니다. 그래서 그 주인분들(아버지와 아들 예수)이 빠졌을 때 발생하는 사건들과, 그분을 잊고 살아갔을 때의 사건들과, 그분들의 영향력 아래 있고 없고의 차이는 이루 말할 수 없는 상황이 성경에 기록되어 있습니다. 어찌 되었든, 그분들이 선택한 모습과 형상들로 우리가 먼저 입혀져, 그분들이 없는 곳에서의 모습을 삶으로 그릴 때, 이 모습은 아마도 지옥의 모습으로 회전하고 있지 않을까 합니다.

그분들이 꿈꾸고 설계하는 진짜의 새 하늘과 새 땅의 모습도 어쩌면 지금 우리가 사는 지구의 생활 모습과 별반 차이가 없지 않을까 합니다. 단, 그분이 있고 없고의 차이, 그분이 진짜 주인의 자리로 오는 차이, 그분이 진짜 형제로 구성되는 차이일 수 있습니다. 그럼, 한 가지 생각할 수 있습니다. 성도라는 자들은 원래 그분과 같이 생존해야 할 계획이 있었다는 추론이 가능합니다. 그분의 콧김으로 성령이 만들어진 것처럼, 무엇이 되었건 말건 그분들에 의해 미리 정해진 또 다른 아들들이 있었다는 것을 제외할 수 없게 됩니다. 그분들의 계획에 지구가 사용됨을 전제로 할 때, 이 무대는 그 아들들의 구원 장소로 택해진 이유는 그 구원이라는 대전제의 도구로 밖에 지나지 않기 때문입니다. 아들들의 영혼이 어디서부터이건 그들이 주체로 생성되고, 그들을 양육시킬 특정 학교로 이 세상이 정해졌다는 것을 의미합니다. 그분들의 설계대로 사람들은 관계를 형성하고, 관계 속에 삶을 이어 나가며, 그 속에서 서로를 알아가며 자신을 발견하게 됩니다. 그럼, 그분들에게 속한 자들은 그 관계를 통해 그분들과의 관계를 알아가게 될 수밖에 없다는 간단한 진리를 터득하게 되면, 그분들을 찾아가는 이 세상의 여정을 돌아보게 되고, 알아가게 되고, 느끼게 되는 것입니다. 그럼 이런 곳이 생겨난 이유와 이런 곳 이상의 세계와 그 후의 계획을 짐작하게 될 것이라는 해석을 하게 됩니다. 왜냐하면 말씀에 다 그렇게 나와 있기 때문이며, 그것을 생각나게 한다고 했고, 이것이 말하는 것이 무엇인지 그분들이 안내해준다면 그것을 보게 되고, 그것을 듣게 된다는 것을 뜻하는 것입니다. 그럼 나 또한 이 육체가 원래의 모습이 아니라는 것을 알게 되는 것을 말씀에서 보게 된다는 것을 의미합니다.

계 21:1 또 내가 새 하늘과 새 땅을 보니, 처음 하늘과 처음 땅이 없어졌고 바다도 다시 있지 않더라.
21:2 또 내가 보매 거룩한 성 새 예루살렘이 하나님께로부터 하늘에서 내려오니, 그 준비한 것이 신부가 남편을 위하여 단장한 것 같더라.
21:3 내가 들으니 보좌에서 큰 음성이 나서 이르되, "보라, 하나님의 장막이 사람들과 함께 있으매 하나님이 그들과 함께 계시리니 그들은 하나님의 백성이 되고 하나님은 친히 그들과 함께 계셔서
21:4 모든 눈물을 그 눈에서 닦아 주시니 다시는 사망이 없고 애통하는 것이나 곡하는 것이나 아픈 것이 다시 있지 아니하리니 처음 것들이 다 지나갔음이라."
21:5 보좌에 앉으신 이가 이르시되, "보라, 내가 만물을 새롭게 하노라" 하시고 또 이르시되, "이 말은 신실하고 참되니 기록하라" 하시니

세상을 혼인잔치라고 하십니다. 세상은 결혼하는 곳으로 예정된 곳이라고 합니다. 이 세상 역사를 보면 아기로 태어나 자라다가 남녀가 만나서 한평생 살아가는 모습으로 그리고 늙으며 죽는 모습으로 그려지고 있습니다. 그분들, 하나님과 그 아들이 이 세상의 성도와 결혼을 하는 곳이 세상이고, 이 세상의 목적이 혼인잔치, 결혼하는 곳이라는 것을 말씀하십니다. 여기서 영원히 사는 것이 아니라, 결혼식장으로 선택된 것처럼, 죄인으로 이 세상에 들어온 우리 성도와 하늘의 왕이신 그분이 사람의 모습인 아들과 함께하기 위하여, 그 아들이 우리 죄인의 몸으로 십자가에서 죽어 죗값을 치르는 것을 혼인잔치라고 합니다. 이 세상 이후를 넘어 생각해 보십시오. 그 세상에 함께 하려면, 그분들과 하나님과 그 아들과 함께하려면 방법은 서로가 평등해야 공존할 수 있습니다. 누군가가 평등하지 못한 것을 가지고 있다면, 같은 곳에 있을 수 없음을 드러내고 있기 때문입니다.

죄인은 죄인 무리에 있어야 하고 의인은 의인 무리에 나뉘어 있어야 하듯이, 그분이 정한 대로 그들을 구원하기로 한 것은 우리의 행위가 아니라는 것입니다. 혼인잔치 이전을 생각해 보십시오. 칠흑 같은 우주 암흑 속에서 무엇인가가 태어나기로 했다면, 그 보이지 않는 그 무엇도 그 존재로 있었기 때문에 나타난다는 것을 설명합니다. 그렇듯 성도는 그분들이 이 세상으로 들어와, 그분이 마음대로 이놈은 잘생겼다가 저놈은 못생겼다고 구분하는 것이 아니라, 미리 창세 이전 어딘지는 모르지만, 훨씬 이전에 미리 정해진 것을 의미합니다.

그러니 우리가 조금 미워도, 못생겨도, 내놓을 게 없어도, 사람들이 보기에 어리석어도, 미리 정해진 것은 이루어지고 말 것입니다. 아니, 오히려 예정이란 이렇게 세상의 조건적이지 않다는 반증입니다. 막살아도, 떠돌이로 살아도, 거지로 연명해도 그 정해진 창세 전 질서의 윗부분은 수정되거나 고쳐질 수 없는 그분들이 정해놓은 역사에 의해 이루어진다는 것을 의미합니다.

피로써 정결하게 되므로 역사하시는 것은 보기에 좋았더라고 하시듯 그렇게 하실 만한 가족에 대한 사랑의 가치를 정하신 것은 아닐까요? 피로 나눈 형제, 피로 연결된 가족, 피는 혈통을 의미하고 피는 곧 생명을 의미하니, 이 생명을 버림으로 그 생명을 지키기 위한 헌신의 크기는 너무나도 큰 것이 된다는 것을 의미합니다. 이것을 돈 주고 살 수 있는 것이 아니기 때문에 우리가 어떤 행동으로, 실행으로 얻어지는 것이 아니기 때문에 선물이라 하고 은혜라고 하는 것입니다. 갚을 수 없는 것은 그것을 그냥 인정하고 받아들이는 것입니다. 피 흘림으로 구원을 베풀었다면, 그것을 받아들임은 그 대상이 피 흘리지 않고, 심판받지 않고, 구원을 거저 얻은 것과 같습니다. 받은 것을 돌려줄 수 있는 형태의 것이 절대로 아니라는 것입니다. 하지만 세상의 돌아가는 현실은 좀 거리가 멀게 느껴집니다. 당장 생활비를 걱정해야 하고, 밀린 세금을 내야 하며, 하루라도 조용히 지낼 수 없는 현실이 나를 괴롭게 하는 순간이 더 많이 다가옵니다. 마치 꿈인 듯 말씀이 소망으로 내 가슴에 파고 스며드는 날들이 더 많아질수록 이 고통에 시간이 끝날 그때가 있음을 확신하는지도 모릅니다.

그때가 언제인지는 잘 모르겠지만 말입니다.

성령7 창조

사 45:5 나는 여호와라 나 외에 다른 이가 없나니 나 밖에 신이 없느니라. 너는 나를 알지 못하였을지라도 나는 네 띠를 동일 것이요
45:6 해 뜨는 곳에서든지 지는 곳에서든지 나 밖에 다른 이가 없는 줄을 알게 하리라. 나는 여호와라, 다른 이가 없느니라
45:7 나는 빛도 짓고 어둠도 창조하며, 나는 평안도 짓고 환난도 창조하나니, 나는 여호와라 이 모든 일들을 행하는 자니라 하였노라

자연을 관찰하다 보면 생명체들이 살아가는 방식이 비슷하다는 것을 알 수 있습니다. 지구에 사는 모든 생명체는 낮 동안, 밤 동안, 그리고 사계절 동안 지구의 태양과 달의 영향을 받으며, 각기 다른 형상을 드러냅니다. 이러한 것을 천문학과 철학이 관측 아래에서 우리가 사용하는 달력과 음력, 간지력, 절기력 등으로 표현하고 있습니다. 이와 비슷하게 인간이 사는 사회의 구성 관계도 이 큰 테두리에서 벗어날 수 없다는 설명인지도 모릅니다. 내가 존재한다는 것은 아버지와 어머니가 있다는 것이며, 또한 형제들도 이어져 있다는 것입니다. 가족이라고 하며, 이들이 낮과 밤을 보낼 집이 있어야 하며, 각기 성장과 쇠퇴함에 따라 모습이 다르게 연출된다는 것을 의미합니다. 자식이 자라면 어버이가 모은 재산으로 새로운 가족을 이루기 위해 자식의 혼인을 준비하며 본인의 재산을 쪼개어 자손이 이어갈 관계를 위해 자신의 것을 내어 줍니다. 이런 관계가 아름답지 못하면 자식이 부모를 거역하는 일들이 생기고, 부모가 없어 스스로 부모처럼 새로운 집을 직접 구해야 하는 힘든 길을 가기도 합니다. 이렇게 나 자신은 부모로부터 물려받고, 나는 자식으로 물려주며, 같은 생활의 방식과 모습을 드러내며 살

아가고 있는 것입니다. 사람이 살아가는 것은 삶을 그려내고 있는 것이며, 다시 그 기나긴 세대를 이어가는 여정은 선과 악, 평안과 환란의 모습을 그대로 담고 있습니다. 가족의 형제가 잘되면 누군가는 잘되지 않고, 이웃이 잘되어 평안하면 그 바로 옆 이웃이 환란을 겪을 때가 우리 사회 속에 그려지고 있습니다. 전쟁, 기아, 재해로 인해 자연의 힘이 덮쳐 우리가 핏줄로 이어온 관계가 끊어질 때도 있습니다.

창 3:1 그런데 뱀은 여호와 하나님이 지으신 들짐승 중에 가장 간교하니라. 뱀이 여자에게 물어 이르되 하나님이 참으로 너희에게 동산 모든 나무의 열매를 먹지 말라 하시더냐

뱀이 없었다면 에덴이 아직도 우리 곁에 있을까요? 아니, 우리가 모든 인류가 에덴에서 생활했을까요? 하필 그 뱀 때문에 평안히 깨지고 아담과 그 여자가 그 간교한 말을 들었을까 생각해 봅니다. 내 안에 먹고 싶은 것이 없다면 안 먹을 텐데, 그럼 먹지 말라고도 안 했겠죠. 아마 그럼 다른 것을 하지 말라고 하지 않았을까요? 하지 말라고 하신 것은 우리가 꼭 그렇게 하고 말 거야라고 들리지 않나요? 하고 싶은 마음이 더 크다는 것을 알면, 부러 시험하지는 않을 거 아닙니까? 전능하신 분께서 우리에게 그토록 당부하신 것은 우리는 기필코 그 뱀의 말을 들을 거야를 알고 계셨던 것이 아닐까요? 그런 뱀을 에덴에 보내신 것일까요? 그것도 간교하다고까지 합니다. 뱀이 간교한 것이 아닌, 그 말을 듣는 우리가 간교한 것이 아닐까 하는 생각이 듭니다. 성경의 문학적 고찰을 더욱 깊이 상고하다 보면, 현재 우리가 아는 말씀이라는 것 자체가 너무 소홀히 전달된다는 것을 많이 느낄 때가 있습니다.

요 14:11 내가 아버지 안에 거하고 아버지께서 내 안에 계심을 믿으라. 그

렇지 못하겠거든 행하는 그 일로 말미암아 나를 믿으라
14:20 그 날에는 내가 아버지 안에, 너희가 내 안에, 내가 너희 안에 있는 것을 너희가 알리라

이 구절은 어떻게 들리나요? 지금 3가지의 객체가 각자의 안에 있다고 설명하십니다. 그럼 우리는, 아니 제가 항상 듣는 말 중 "우리는 하나야, 하나님과 하나야"라고 합니다. 저는 그렇게 들리지 않습니다. 하나가 아니라 연결된 것이라는 생각이 듭니다. 어떻게 창조주와 피조물이 하나가 될 수 있겠습니까? 그분의 표현 방식이 사랑이라는 특성을 담고 표현하는 방식이라서 그렇게 나타낼 수도 있습니다. 우리는 하나님 것이니, 나는 내 것이 아니라고 하면서도 하고 싶은 것은 다 합니다. 위에서 설명한 것처럼 우리의 역사는 아버지와 그 위에 할아버지, 그리고 내 자식으로 이어져 가며, 나의 모습, 아버지의 모습, 할아버지의 모습, 자식의 모습이 비슷비슷하게 연결된 것 같지만, 엄연히 나와 부모와 자식은 다른 마음과 영혼을 가지고 있는 것입니다. 이것을 말하려는 것입니다. 하나로 묶여서 내려가는 세대이지만, 다른 객체로 가족이 되어 한 집에 사는 것입니다. 하나님은 독처하는 것을 악하다고 선언하셨기 때문에 우리는 하나가 아닙니다. 둘이든 셋이 되었든, 우리가 연결되었다는 것입니다. 연결된 것이 우리라는 것, 가족, 같이 먹고, 자고, 살고, 고민하고 생각하며, 종과 같이 여기지 않고 양자로, 가족으로 대우해 주시듯 동행하고 함께하기 위한 것을 말씀하시는 것입니다.

롬 12:4 우리가 한 몸에 많은 지체를 가졌으나, 모든 지체가 같은 기능을 가진 것이 아니니
12:5 이와 같이 우리 많은 사람이 그리스도 안에서 한 몸이 되어 서로 지체가 되었느니라

구원받은 자들에게서 나오는 말씀, 그리스도의 말, 말씀이신 하나님 아버지의 아들에 관한 이야기만을 하게 될 것입니다. 내 이야기가 아닌, 나를 부정하고 나를 살리신 분의 이야기로, 마치 하나처럼 연결되어 그 모습이 거대한 그리스도의 역사로 이어져가는 것을 이 지구에 나타낼 것입니다. 그것이 역사가 되는 것이고. 창세기로 돌아가서, 뱀이 영원토록 기어 다니며 흙을 먹고 살라고 저주하십니다.

창 3:14 여호와 하나님이 뱀에게 이르시되, 네가 이렇게 하였으니 네가 모든 가축과 들의 모든 짐승보다 더욱 저주를 받아 배로 다니고 살아 있는 동안 흙을 먹을지니라 3:15 내가 너로 여자와 원수가 되게 하고 네 후손도 여자의 후손과 원수가 되게 하리니, 여자의 후손은 네 머리를 상하게 할 것이요, 너는 그의 발꿈치를 상하게 할 것이니라 하시고 세상에서 오직 죄 없이 저주받은 분이 역사상 한 분 계십니다. 그분은 성령으로 잉태되었다고 합니다. 죄인인 인간의 씨가 아닌, 성령으로 아버지의 씨를 받아 인간의 몸으로 태어난 분입니다. 짐승보다 더 저주받았다고 하십니다. 잠언에서 인간에게 시험을 하는 것은 우리가 다 짐승임을 알게 하신다고 하십니다. 짐승들, 그런데 이런 짐승보다도 더 저주받는다면, 아무런 죄도 없는데 죄를 담당한 그림과 같은 것일까요? 예수님이 십자가 지기 전 기도하실 때, "이 잔, 십자가를 지기 싫다"고 하셨습니다. 그러나 "내 원대로 하지 말고 아버지의 원대로 하시라"고 하셨습니다. 왜 죄인이 지고 죽어야 하는 십자가를 그분이 지었을까요? 원래 기록되었으니 당연한가요? 이스라엘에서 전쟁이 나서 자녀들이 죽어가는 마당에 전 세계에서 전쟁이 나면 아이들과 여자와 노인들이 가장 피해가 심합니다. 노약자들, 그럼 그런 것이 당연한가요? 주인의 땅, 자기 나라에 왔는데 아무도 영접하지 않는 게 그게 당연한가요? 만약 나였다면, 우리였다면, 인간이었다면 되게 억울하다는 생각이 들지 않습니까? 심하면 칼이나 몽둥이를 들고 "왜 나를 무시해?" 라며 화풀이를 해야 속이 조금 시원하지 않을까요? 그럼 위의 말씀에 뱀을 빼고 예수님을 집어넣으면 어떤 문장이 될까요? '하나님이 (뱀에게) 예수님에게 이르시되 네가 이렇게 하였으니 네가 모든 가축과 들의 모든 짐승보다 더욱 저주받아~' 혹시 예수님의 말씀을 우리가 뱀의 말로 듣는 것으로 생각해 본 적이 있으신가요? 창세기에는 뱀의 말로 인하여 저주가 떨어졌는데, 혹시 예수님께서 4복음서에 말씀하신 것을 내 몸에 지키려고 애쓴 적이 없으신가요? 수도 없이 많죠? 결핍된 세상에서 복을 쟁취하기 위한 끝없는 인간의 본능을, 아니라고요? 왜 광야 시험에 3가지가 전부 하나님과 관계된 것으로 대항하는 모습이었을까요? 그것이 우리가 실패한 우리의 실체 아닌가요? 그것을 예수님만 통과하시죠? 신의 말을 인간이 지키려고 하면 그것이 말씀인가요? 아니면 하나님 본인이 또 말씀이라고 하셨는데, 그냥 교훈 정도인가요? 그 말씀이 예수님의 특성을 그대로 설명하신 것은 아닌가요? 그분의 신적 영역의 존재로서의 말

고후 12:4 그가 낙원으로 이끌려 가서 말로 표현할 수 없는 말을 들었으니 사람이 가히 이르지 못할 말이로다

그렇게 살아간다는 것은 어쩌면 그런 말을 가지고 있다는 것을 드러내는 것입니다. 사람의 말 속에는 그 사람의 철학과 현 상태가 담겨 있습니다. 그가 무엇을 생각하는지, 무엇을 추구하는지 예수님의 복음서에 하신 말씀은 우리가 따라 하거나 몸으로 행하는 것 자체가 불가능합니다. 이 말을 듣고 이해하시는 분이 참 많을 거라고 생각됩니다. 그럼 그 말씀과 본질은 우리의 것이 아니라는 것을 설명하는 것입니다. 외국에 가면 그 나라의 풍습과 문화가 있습니다. 그 외국인들은 그렇게 살기 때문에 그것이 가능합니다.

왕족과 일반 평민들의 삶은 너무 다릅니다. 지켜야 할 규율과 행동, 보여지는 인품과 그 향기는 비교하는 것이 아니라 그것을 인정하고 받아들이는 문제로 다가가야 합니다. 죄인이, 피조물이 창조주의 아들, 그 창조주의 혈통의 말을 듣는다는 것은 그의 말이 우리 속에 있지 않고는 알아들을 수 없다는 것을 의미합니다. 그래서 그 말씀을 하신 분도 십자가에 달려 돌아가신 것입니다. 그것은 그분의 말, 말씀이 영생을 그려낸 것이지, 죄인이 그것으로 그 말씀을 사용하여 죄인이 아닌 상태로 되는 도구와 대상이 아니라는 것을 의미합니다.

마 27:51 이에 성소 휘장이 위로부터 아래까지 찢어져 둘이 되고, 땅이 진동하며 바위가 터지고

휘장에 무엇이 그려져 있을까요?

출 26:1 너는 성막을 만들되 가늘게 꼰 베 실과 청색, 자색, 홍색 실로 그룹을 정교하게 수 놓은 열 폭의 휘장을 만들지니 그룹이 그려져 있습니다.
창 3:24 이같이 하나님이 그 사람을 쫓아내시고 에덴 동쪽에 그룹들과 두루 도는 불칼을 두어 생명 나무의 길을 지키게 하시니라

그룹들이 생명 나무를 지키게 하신다고 합니다. 먼 이야기냐 하면, 창세기 뱀의 말을 듣고 죄인들임이 발각되어 생명 나무로의 출입이 제한되었는데, 예수님의 십자가 사건으로 그 휘장 생명 나무를 지키고 선 그룹들이 사라져 버렸다는 것을 의미하는 것입니다.

계 22:2 길 가운데로 흐르더라 강 좌우에 생명 나무가 있어 열두 가지 열

매를 맺되 달마다 그 열매를 맺고, 그 나무 잎사귀들은 만국을 치료하기 위하여 있더라

22:14 자기 두루마기를 빠는 자들은 복이 있으니, 이는 그들이 생명 나무에 나아가며 문들을 통하여 성에 들어갈 권세를 받으려 함이로다

이제 생명 나무를 먹은 상태, 그것이 무엇을 뜻하냐 하면 성령이 오신 그 상태를 말씀하시는 것입니다. 정리하자면, 뱀의 말을 가지고 오신 예수님 (성령 참고), 그 말에 우리가 다 죄인으로 발각되면, 하나님 아버지께서 양을 잡아다가 입히신 것 같이 예수님을 십자가에 달려 돌아가시게 하시고, 그 죗값을 없이 하여 성도들을 구원하는 구원자로의 모습을 말씀하시는 것입니다. 뱀의 말, 성령에 언급하였듯이, 말씀은 우리를 죽이고 살리는 것이 됩니다.

롬 7장에 사도 바울이 고백한 것 같이, 말씀은 때로는 사망을 낳았다고 합니다. 7:5 우리가 육신에 있을 때에는 율법으로 말미암는 죄의 정욕이 우리 지체 중에 역사하여 우리로 사망을 위하여 열매를 맺게 하였더니

다시 그 뱀을 죽여서 그것을 바라보는 자는 살리신다고 합니다.

민 21:9 모세가 놋 뱀을 만들어 장대 위에 다니 뱀에게 물린 자가 놋 뱀을 쳐다본즉 모두 살더라

이처럼 십자가에서 돌아가신, 뱀이 되어 우리를 죽이는 말로 오셔서 죽어, 이제 그 누구도 성도를 정죄할 수 없는 상태가 되어 버린 것입니다. 뱀의 말, 그것을 잘못 들으면 큰일 난것입니다.

요 15:22 내가 와서 그들에게 말하지 아니하였더라면 죄가 없었으려니와, 지금은 그 죄를 핑계할 수 없느니라

인간이 가질 수도 없고 할 수도 없고, 그것을 지킬 수도 없는 신적 존재의 말 그 말이 당신에게 있다면, 당신은 이미 죽은 것입니다. 십자가에서 그분의 육체와

갈 2:20 내가 그리스도와 함께 십자가에 못 박혔나니, 그런즉 이제는 내가 사는 것이 아니요, 오직 내 안에 그리스도께서 사시는 것이라.
이제 내가 육체 가운데 사는 것은 나를 사랑하사 나를 위하여 자기 자신을 버리신 하나님의 아들을 믿는 믿음 안에서 사는 것이라

우리 성도들에게 나타날 역사가 구원이라는 대주제를 통과하기 위하여, 뱀의 모습으로, 때로는 어린양의 모습으로 우리에게 다가온다는 것을 설명하시는 것이 성경에 나와 있습니다. 결국 그 뱀으로 오신 분의 말과 함께 육체로 나에게서 죽지 않았다면, 그분은 우리에게 성령으로 오실 수 없는 상태가 됩니다. 예수님이 십자가에서 돌아가신 이유를 정확하게 알아야 합니다. 예수님의 하신 말씀, 그것이 우리를 살리기 위해서는, 그 말을 담은 존재, 말이 십자가에서 찢기어 파괴되어야 한다는, 본인의 몸이 다 찢기어 죽임을 당하는 그 순간을 기억하십니까?

말은 그 존재의 가치를 표현한다고 하였습니다. 죽은 자는 말이 없다고 합니다. 그럼 우리는 그 말에 걸리지 않고, 말과 상관없는 자유의 몸이 되는 것입니다.

2012 0211

저에겐 아마도 당신이 있어야 할 것 같아요

자꾸 혼자라고 생각이 돼요

어제도 오늘도 또한 내일이 오면 자꾸 잊는 게

점점 당신이 커다랗게 자라네요

더욱 더 그대를 사랑하면

 어둠이 번지듯 별처럼 더욱더 빛나선 바람에 스치면

아파오는 가슴에 아마도 우리가 같이 있어야 할 것 같아요

헤어지는 연습이 쉽진 않지만 또한 그럴 필요가 있나요

20040101

찬 달에 기대어 울면 그대는 늘 내 꿈으로 와 떠나는 이별
이승은 저승으로 가는 지름길인가
이승은 생명에 영혼들로 버려져 고독히길 따라
돌아누운 그런 꽃밭의 블루

이곳에 생명을 버리고 영혼으로 떠돌아 그대 곁에 가는
바람 되어 빛이 되어 부서져 가는 시간에 그리움 되고파
밤마다 힘든 살이 낮마다 기다리는 이곳에
찬 달이 태양 없는 하늘 위를 기대어 돕니다

여기는 어디쯤 인가 이 세상은 어디쯤 인가
내가 너를 또 만나야 하는 그곳을 가는 이 느린 시간 앞에
저승으로 가는 배를 타고 그 옛날의 기억을 품는다

btyn.co.kr

성령6 여섯날개 와함께

사 6:2 스랍들이 모시고 섰는데, 각기 여섯 날개가 있어 그 둘로는 자기의 얼굴을 가리었고, 그 둘로는 자기의 발을 가리었고, 그 둘로는 날며
6:3 서로 불러 이르되 거룩하다, 거룩하다, 거룩하다, 만군의 여호와여, 그의 영광이 온 땅에 충만하도다 하더라

사람들은 각기 받은 재주가 한둘은 있다고 합니다. 보통 은사라고도 하고 카리스라고도 합니다. 배워서 되는 것이 아닌 선천적으로 가지고 태어난 것, 부모의 유전이든 그 이상이든, 위에서부터 내려온 전통이든, 각기 다른 기술 및 재능으로 그 자신이 아는 것을 조금 더 뛰어난 방향성으로 드러낸다고 합니다. 물론 이런 기술들을 가지고 앞일에 큰 사업을 하여 돈을 많이 벌기도 하며, 사회적 혁명으로 고충을 겪기도 합니다. 대개 성경에 나오는 선지자와 예수님의 역사를 비추어볼 때, 혁명에 가까운 역을 소화하느라 고충이 이만저만 아닌 것 같습니다. 사도 바울이 자랑으로 본인의 고난, 고통을 나열할 때면 별로 이와 관계 있는 이야기를 하기 싫어질 때가 있습니다. 그러나 그런 것이 아마 은사, 카리스, 기질이라는 것인지도 모릅니다. 무엇을 담고 있을까 고민하여 성경을 살펴보면, 이사야서의 토기장이의 이야기 속에 역사의 흙을 이용하여 지은 이 세트장 속에, 배역의 몸을 부수며 들어있는 그 아들의 말을 듣고 싶어 하시는지도 모릅니다. 우리의 삶속에서 가끔 당황스러운 일들이 벌어지는 경우를 우리는 종종 경험하게 됩니다. 이것을 환란이라고도 하고 고난이라고도 합니다. 원하든 원치 않든 사건과 사고 앞에서 드러나게 되는 우리의 모습 속에 나타내고자 하는 것이 무엇일까 고민하곤 합니다.

위의 스랍들에 원전을 보면 불뱀으로 해석해 줍니다. 모세 광야 시대에 불뱀. 그리고 그 모습을 살펴보면 불뱀이 날개를 달고, 그들로 그 얼굴을 가리었다고 합니다. 얼굴은 하나님을 상징합니다. 그러니 날개 달린 뱀이 6개의 날개로 하나님을 가린 그림을 이사야가 보게 되는 사건입니다. 하나님을 가린 스랍의 여섯 날개는 무엇을 이야기하는 것일까요? 그냥 보이려면 가리지 말고 다 보이게 하면 좋을 텐데, 다니엘서에 심판 날 하나님이 좌정하는 장면이 있습니다. 그런 모습보다는 여기 이사야에게서는 가린 모습으로 연출이 됩니다. 부끄러워서 가리시나요? 모세 광야 시대에 하나님을 보면 인간이 죄로 인하여 죽을까 해서 가리신 건가요? 무슨 말을 하고자 하는 이유가 있을 것 아닙니까?

왜, 이런 모습이 우리에게, 후세 독자들에게 던지고 있는 것일까요? 필자의 해석은 여섯 날개는 세상의 만물들이 표현하는 것. 태양과 지구의 관계, 지구와 달과의 관계, 지구 속에 우리나라와의 관계, 나와 나라와 가족의 관계, 나와 자녀와 아버지의 관계. 이 무수히 많은 환경적 존재 속에 묶여버린 실타래 속의 그림을 상징적으로 보여주는 도구가 바로 여섯 날개의 상징성이라고 생각합니다. 그러니까 이 관계에서 설명하고자 하는 것이 있다면 우리는 이런 관계를 끊고 살 수 없고, 이 관계 형성의 배경이 되는 모든 것이 바로 하나님께서 이끌어 가는 역사의 모습이고, 그것을 그림으로 그리면 날개로 덮은 모습이 가장 설명하기 쉬운 방법으로 비유하고 있습니다.

여섯 날개로 가리운 얼굴과 발, 그리고 그 뒤에서 서서 주체자로 이끌어가는 분의 고백과도 같은 말이 여섯 날개의 구조로 펼쳐내고 있습니다. 날개는 성경에 덮어주시고(용서), 감싸주시고(치유), 품에 품고(보호) 있는 목적으로 그려집니다. 그것으로 하늘을 날 수도 있습니다. 성령의 바람을 타고 하늘을 가르는 모습을 본다면, 그 영역의 고유한 특성을 말하고자 하는 지도 모릅니다. 날개라는 것은 인간이 가질 수 없는 것입니다. 그것을 뱀이 가지고 서 있습니다. 뱀은 어디서 많이 나올까요? 창세기 아담을 유혹하는 뱀. 거짓말로 사람을 시험하는 뱀. 아담이 뱀의 말을 듣고 먹지 말라는 것을 먹고 고생을 했을까요? 먹은 것을 숨기는 것일까요? 그런 모습을 또 디테일하게 기록하는 건 왜일까요? 왜 성경은 이 사건을 지치도록 이야기를 끌고 정점에 다다를까 한 번 생각해 봅니다. 다른 각도로 창세기 뱀 사건을 보면 우리의 죄를 들춰주고 있다는 생각을 합니다. 우리가 쉽게 받아들이는 죄의 구조를 뱀이 확인시켜 주는 역할로 등장하는 것입니다. 나쁘고 혐오스러운 것보다 우리가 그렇게 될 수밖에 없는 불합격 통지서의 답을 아마도 그 뱀은 미리 알았는지도 모릅니다. 그런 뱀도 있지만, 모세 광야 때에 불뱀을 풀어 백성을 고통에 빠지게 하고, 놋 뱀을 만들어 매달아 보는 자마다 살리는 그림이 연출되기도 합니다.

뱀의 독이 인간에게 치명적인 사망 결과를 초래한다면, 그 해독은 물린 뱀을 잡아 그 해독제로 치유해야 가능합니다. 뱀은 그 독을 중화하는 항체를 가지고 있기 때문입니다. 죽일 수도 있고 살릴 수도 있는 양면을 동시에 내포하는 의미를 상징적으로 그려 내곤 합니다. 그래서 마태복음에서는 "뱀같이 지혜롭고"라는 말씀이 있습니다.생명을 살릴 수도 있는 것과 죽일 수도 있는 의미를 담고 있는 것은 곧 창조자의 모습일 수 있습니다. 예수님의 형상을 동물의 기능적 역할을 부여하여 나타냈다면, 뱀의 형상이라는 것과 같습니다. 율법, 하나님 아버지의 율법에 모두 죽을 수밖에 없는 상황에서 그 율법으로 죽으셔서 그 형제들, 아들들을 살리는 모습을 가지고 있다는 것을 뱀의 특성으로 드러내고 있다는 것입니다.
이것을 지혜라고 하신 뜻은 곧 세상이 뱀에게 물려 독에 감염된 채 세상으로 태어나는 모든 아담들의 후손을 이야기하는지도 모릅니다. 그 독은 우리가 살겠다는 모든 수단의 유한적인 한계를 나타내고 있습니다. 영원이라는 것에 비추어 본다면, 인간이 지향하는 종교 및 율법과 생명을 위한 의료적 행위에 대한 모든 것이 전부 유한한 인간에게서 나타나는 증상이라는 것입니다. 해결될 수 없는 영원을 지향하는 모든 행위가 아마도 그 맹독으로부터 발생되는 부작용이 아닐까 합니다. 그러니 마태복음에 늑대 무리 속에 양과 뱀으로 보내시는 것은 그렇게 그분, 예수님을 나타내듯이 가서 죽어라라는 의미일 수 있습니다. 날개는 사랑과 관용, 긍휼을 내포하고 그렇게 연출하여 돋보이곤 합니다. 반면 뱀의 모습은 그런 긍휼을 얻는 자들을 시험하시겠다는 의미로도 읽혀집니다. 시험을 던져 받는 자들이 그를 멸망으로 인도하지 않고 감싸서 다시 치유를 하고 그분에게 끌어당겨 하늘의 성전으로 지어가는 여섯의 의미를 그분의 성품으로 드러내는 형상의 절정이 아닐까 합니다.

욥 5:18 하나님은 아프게 하시다가 싸매시며 상하게 하시다가 그의 손으로 고치시나니

이 세상을 고해라고 합니다. 고통의 바다 속을 살아가며 세상의 헛됨을 알아가다가 죽어가고 있습니다. 그래서 사람들은 극락왕생을 꿈꾸며 죽는 순간과 후세들이 기원하는지도 모릅니다. 하지만 위의 스랍들을 정확하게 세상에서 배운다면, 아니 그분이 이렇게 보여준다면 상황은 많이 달라집니다. 세상의 환란과 고통의 바다에서 하나님께서 싸매어 주실 때, 그 날개로 품어주실 사건이 있다는 것을 말씀에서 배우게 됩니다. 자기 자녀에게 하시는 말씀이며 언약이라는 것을 이사야는 보고 놀라 감탄사를 쏟아냅니다. 사 6:5 그때에 내가 말하되 화로다 나여 망하게 되었도다. 나는 입술이 부

정한 사람이요, 나는 입술이 부정한 백성 중에 거주하면서 만군의 여호와이신 왕을 뵈었음이로다 하였더라

잘못 보고 잘못 들으면 잘못 전하게 됩니다. 그러면 거짓말쟁이가 되고 거짓 선지자가 됩니다. 신앙의 선배들이 잘못 보고 잘못 전달했던 수많은 시험에서 탈락의 순간을 우리는 우리의 모습으로 받아들여야 합니다. 그것이 곧 여섯 날개의 기능적 역할이며 덮으심의 은혜를 직접 경험하게 됩니다. 이단 소리 한 번 안 듣고 깊이 있는 말씀을 전할 수도 없습니다. 결국 뱀의 말, 뱀의 소리에 우리가 다 흔들려 그것이 하나님이 본래 의도된 말처럼 말하되 아닌 적이 여러 번입니다. 아니, 세상을 그냥 여섯 날개와 뱀으로 만 보고 그렇게 그 비유와 진의를 알지 못하여 당신의 시험 장소에서 갇혀 살면 그것이 버려진 자식의 모습인지를 역설하는 것입니다.

각기 다른 비유로 각기 다른 말씀이 숨어서 그 비유의 연결을 스스로의 말씀들이 연결시켜주길 원하는 것인지도 모릅니다. 그래서 입이 필요하고 발이 필요하여 우리들을 사용하는지도 모릅니다. 구약과 신약의 연관성을 이어서 하나의 뜻으로 이어간다면, 아마도 그리스도의 예수를 어느 정도 형성시킬 능력이 될 수도 있다 하겠습니다. 이런 것을 이해하는 데 있어 은사, 카리스가 필요한지도 모릅니다.

은사는 아마도 그분이 써준 말씀을 그 본래의 뜻대로 알고 말하고 전달하는 것이 가장 아름다운 덕목이 아닐까 합니다.
이 은사는 아마도 그 자녀에게 주는 특별한 것이 아닐까 합니다.

성령5 (암탉)

눅 24:39 "내 손과 발을 보고 나인 줄 알라. 또 나를 만져 보라. 영은 살과 뼈가 없으되 너희 보는 바와 같이 나는 있느니라."

살과 뼈라는 것은 세상이 인지하는 물리적인 것입니다. 만질 수 있고 볼 수 있는 것, 그 반대로 영은 만질 수도 볼 수도 없으며, 인간의 오감으로 인지가 되지 않습니다. 우리가 사는 곳은 만질 수 있고 볼 수 있습니다. 이것을 시공이라는 단어로 정의할 수 있습니다. 들을 수 있고 볼 수 있으며 만질 수 있습니다. 이것으로 느낄 수 있게 됩니다. 위의 말씀은 예수님께서 본인이 죽고 사흘 만에 부활한다고 하신 사건을 기록한 말씀입니다. 죽고 나서 다시 살아날 살과 뼈가 있다고 하신 것인지도 모릅니다.

세상을 이기는 것은 아마도 살과 뼈를 유지하고 보수하는 것인지도 모릅니다. 인간은 전부 유한한 존재입니다. 태어나서 일정 기간을 살다 보면 전부 늙고 죽음이라는 문이 서서히 다가오게 됩니다. 이 죽음이라는 문제를 우리는 삶의 하나로 받아들이지만 그렇게 살아지지는 않는 것 같습니다. 언제 죽을지도 모르고, 언제 우리의 앞날을 알지도 모릅니다. 그저 닥쳐오는 미래의 막연한 불안을 가질 때가 더 많은지도 모릅니다.
이 근원적인 생명을 입은 육체의 껍데기의 유한적 결핍 속에서 벗어날 수 있는 길은 어쩌면 죽음뿐인지도 모릅니다. 그래서 엄청난 고통을 맞이하는 사람들은 죽음을 선택하기도 하는지도 모릅니다.

해결할 수 없는 이 유한적 존재의 연명은 어느 한 존재가 해결한 사건을 성경 말씀이 기록하고 있는 것입니다. 잠깐 시대적 사건의 단락을 깊이 보자면, 예수님이라는 분이 대략 서른 살로 살다가 잠깐 죽는 사건이 벌어지고, 4일 후 다시 살아나시고 다시 보이지 않는 하늘로 올라가시는 사건이 기록되어 있습니다. 물리적인 구조로 접근한다면, 마리아에게서 태어나셨다가 가셨습니다. 30세를 살다가 잠깐 죽고 나서 다시 나타나 다시 없어진 구조입니다. 이 관계를 다시 서술하면 만질 수 있는 육의 것과 만질 수 없는 사후 세계, 죽음 그 너머의 영의 것으로 나눌 수 있습니다. 하나님은 영이시라고 하십니다. 육의 것이 아닌 영의 영역, 그 존재적 위치에서부터 이곳 육으로 존재하는 이 시공간에 무언가 투입되어 왔다는 것을 의미합니다.

두 가지 존재론적 위치를 명확하게 그리고 있습니다. 시공이 있는 이 세상과 시공이 없는 저 세상의 영의 공간, 이 두 사이에 벌어진 일들을 기록하고 있다는 것이 분명하고, 이 둘 사이에 대한 설명이 성경 말씀에 나타나고 있는지를 더 깊이 들어가야 한다는 이야기도 됩니다. 왜냐하면 창세기부터 공간 복음서까지 이 사건들이 기록되어 있기 때문입니다.

예수님의 사역 3년을 보면 거의 대부분 귀신을 쫓고 병든 자를 고치는 사건들이 대부분을 차지합니다. 귀신의 영역은 영의 존재적 영역에 속할 수 있고, 병든 자와 가난한 자의 사역은 세상 영역에 속해 있습니다. 이 말은 영의 영역에서의 귀신들의 모습과 행위적 가치는 세상의 모습과 밀접한 연관이 있다는 것을 시사하고 있습니다. 영의 영역이, 역사가 곧 세상의 사건으로 일어나고 벌어진다는 설명이 가능하다는 것입니다. 결핍의 한계성인 이 세상의 궁극적 사건의 모양 자체가 그려가는 것은 그 유한한 결핍으로 그려진다는 것을 내포하고 있습니다.

이 한계성을 극복해 내기 위해 인간은 수없이 많은 도전과 성과를 이루어 내고 살고 있는지도 모릅니다. 인간의 그 지대한 노력은 666까지, 777인 그 숫자의 못미치는 지향성을 토대로 세상이 그려지는 그 한가운데 그분이 등장한 것입니다. 귀신의 영역, 영의 영역은 인간이 감지할 수 없는 미지의 영역일 것입니다. 이 시공의 생각과 지성으로 그것을 가둘 수 있는 것은 아닐 수 있습니다. 그것에 지배를 받고 돌아가고 나타나는 것이 결국 세상이라는 답안을 성경은 잘 그려내고 있기 때문입니다.
이렇게 생각해 봅시다.

눅 13:34 "예루살렘아, 예루살렘아, 선지자들을 죽이고 네게 파송된 자들을 돌로 치는 자여, 암탉이 제 새끼를 날개 아래에 모음 같이 내가 너희의 자녀를 모으려 한 일이 몇 번이냐? 그러나 너희가 원하지 아니하였도다."
여기서 암탉이 새끼를 날개 아래에 모았다고 하신다.

닭의 날개를 영의 공간으로 정해보자. 무한의 영역, 그 존재를 암탉이 품고 있는 장면을 상상해보고, 그 아래 새끼가 그 품으로 있는 자녀들의 공간을 이 세상이라고 정의해보자. 암탉의 공간은 무한한 수이며 궁휼의 수일 수도 있고, 은혜와 사랑의 공간일 수도 있다. 어느 때일 수도 있고, 어느 시간일 수도 있다. 그냥 모든 것을 감싸는 전체의 존재를 의미한다고 볼 수 있다. 처음의 때, 이전의 기획의 때, 창조의 때 이전의 어느 전체의 공간을 생각해보자. 그 큰 도화지를 생각해보자. 그 위에 작은 연필로 그어 내려가는 것이 시공이라고 정의한다면, 연약한 형태를 지탱하는 것이 곧 그 암탉이 말하는 상징일지도 모른다. 연약한 새끼를 그려내고 있는 어느 화가의 인상을 떠올려 보듯이, 시간과 공간이라는 유한적 그 작은 점들을 이어서 선으로 묘사되어지는 공간에 우리가 투입되어 왔다고 치자. 그리고 그 설계자도, 그 설계를 돕는 배역들도, 그리고 이 짧은 역사라는 존재 아래에서 말하고자 하는 것들이 무엇인지를 그 큰 캠퍼스의 그림을 멀리서 전체를 본다면 사랑이라는 그림이 그려져 있지 않을까? 영의 공간이 이 시간의 공간을 감싸고 있다는 것은 어느 때이든지, 어느 사건이든지 이것은 원래 감싸고 있는 것으로 드러낼 수 있다는 의도를 가지고 있는 것으로 시작한다는 것을 의미한다. 오늘, 내일, 모레에도 그 둘레가 영의 존재로, 영의 것으로 둘러싸여 있게 되어 이 시간과 공간이 덧붙여져 나갈지라도 그 영향 아래에서 존재할 수밖에 없다는 말인 것입니다.

수많은 양자 그물이 관측을 못하기 때문에 4차원을 인간들이 그렇게라도 표현할 수밖에 없게 되는 것을 알 수 있습니다. 앞서 말한 것은 둘러싸였다는 것은 앞뒤도 없이 항상 존재를 목적으로 하고, 앞뒤의 방향성을 말하는 것도 아니며, 처음과 끝도 아닌 존재로서의 항상성이기 때문에 우리의 삶과 밀접할 수밖에 없는 상황을 의미합니다. 처음과 그 끝을 설계자이신 창조자가 목표를 정하여 끌고 간다고 설명될 수 있으며, 미래의 어떤 것들이 전부 준비되었다는 표현의 말로도 설명이 될 수 있습니다. 어느 목사님의 역사적 관점이라는, 지나고 나니 그 분의 뜻을 이루어져 가는 현상이 벌어지는 것일 수도 있습니다. 종말이 창조를 앞선다는 말도 비슷합니다. 우리가 성경 속에 감추어진 그 말을 깊이 있게 몰입하고 더욱더 구한다면 더 많은 것들을 볼 수 있게 될 수 있다는 것은 무척 신비로운 것일 수 있습니다. 네, 그렇게 세상의 육적 한계를 정하시고 그 영적 무한한 그곳으로부터 우리는 왔다는 결과를 가지게 된다는 것입니다. 우리의 성장 속에서 필요한 관심과 지속적인 관심을 요구하게 되는 구조적 한계를 펼쳐놓은 그 근본적 해석은 그것을 완벽하게 이루기 위한 뜻을 내포하고 있는 것입니다. 예수님이 십자가에서 죽으시고 다시 나타나 그 육체, 살과 뼈를 제자들에게 보이시고 설명하시는 것이 위의 설명을 전체적으로 포함하고 있는 것입니다. 이것을 다 이루었다고 하시는 것이며, 새로운 역사를 창조하시는 것, 새로운 인간의 몸을 입고 나타나신 것을 의미합니다. 보이지 않던 그 영적인 어떤 것에서 보이는 곳으로 와서 유한적 결핍의 한계성을 우리에게 알게 하시는 것은 우리의 원래 존재를 설명하고 가르치며, 그 방법적 사랑이라는 형식을 취하여 드러내고 있다는 것을 의미합니다.

희생으로 인하여 탄생하는 것이 존재라는 것을 말씀으로 하여 피로써 설명되는 것이며, 그것은 가장 강력한 표현인 십자가로 드러나게 되는 것입니다. 그러니 십자가는 언제나 그 자리에서 우리의 어느 때나 나를 봐라 볼 수 있고, 언제나 그 구원의 사건이 벌어질 수 있다는 설명이 되는 것입니다. 누구든지 이 사건 앞에 서면 벗어날 수 없고, 도리어 이 사건으로 구원을 얻게 되는 것과 동시에 평강의 힘으로 담대할 수 있는 것을 나타내고 있습니다. 사도 바울이 삼층천에 올라갔다고 함으로써 설명할 수 있게 됩니다. 보이지 않고도 존재하며 영향력 있게 설명할 수 있는 것, 시공에 갇혀 있지 않았다는 것을 영의 것으로 몸소 경험했으며, 성경의 말씀이 본인의 일부라고 믿었기 때문 아닐까 생각합니다.

신 5:29 "다만 그들이 항상 이 같은 마음을 품어 나를 경외하며 내 모든 명령을 지켜서 그들과 그 자손이 영원히 복받기를 원하노라."

그들이 항상 마음을 품는다는 것은 아버지께서 품어 그들의 마음에 심어 넣게 되는 것을 비유로 나타내는 말씀일 것입니다. 우리의 유한적 존재는 하나님의 그 무한하고 크신 분의 마음을 품을 수 없습니다.

성경의 진짜 뜻, 세상의 진리를 알고자 힘써 사는 사람들도 구하기 힘든 것들을 도리어 그분이 우리를 품어 주는 것을 작게나마 연약한 우리의 모습으로 기록하시는 것이 성경이 아닐까 합니다.

성령3 도면 이 있는 책

세상에는 딱 두 종류의 인간만 있습니다. 여성과 남성입니다. 남성의 특징 중 하나인 씨방이라는 정자의 생산을 자동으로 하는 생식기를 지닌 채 태어납니다. 남성은 그 정자를 대량으로 생산하는 동시에, 임신을 위해 관계를 맺을 때에도 수만 마리의 정자를 내보냅니다. 여기서 남성이 상징하는 것은 태초에 천지를 창조하는 원리의 기준으로 비교해 본다면, 아주 비슷한 형식을 그려내고 있습니다. 한 남자로부터 여러 생명이 동시에 나와 그들의 목적에 도달하고자 한다는 것과 생육하고 번성하는 목적의 시선으로 본다면, 둘의 존재적 가치는 서로 말하려는 의도를 설명하는 가운데 있다는 것을 알 수 있습니다.

이런 행위 중에 인간인 남성은 제약이 따릅니다. 우리 인간인 남성이 그 씨방, 정자의 특성을 정할 수가 없다는 것입니다. 성별을 정할 수 없고, 성격과 모양, 그 어떤 것 하나도 내 마음대로 할 수가 없다는 사실입니다. 이것은 여자의 입장에서도 비슷합니다. 그 씨를 받아, 그것도 대부분 그 수만 개의 씨인 정자 중에 단 한 개만, 거의 소수만을 수용하여 생명을 잉태합니다. 앞서 말한 생명, 다음에 낳는 존재에 대하여 우리는 그 어떠한 것도 관여할 수 없음을 설명하고 있습니다. 무엇이 낳건 그것으로 만족하라는 것과 그 주관은 우리에게 주어지지 않았다는 것을 말하고 있는지도 모릅니다. 우리는 그렇게 우리가 태어난 것 또한 우리, 육체에 의해 만들어진 것은 단 한 개도 없다는 것을 상징적으로 설명해 가고 있습니다. 우리 인간은 그렇게 태어날 때 주어지는 형태적 특성은 누군가에 의해 결정되는 것이 아닌, 아직 설명이 안 되는 존재의 구현을 설명한다는 것을 받아들여야 한다는 것입니다. 보이지 않는 것으로 시작되어 보이는 것으로 드러나는 관계성은 우리의 일상처럼 많은 부분에서 그것들을 설명해 내고 있습니다. 남성과 여성이 어떠한 특정 이성에게 호기심을 불러일으켜 그에 대한 사랑이라는 감정을 느끼는 것을 관찰해 볼 때면, 그 느낌은 무엇으로부터 오는지 생각해 보면, 사랑이라는 것을 느끼는 당사자의 감정은 그 대상으로부터 오는 것이 아닙니다.

그 대상을 통해 내 속에 있는 감정이 반응하는 것입니다. 그 통로의 문을 열어주는 역할로 서 있는 것이 그 대상의 존재적 목적이라는 것을 말하는 것입니다. 연애를 통해 기쁘고 슬프고 아픈 감정의 모든 것이 그에게서 전달되어 느껴지는 것이 아니라, 내 안에서의 울리는 진동 같은 에너지로 반응하여 분출되어 나타나는 감정이라는 것입니다. 이것뿐만이 아닙니다. 여자와의 동침을 통해 느끼는 그것도 서로에게 있는, 나 자신에게 있는 자극에 의해 발현되는 것을 알 수 있습니다. 그래서 우리가 서로가 원하지 않는 대상으로부터 그렇게 느낀다는 것에 불쾌하고 죄의식과 거부감을 가지는 것입니다. 내 속에서 부모의 모습과 아버지의 모습, 어머님의 모습을 우리 속에서 숨겨져 있던 것을 알 수 있다는 것입니다. 그래서 옛 성인들이 "아이는 부모의 등을 보며 배우고 자란다"고 한 뜻이, 그 모습을 보고 내 안에 그것이 있구나를 알아간다는 다른 표현이 되는 것입니다. 내가 알 수 없는 내 속의 것들로 아직도 알 수 없는 것을 알아내는 학문이 너무 많다는 것은, 우리는 우리가 알 수 없는 것들로 지어져 가고 있고, 그 동기로 완성되어 가고 있다는 반증이라는 것을 스스로가 설명해 내는 것입니다.

출 3:2 여호와의 사자가 떨기나무 가운데로부터 나오는 불꽃 안에서 그에게 나타나시니라. 그가 보니 떨기나무에 불이 붙었으나 그 떨기나무가 사라지지 아니하는지라.

모세는 애굽의 왕자로 살던 사람입니다. 그런데 그가 살인하여 고발당해 사막으로 떠나는 사건이 이전에 그려집니다. 그렇게 다 늙고 힘없는 모세 앞에서 떨기나무의 타지 않는 모습을 마주하게 됩니다. 이 모습으로 우리의 세계관을 대입한다면 애굽은 에덴을 상징하기도 하고, 천국 하늘나라의 원형을 설명하는 동시에 세상의 모습을 그려내고 있습니다. 천국의 구조로 타락한 인간이 지배하는 그림으로 설정된다면 애굽이 정확하게 설명되어 진다는 것을 알 수 있습니다. 그리고 그 반대의 영역인 사막 광야가 그려지고 있습니다. 모세가 도망하여 온 이 땅, 이 세상, 감옥 같은 곳을 그려내고 있기도 합니다. 남성이 씨를 여성에게 주면 여자는 그 씨를 받아 잉태하고 열 달 후 출산합니다. 이 관점으로 대입하여 애굽에서 씨로 받아 사막으로 잉태하였다고 그림을 그려봅시다. 천국에 아들들이 씨로 이 땅에 흙, 아담들로 태어나는 그림으로 다시 그려봅시다. 에덴이라는 동산에서 씨를 받아 이 저주의 땅에서 낳는 그들의 자식으로 그려봅시다. 이렇게 남성과 여성이 상징하는 그림은 온 우주를 대표하고 설명해 내는 아주 중요한 모습으로 서 있습니다. 명리학적 관찰로 보면 천간을 남성이라 칭하고, 지지를 여자라는 영역으로 그려내고 있기도 합니다. 씨가 위에서 아래로 내려가 땅에서 꽃을 피우는 곳으로 목적하여 해석해 내곤 합니다. 핵심은 잉태하고 낳은 것은 그 씨를 설명하기 위함이지, 그 자신이 씨를 만든 것은 아니라는 것입니다.

우리는 그 원래의 주인, 원작자, 설계자를 설명하는 도구로서 존재한다는 것을 알 수 있습니다. 창조주가 우리를 만들고 내보낸 광야, 사막 한가운데서 그 하늘나라, 천국을 동시에 설명해 가고 있다는 것입니다. 이 세상은 천국에 대한 도면을 힌트하고 있다는 것입니다. 집을 짓거나 제품을 만들 때 필요한 것이 도면입니다. 그 도면은 제작자들이 그 내용, 설계자의 의도대로 자기의 지식 기준 아래에서 파악하고, 자신이 아는 범위 내로 제작하기 위해 구상하게 도와주는 역할을 합니다. 구조를 파악하고 범위를 파악해서 다시 그 도면에 맞는 재료와 소재를 선택하여 제작할 준비를 하게 되는 것입니다. 그 도면대로 제작이 이루어지지 않으면 그 의도와 다른 게 제작이 되고, 다른 모습으로 세상에 서게 됩니다. 그럼 그것은 원작자, 설계자의 의도에 맞는 제품, 집, 상품의 가치가 없어지는 것입니다.

출 3:3 이에 모세가 이르되 내가 돌이켜 가서 이 큰 광경을 보리라. 떨기나무가 어찌하여 타지 아니하는고 하니 그때에

우리가 이런 실체에 접근하여 그 도면 설계자의 의도를 정확하게 간파하여 알았을 때 나타나는 현상은 그 원작자가 되어 그 도면을 다시 보는 일들이 발생합니다. 왜 이런 도면을 그렸는지, 이것을 이렇게 설계할 수밖에 없었는지 그 인성과 느낌을 간접적으로 안다는 것입니다. 모세가 돌이켜 큰 광경을 직시하여 떨기나무는 타지 않는 접점이 이루어지는 상황을 그려내고 있는 것 자체가 하나님과의 접점을 만들고 있기 때문입니다. 원래 있던 주인, 설계자, 창조자와의 대면을 우리는 우리 속에서 그것을 깨달음으로 서 있게 되는 그런 감각을 그려내고 있음을 알 수 있습니다. 모세의 목적, 그를 지으신 분이 그 의도를 밝히는 순간으로 성경은 친절히 그려내고 있는 것입니다. "내 백성을 구해내라!", "끌어내어 가나안으로 이끌어라!" 이 말씀이 그를 설득해 가고 있습니다. 이끌기 위하여 몇십 년 동안 그 사막, 세상 한가운데로 보내짐을 받았다는 것을 알 수 있습니다. 우리가 아직 죄인 되었을 때, 나를 주인 삼고 사는 지옥 같은 이 세상에서 단호하게 말씀하십

니다. 세상에 그려지는 모든 집은 하나님 나라의 가족을 설명하고 그려내는 목적에 지어지고 있습니다. 아버지와 어머니, 그 자식들이 모여서 우거하는 집이라는 건축은 어떤 나라에 가도 다 있는 것입니다.

하나님에 실체는 그 도면에 의해 설명되어 가고, 그중 가장 아름다운 완성품은 그리스도 예수라는 것을 설명하고 있습니다. 하나님 나라를 설명해 나아가는 모든 것에 도면이 바로 성경에 기록된 말씀으로 지어져 가는 우리들의 삶의 현장과 일치하고, 그것을 인식하는 순간 떨기나무처럼 타지 않는 불변으로 그 말씀, 도면 속에 설계자의 의도를 알아보는 것이 삶의 궁극적인 목표라는 것입니다. 이 설계도, 도면, 세상은 그분, 보이지 않는 숨겨진 그분의 의도를 나타내기 위한 것이었구나를 알면, 그것이 설계자를 만났다는 것과, 아버지가 내 안에 내가 그 안에 있다고 하는 것을 알 수 있다는 것과 다르지 않습니다. 그럼 내 안에 보는 눈이 그 눈이 되어가는 것처럼 그가 인도하고 견인하는 눈으로 나의 인생과 세상을 다시 보게 되는 일이 발생하게 됩니다. 내가 설계하고 그려내는 이야기라고 생각했던 역사 앞에 나는 점 하나도 찍을 수 없는 작은 도구로써 점점 밀려 나가게 된다는 것을 알아가게 됩니다. 수많은 선과 선이 모여야 하나의 면을 이루어 한 페이지로 바뀌고, 그것 위에 그릴 수 있는 펜과 부딪혀 작은 선들이 그려 나가는 이야기인 양 멋진 나만을 위한 준비된 일들로 받아들이던 모든 것이 이제는 한 권의 책으로, 하나의 입체 조형물로 시간에 업혀 성장하고 있음을 돌아보게 되며, 그것들이 전부 내가 그린 것이 아닌 이타적인 것에 의해 이끌어졌음을 알게 된다는 것입니다.

마 10:38 또 자기 십자가를 지고 나를 따르지 않는 자도 내게 합당하지 아니하니라.

이 십자가는 내가 지는 것이 아니구나를 알면, 그 십자가는 그분의 것으로 여겨지게 됩니다. 나는 그분을 설명하는 한 페이지의 작은 존재로 그려져 가는 도구, 그리스도 예수를 설명하는 십자가, 그것을 내가 그리는 것이 아닌 인간의 죄로 그 십자가의 당연성이 십자가를 그려내는 목적, 도면에 드러난 계획됨을 알면, 우리의 무거운 짐이 순식간에 사라지며 그분에게 더욱더 감사함이 나타나게 되는 것입니다. 그것이 우리의 십자가라는 것입니다. 교회를 위하여, 관계를 위하여 억지 감정으로 그려가려던 어리석은 도면이 지어져 가는 실체의 건축물과 천국의 모습과 전혀 다른 모습이라는 것을 깨달아질 수밖에 없는 현장과 부딪힐 때, 나의 허상, 허깨비 같은 이 실체의 세상을 본다면 바로 그것이 진리로 향하는 길에 인도되어 그려진 도면을 마주하게 된다는 것입니다.

세상은 천국을 그려내는 훌륭한 도화지로, 우리의 모습들이 아름다운 그림들로 들어차 있습니다. 그것을 예술로 승화하기도 하고, 아름다운 음악으로 연주 기도하며, 색채의 화려한 페인팅으로 그려 가기도 합니다. 자신의 고백을 담는 글이기도 하며, 남녀의 애틋한 사랑이라는 드라마 속에 잠 못 드는 밤 풀벌레들의 소리이기도 합니다. 우리는 그렇게 다 하나같이 아름다운 책에 그려지는 그분의 발자국처럼, 어느 낡은 도서관 속에 잠들고 있을 아주 오래전 이야기로 기록될 것입니다. 그리스도 예수를 그려낸 책으로

성령

보이지 않는 것을 설명한다는 것은 무척 힘이 듭니다. 영혼, 귀신, 생각, 마음, 그리고 성령, 이런 것을 표현하는 것 자체가 모호하고 비유로밖에는 안 되는 것이며, 그 대상을 그려내는 것조차 힘이 듭니다. 보이지 않는데 느끼는 바람과 같이 어디서 왔다가 어디로 가는지 알지 못하는 것일 수 있습니다.

듣기는 들었는데 이것이 그것인지 그것이 이것인지조차 모호하여 구체적 기준이 있어야 하며, 그렇게 또한 그 기준으로 말하고 소통되어 판단한다면 아마도 우리가 아는 성령이라는 기준이 흔들리는 현상은 없을 겁니다. 마치 우리가 그런 미지의 존재적인 것을 아는 것처럼 말하고 사용하기도 하며, 특정 객체화하여 받아들이고 있다는 것 자체가 한 번쯤 돌이켜 도대체 구체적으로 무엇을 설명하려고 성령이라는 것인가에 의문을 가져야 합니다. 보이지 않으니 가진 것이 어떻게 나타나는지 섣불리 단정을 지으면 그것이 곧 기준이 되어버려 마치 표현이 되지 않아 보이지 않는 것에 전부인 것처럼 왜곡이 발생되기 때문입니다.

세상은 보이게끔 탄생되었으며, 보이는 것으로 감싸있고 그 감싼 어떤 것이 원리적인 존재로부터 작동된다고 할지라도 이것으로 설명할 수 없다면 이런 것은 마치 미신과 같고 잡히지 않는 뜬 공상 같은 것에 지나지 않기 때문입니다. 그럼 보이게끔 나타내기 위해서는 공통된 사건의 모양이 있어야 하고 방향성을 지향하여 그 단계를 이루면 그것을 정의할 수가 있습니다. 왜냐하면 그 기준을 성경이 정확하게 기록하고 있기 때문입니다.

막 1:10 곧 물에서 올라오실 새 하늘이 갈라짐과 성령이 비둘기 같이 자기에게 내려오심을 보시더니

다른 많은 것도 있지만 쉬운 것 중 가장 대표적인 표현이 비둘기일 겁니다. 비둘기가 상징하는 것이 무엇인지 한 번 찾아보면 그 쓰임새의 중요한 방향성을 읽을 수 있습니다.

창세기 → 갈릴리의 배 (비둘기) → 계시록
태어남 → 인생 → 사망

이런 도표를 참고하시고 먼저 노아의 사건을 떠올려 보십시오. 창세기 6장에 땅 위에 번성하는 자의 죄악들을 심판하기 위하여 물로 세상을 쓸어버리기로 작정하십니다. 하지만 노아와 그 가족과 동물, 가축 등을 방주에 이끌어 들여 함께 생명을 보존하게 하십니다. 노아 인생 자체가 방주를 그 자신의 구원을 위하여 만드는 인생으로 그려집니다. 이것은 우리들의 인생의 결핍을 직접적으로 설명하고 있습니다. 생명을 유지하기 위해 일을 해야 합니다. 더 좋은 삶을 지향하기 위해 더 큰 창고와 물질을 가져야 합니다. 남보다 더 잘 되어야 잘 사는 것 같다고 생각하는 사람들이 대부분입니다. 그래서 내가 더 많이 벌면 자랑스러워하고 그렇게 못하면서 사는 자를 조롱까지 합니다. 고작 더 가지고 더 있다고 잘난 척 합니다. 복음서에 재물이 많으니 내 영혼아 이제 편히 쉬자 할 때 하나님께서 그럼 너의 영혼을 오늘 밤 거두면 그 재물이 누구의 것이냐라고 하십니다. 재물은 이 인생이라는 배 속에서 계시록, 사망할 때까지의 우리에게 주는 그분의 의를 설명하시는 비둘기와 같은 존재입니다. 그 상징성을 모르면 알 때까지 주시고

그것에만 빠져 있으면 그것을 거두어버리십니다.

이런 의도를 모르면 남의 것을 뺏고, 빼앗아 내 것으로 삼는 불법이 일어날 때도 있습니다. 우리들의 유한적, 연약함을 드러내고 있습니다. 부모는 자식을 위하여 늙도록 일을 하며, 자식은 그 뜻을 비롯서 어른이 돼서야 조금씩 깨닫곤 합니다. 그 의미를 아예 모르는 자식도 있고, 더 나아가 사고만 치고 늦게 알아가는 자식도 있습니다. 이런 세상의 가치적 존재를 무시하는 삶의 방향성! 재물과 세상의 욕망을 등지고 오직 방주를 제작하여 사는 삶의 지향성을 노아가 그려가고 있습니다. 물론 방주를 짓더니 주변에서 욕을 하더라 핍박하더라 그런 말은 없습니다. 나 자신 속에서 지향하여 나타나는 가치의 방향성을 노아의 삶에서 드러내고 있는 것입니다.

그 방주로 인하여 물, 심판에서 살아나는 그 모습을 보면 방주의 역할로써 죄인인 인간과 모든 생명을 죽여야 하는데 몇몇 택함을 받은 자를, 그분의 의로운 용서 받은 자들을 방주로 끌어들여 사망을 넘어가는 모습을 그리곤 합니다. 저주의 비와 물을 대신 받아내는 방주의 모습을 보며 그리스도 예수의 형상을 알아야 한다는 것입니다. 방주의 역할이 예수의 십자가를 상징하고 있는 것입니다. 말씀에 물이 세상을 덮고 사십 일이 지나서 노아가 까마귀와 비둘기를 날려보냅니다.

창 8:10 또 칠 일을 기다려 다시 비둘기를 방주에서 내놓으매
8:11 저녁때에 비둘기가 그에게로 돌아왔는데 그 입에 감람나무 새 잎사귀가 있는지라 이에 노아가 땅에 물이 줄어든 줄을 알았으며

스가랴의 감람나무를 참고하시고 비둘기가 감람나무의 새 잎을 물고 왔다

는 것은 새로운 땅을 준비하고 있다는 것입니다. 새로운 곳을 계획하시는 그림으로 봐야 합니다. 새 땅, 새 하늘 그것을 어디서 볼 수 있냐면

계 21:1 또 내가 새 하늘과 새 땅을 보니 처음 하늘과 처음 땅이 없어졌고 바다도 다시 있지 않더라

계시록에서 볼 수 있습니다. 새 예루살렘 성이 하늘에서 내려온다고도 합니다. 무슨 이야기냐 하면 태초에 천지를 창조하실 때 에덴이라는 곳을 창조하십니다. 처음에 주어진 땅이 죄악으로 물들어 버립니다. 아담이 하나님 말씀을 외면해 버리는 사건, 뱀의 말을 듣고 에덴에서 쫓겨나는 사건이 발생됩니다. 그 땅, 그곳에서 태어난 생명이 죄악으로 아담과 그 몸에서 만든 하와를 내쫓아 보내시고, 저주의 땅, 세상의 땅으로 그 후손들을 번성하게 하시는 모양입니다. 창세기에서 출발하여 복음서 갈릴리 호수의 노를 젓어 가는 모습을 현재의 공간으로, 갈릴리 호수 속에 있는 것을 현재의 우리들의 모습을 상징적으로 나타내고 있는 것입니다. 성도들에게 무엇인가를 말씀하고자 하는 연출이라는 것입니다. 사방 죽음의 물에 둘러싸인 한 치 앞으로 나갈 수 없는 우리들의 인생을 명확히 그리고 있는 것입니다.

막 6:47 저물매 배는 바다 가운데 있고 예수께서는 홀로 뭍에 계시다가 6:48 바람이 거스르므로 제자들이 힘겹게 노 젓는 것을 보시고 밤 사경쯤에 바다 위로 걸어서 그들에게 오사 지나가려고 하시매

갈릴리로 건너갈 수 없는 상황에서 예수님이 바다를 건너 걸어와 배에 올라, 가려던 땅에 가는 그림으로 성경은 말씀하십니다.

창세기 → 갈릴리의 배 (비둘기) → 계시록
노아(방주) → 우리의 삶(성령) → 사망(새 땅)
골고다의 십자가 → 현재 → 계시록(새 땅)

위의 도표를 보시고 배에서, 현재에서 다시 계시록으로(천국, 영생) 향하는 그 모습, 새 하늘과 새 땅으로, 그 중간에 예수님께서 같이 동행하시고 그 목적지, 저주의 물을, 호수를 건너서 어떻게? 그분의 십자가로, 빠져 죽어가는 생명들에게 오셔서 넘어가는 그런 그림입니다. 네, 이 세상, 현재는 구원이라는 것을 설명해줄 소재로써 사용된다는 점입니다. 예수님 아니면 건너갈 수 없다, 새 하늘 새 땅에 갈 수 없어서 전부 물에 빠져 죽는다는 것을 설명하시는 것이며, 십자가가 선 2천 년 전에 있던 그 사실을 현실에서 다시금 알 수 있게 알려주는 것이 성령의 역할로 그려내고 있다는 것입니다. 이 그림의 부연 설명으로 더욱 강화하여 나타내는 상징적 도구가 비둘기라는 것입니다.

비둘기가 그 소식(새 땅, 언약, 복음)을 가져다가 주는 메신저의 역할로 그려내고 있다는 것입니다. 성령은 이렇게 그리스도의 모습을 그대로 담아서 그려내고 있습니다. 예수님께서 세례를 받으실 때 나타난 그 비둘기 그림이 바로 이분이 새로운 땅, 천국으로 데려갈 메시아라는 다른 설명을 하시는 것입니다. 구원자, 자기 백성이 사망하여 죽을 수밖에 없는 그 현장에 있는 그곳으로 찾아오는 모습이라는 것입니다. 찾아오는 것은 우리가 불러오는 것이 아니고, 육체의 몸을 입고 친히 이 땅으로 내려와 죽으시러 오시는 그 모습의 그림 전체를 부연 설명하는 매개체로서 설명되는 것입니다. 어느 날 한때에, 2천 년 전에 딱 나타났다가 사라진 그 사건의 실체를 계시록까지. 우리 인생 전반에 걸쳐, 갈릴리 호수 속 빠져 죽을 인생 속으로 와서 그렇게 그분이 구원자로의 모습을 그려내고 있습니다. 그러면 인간의 불가능을 더욱 이야기하고 있는 것입니다. 성령이 임하면 그가 기억나게 한다고 했습니다. 죄에 대하여, 의에 대하여, 심판에 대하여. 죄에 대하여라고 함은 예수님을 믿지 않는다고 했습니다. 알기는 알지만 믿음을 가진다는 것은 어려운 일입니다. 믿음은 보이지 않는 성령 같은 것이기 때문입니다. 우리가 구원을 위하여 할 수 없는 것을 받아들이기 시작하면서 자연스럽게 구원자에게로 향하는 것을 믿음이라고 합니다. 이런 작용을 하는 것이 성령의 작용입니다. 구원에 있어서 조금이라도 보탬이 된다거나 나의 의로운 것이 적을지라도 그것이 구원의 그 어떤 소재가 될 수 없다는 것을 보게 하고 듣게 하고 경험하게 되는 배경 속으로 들어가서 직접 방주의 주인공으로 알게 하여 불가능한 것을 이 세계에서 계속해서 했어야 하는지까지도 알려주신다는 것입니다. 그러면 그동안 해왔던 신앙이라는 행동 자체의 오류를 경험하게 되는 사건이 벌어집니다. 이 사건이 벌어지지 않는, 의문을 가지지 않는 자들에게서는 질문이 생기지 않습니다. 어떤 질문과 고민이 형성되게 성령이 이끄냐 하면 광야 시험받던 그 지점으로 우리를 데려다 주십니다.

마 4:3 시험하는 자가 예수께 나아와서 이르되 네가 만일 하나님의 아들이어든 명하여 이 돌들로 떡덩이가 되게 하라

우리가 우리의 주인에게 계속해서 떡을 요구하게 됩니다. 떡을 더 받으려고 부지런히 노력하고 고함도 지르고 협박도 하고 불평도 합니다. 짜증과 온갖 죄의 덩어리를 쏟아 내놓고 있습니다. 너의 은혜가 족하다를 알아먹을 때까지. 하지만 성령을 받은 자는 나의 악마성을 이 과정 속에서 알게 됩니다.

마 4:4 예수께서 대답하여 이르시되 기록되었으되 "사람이 떡으로만 살

것이 아니요 하나님의 입으로부터 나오는 모든 말씀으로 살 것이라 하였느니라" 하시니.

우리는 마귀의 시험에 전부 넘어져서 돌을 떡이 되고도 남도록 구한다는 것입니다.

마 4:6 이르되 네가 만일 하나님의 아들이어든 뛰어내리라 기록되었으되 "그가 너를 위하여 그의 사자들을 명하시리니 그들이 손으로 너를 받들어 발이 돌에 부딪치지 않게 하리로다" 하였느니라 (시 91:11,12).

우리는 계속해서 십자가에서 돌아가신 예수님을 소환합니다. 신규 아이템을 구하는 것처럼, 그분이 말씀하신 그 말을 소환하여 나의 말로 삼는 시도를 끝없이 행합니다. 어떻게 하냐면 그 말씀처럼 살아도 보고 그 말씀처럼 실행하여 따라서 살아가는 것을 가치로 여겨봅니다. 이것은 그분 예수님의 십자가 이전의 삶으로의 역행이라는 것을 알아야 합니다.
예수님이 살아생전에 말씀하신 모든 것은 그렇게 살아내라는 것이 아니라 본인의 의를 드러내고 설명하신 것입니다. 인간은 창조주의 기준대로 살 수가 없습니다. 그런 분께서도 십자가에서 그렇게 사는 것이 아니야라고 죽으셨습니다. 우리를 위하여 달려 돌아가신 것이 아닌, 그건 너희가 살아야 하는 모습이 아니라 내가 살았던 것은, 예수님의 삶이 너희 역사 속에서는 죽는 것으로 드러나야 한다는 것입니다. 왜냐하면 죄인이 할 수밖에 없는 건 죄밖에 없고 그것을 위하여 위인 하나가(예수) 죽어 그들을 살려내야 하기 때문입니다. 그래서 로마서에 바울이 "율법(계명)이 도리어 사망이 되었다"고 말합니다.

마 4:9 이르되 만일 내게 엎드려 경배하면 이 모든 것을 네게 주리라

예수님이 마귀에게 경배를 하면이라는 설정의 시험을 넣었을까 생각해 봐야 합니다. 본인이 창조주의 족속인데 왜 이런 이상한 그림을 넣었을까? 앞에서도 말한 바와 같이, 이것까지 전부 3가지 시험은 우리가 출애굽 당시에 전부 시험하여 불합격했던 것입니다. 마태복음에서 예수님은 반대로 광야 시험에서 전부 통과하십니다. 이 사건의 기록으로 보면 예수님은 우리와 다른 존재라는 것을 정확하게 설명하십니다. 창조주와 피조물, 그분의 영광을 위하여 존재되는 인간과 다른 말씀을 하십니다. 하지만 우리는 엎드려 경배를 합니다. 마귀에게, 하나님에게, 예수님에게. 이런 것은 예수님의 십자가를 모독하는 것과 똑같습니다. 그런데 우리 삶에 늘 나타나는 현상입니다. 이것을 성도의 고난이라고 합니다. 내 몸이 사망으로 드러나는 것을 직접 작동하는 원초적 본능을 보고 산다는 것, 이 사망에 몸이 자꾸 그리로 데려간다는 것.

로마서 7:24 "오호라 나는 곤고한 사람이로다 이 사망의 몸에서 누가 나를 건져내랴"

그럼 우리가 율법의 기복적 행위를 이제 어떻게 표현해야 할까요? 이런 것은 그냥 헌신이라고 말을 바꾸어야 합니다. 하지 않아도 되는 것들을 행함으로 오히려 잘났다고 여기기 쉬워 넘어지는 것들이 대부분입니다. 차라리 교회에서 건물을 늘린다거나 시간을 내 봉사하거나 헌금을 내는 것에 있어서 아무 도움이 되지 않는다고 말해야 합니다. 당신의 구원에 아무것도 유익이 되지 않는다고 꼭 설명해야 한다는 것입니다. 장로, 집사, 권사, 직을 받을 때도 너희는 더 죽었다고 알아야 합니다. 이렇게 했으니 상급을 더 받

는다는 이상한 소리를 하는 것은 1번째 항목에 딱 걸리게 되고, 그 문제의 행위적 본질을 예수님께서 이겨서 우리에게 알려주지 않는 현상이 벌어지면, 당신은 사생아라는 것을 알아야 합니다. 그분이 시험에서 통과한 것을 우리가 어떻게 똑같이 써먹습니까? 우리가 시험에 안 되는 것을 그분이 들어주려고 했다는 거죠? 어떻게 창조주가 피조물을 위해 존재해야 합니까? 이것을 가르쳐 주질 않아요, 다음 의, 아버지께로 가신다고 하셨습니다. 육체로 죽고 살리는 영으로 다시 오시는 것입니다. 이것이 안 오면 이렇게 설명할 수가 없게 됩니다. 다시 와서 예수님의 말씀을 기억나게 한다고 하셨기 때문입니다. 이렇게 안 되면 열심히 예수님이 행했던 모든 것을 율법, 계명 인체로 우리가 무겁게 지고 살아가야 하는 일이 발생됩니다.

이게 그럼 무슨 굿 뉴스, 복음입니까? 베드 뉴스지, 사망에 말씀이 되는 것입니다. 그럼 계속해서 그렇게 육체를 사용하여 끝까지 그 말이 바뀌지 않는다면 한번 생각해 보십시오. 나에게서 율법인 예수가 죽었는지, 그분의 행함이라는 역사 속 모습이 십자가에 죽어 내 속에서 다시 살아나셨는지, 다시 말씀으로 그 십자가로 완성이 되어 살리는 말씀으로 살아있는지를.

구원은 성령이 알게 하시고, 그 아는 것을 믿는 게 믿음이라고 합니다. 보이지 않고 인정하는 것, 내 것인 양 자랑을 할 수 없이 나타나지 않고도 믿는 것. 그것을 쉽게 보게 하는 메신저로서 비둘기가 동원이 되는 것입니다.

비둘기, 촛대의 불, 기름, 지혜 등이 사용되는 것은 그 아들들에게 알아볼 수 있는 메신저로 성령이 탑재된 그 눈으로 귀로 들을 수 있는 것으로만 알아볼 수 있는 메신저라는 것입니다.

친구를 위하여

골로세서 3:1 그러므로 너희가 그리스도와 함께 다시 살리심을 받았으면 위의 것을 찾으라. 거기는 그리스도께서 하나님 우편에 앉아 계시느니라
3:2 위의 것을 생각하고 땅의 것을 생각하지 말라
3:3 이는 너희가 죽었고 너희 생명이 그리스도와 함께 하나님 안에 감추어졌음이라

우리는 하늘을 보며, 우러러 살아갑니다. 하늘의 변화에 민감하고 그 변화에 영향을 받고 살아갑니다. 하늘에는 별들이 이동하고, 엄밀히 말해 지구가 태양의 영향을 받아 움직이며 다른 모습을 그려내고 합니다. 하늘에 올라가기 힘들고 이동하기도 힘이 듭니다. 그래서 하늘은 멀지만, 우리 머리에 위치하여 우리가 쳐다볼 수밖에 없는 그런 상징적 구조로 자리하고 있습니다. 가지기 힘든 고유의 상징적 영역, 해석하기 어렵고 각자 다른 하늘의 모습을 가지고 있어도 공통된 모습으로 항상 거기에 있는 그런 영역으로 존재하고 있었습니다. 지금도 우주로, 하늘로 올라가는 것을 제작하기에는 어렵고 많은 시간과 물질이 소요됩니다. 그렇게 올라간다 해도 통제하기 어렵고, 위험한 것들로 진행되고 있습니다. 이 위태로운 형태를 인간이 다루는 것은 무척 힘들어 보입니다.

어쩌면 기적의 일부분인지도 모릅니다. 앞서 말씀하신 '위의 것을 생각하고 땅의 것을 생각하지 말라'는 것이 그 어디에 있는 존재적 상징의 모습, 그 모습이 하나님과 그리스도의 형상이 어떤 것으로 존재한다는 말씀일까요? 그럼 어디엔가 존재적 힌트가 있어야 하고, 제임스웹 및 허블이라는 망

원경에 의해 관측돼야 할 겁니다. 아니면 깜깜한 우주 하늘 속에 토성 하나 제대로 볼 수 없는 그 실마리를 그냥 하나님 나라라고 던진다면, 말씀의 구조적으로 볼 때 문제가 됩니다. 성경이 만들어질 시기에도 보여야만 하기 때문입니다. 아니면 거짓말이 되는 것이고요. 사도 바울이 그 힘든 여정 속에서 보이지도 않는 나라에 관하여 그런 거짓말을 했을 거라곤 생각지 않습니다. 여기 있다 저기 있다의 문제로 보아서는 안 된다는 것이 해석학적 답이 생성되는 것입니다. 이것은 인간의 오감으로는 느끼기 어렵다는 말과 흡사 비슷합니다. 아니면 보이지도 않는 것을 있다고 우기는 것이 됩니다. 앞서 말한 '그리스도와 함께 하나님 안에 감추어졌음이라'는 말씀은 보일 만한 어떤 것으로 존재한다는 간접 증거가 되고, 물리적 한계를 넘는 그런 어떠한 것으로 나타냄을 내포하고 있다는 것입니다.

골로새서 3:4 우리 생명이신 그리스도께서 나타나실 그때에 너희도 그와 함께 영광 중에 나타나리라

4절에 나타나신다고 하죠? 감추어졌다 보이는 그런 말씀인 거죠. 그럼 2천 년 내내 보인 적이 있고 없고를 반복하고, 그것도 기록에 있어야 하는데 그런 일이 없었다면 2천 년 동안 한 번도 이 말씀이 통용되지 못한 채 그냥 없어도 되는 말씀일까요? 천문학들에 따라 관측이 되어야 한다는 거죠. 나타났다면.

눅 17:21 또 여기 있다 저기 있다고도 못하리니 하나님의 나라는 너희 안에 있느니라

인간이 느끼는 오감으로는 포착이 되지 않는 그 어떤 것이 형성되어 있다

는 말씀으로의 접근을 해야 합니다. 인간은 자기 자신의 기준을 정하여 그것으로 이해하려는 강력한 자아로부터 존재합니다. 이것 또한 어떤 특성을 설명하는 도구로써 해석되는데, 그냥 이런 원리로 이해하고. 자아의 내면에서 나타나는 나의 자아를 관측하는 방법으로의 전환이 어려워지는 것이고, 우리가 보는 것에는 한계가 있습니다. 밤이라는 어둠과 거리라는 두 물리적 한계가 있습니다. 듣는 것 또한, 냄새를 맡는 것 또한, 각각 오감에 한계가 있습니다.

이 한계를 넘어서는 사람들이 종종 있습니다. 그들은 그 기관이 몇 배나 발달하여 있습니다. 쉽게 주변의 동물들에게도 우리보다 몇 배나 뛰어난 감각을 가진 동물들이 많이 있습니다. 멀리 보는 독수리와 멀리서 들리는 소리를 듣는 개들도 있습니다. 이들은 모든 소리를 듣고 모든 사물을 그렇게 듣거나 관측하지 않습니다. 특정 관심이 있는 소리나 목표를 정하여 관측합니다. 우리가 듣지 못 하는 소리가 많고 보지 못 하는 것들이 너무 많다는 것입니다. 그럼 반문하여, 그래 있었는데 우리가 하늘나라를 못 본 거지 라고 성급하게 결론 내면 안 되고, 모든 것을 다 듣고도 모든 것을 다 보아도 동물처럼 짐승처럼 이해 못 하는 것이 또한 우리 인간이라는 설명을 간접적으로 나타내 주고 있는 것입니다. 원래 있었던 것, 존재하고 있었고 항상 언제나 태초 전부터 있었습니다. 그 나라는 어디에? 우리의 뇌를 약 5% 정도만 사용한다고 합니다. 그래도 살아가는데 문제가 되지 않는다는 말이지만, 나머지는 인체의 신비를 감지하는 다른 기능적 모습으로 사용될 수 있습니다. 다른 것을 지각하는 능력, 지혜를 받아들이는 능력으로도 사용될 수 있다는 것입니다. 오감의 한 개를 넘어서 다른 것을 인지하고 사고하여 해결되지 않는 문제를 풀어내는 능력으로 사용될 수 있습니다.

우리는 그들을 천재라고 합니다. 많이 사용할수록 더 멀리 보고 더 멀리 느끼는 것이 사실입니다. 그럼 보이지 않았던 것을 보게 되고 느끼게 되는 것입니다. 그러니 우리의 보통 인간이 얼마나 알지 못하고 느끼지 못한다는 결론이 나타납니다. 이렇게 정의된 것으로 성경을 접근한다면 조금이나마 이해하는 데 도움이 될 수도 있습니다. 우리 이전에 살았던 수많은 사람들의 기록을 보면, 그들이 얼마나 깊은 철학과 삶의 진리를 연구하고 탐미하였는지 문학, 예술, 음악, 종교에서 찾아볼 수가 있습니다. 그들은 단지 주어진 환경에서 온 힘을 다하여 삶을 살아내고, 그들이 느낀 것을 표현해 내고 있던 것입니다. 당대에 인정을 받았던, 받지 못하여 가난하게 살았던 사람이라도, 그 속에서 나타내고자 하는 그 열망이 그들의 삶에 녹아서 하나의 작품으로 탄생하고 있었습니다. 각자가 받은 분량대로 본인이 느끼고 갈망하는 그 에너지를 자신이 가지고 있는 역량대로 표출하고 있다는 것입니다. 다만 그들의 세계,

그들의 모습에서의 향기, 그들의 나라를 구축해 가는 것을 우리는 많은 위인과 예술인으로부터 알 수 있습니다. 물론 우리가 좋아하는 사람들만 있었던 것은 아닙니다. 그려지는 모습이 선하기도 하고 악하기도 하며, 때론 광적인 혐오스럽기도 합니다. 합의하고 그것을 정의라는 목적을 조금만 넘어서 본다면, 모든 것 자체가 하나님 말씀의 죄라는 것에 전부 걸려 넘어지는 것처럼 됩니다. 심지어 일반인에게도 그것들이 나타내고 드러날 때가 있습니다. 합의한 정의에 글자를 지우면 타인을 죽여야 내가 잘되는 생각이 들고, 나를 방해하는 모든 이들에 대한 반감 및 차별에 대한 모든 것들이 이에 해당합니다. 죄를 다스릴 수 없어 표면으로 폭발하여 나타난 것들을 우리는 쉽게 볼 수 있으며, 결국 내 안에, 내 속에 꿈틀대는 죄라는 것을 직시하게 됩니다. 이런 것들이 어느 때곤 나타나는 것을 예측하며 살아가지도 못합니다. 그냥 다가오는 사건처럼 우리가 받아들이지 못하는 일들이 주변

에서 수시로 벌어지곤 합니다. 우리는 우리가 살아간다고 생각될 때가 너무 많습니다. 우리의 주도하에 이 세상을 끌어간다고 생각합니다. 하지만 조금만 다르게 생각해 보십시오. 우리가 이 지구의 자전을 단 몇 분이라도 멈출 수가 있나요? 우리가 타인의 생각을 읽어 그들의 생각을 마음대로 할 수 있던가요? 우리는 우리가 할 수 있는 것이 어쩌면 거의 없는 것과 같습니다. 심지어 내가 속해 있는 테두리를 벗어난다는 것 자체가 굉장히 힘든 상황입니다. 우리는 이 지구라는 작은, 우주에서 보는 이 작은 별에 한 조각의 비닐처럼 다가오는 시간 속에 물줄기의 흐름에 맞추어 반짝이는 비닐에 지나지 않습니다. 그러다가, 흐름을 다하다가 잡혀 뭍으로 올라가 죽는 고깃덩어리에 지나지 않습니다. 하나님 나라의 그분이 친히 우리의 삶을 통하여 기록되는 모습으로 남기는 나라입니다. 가족으로 기록하시고, 일터로 기록하시며, 관계로 기록하시고, 전쟁, 파괴, 기아, 슬픔, 기쁨과 같이 모든 오감을 통하여 그 뒤에 숨겨진 아버지의 나라를 설명해 가고 있다는 것입니다. 이 세상을 이용하여, 이 세상을 배경 삼아서 본인의 뜻을 드러내시려고 우리를 사용할 뿐입니다.

골로새서 3:5 그러므로 땅에 있는 지체를 죽이라. 곧 음란과 부정과 사욕과 악한 정욕과 탐심이니, 탐심은 우상 숭배니라.

그렇다면 우리가 가지는 세상의 모든 생각 자체가 악이라는 숭배의 나라에 주인으로 살아가게 되는 것이고, 그것을 하나님께서 친히 이끌어 가시는 것을 하나님 나라라고 합니다. 어디로 이끌어요? 그 목적지가 골고다의 십자가가 선 곳, 온 우주에 중심이 파괴되고 혼돈 상태로 초기화되는 그 한곳에서 자기 아들을 죽게 하시는 그곳에서, 봐라 내 아들이 왜 죽는지. 이것을 알고, 보고, 듣고, 직시하는 접점이 생긴다면 당신은 큰 축복을 받은 사람 중 하나입니다. 감추어진 자 중 하나이며, 그런 자들이 하는 공통된 생각은 하늘이신 하나님이 이 땅인 우리의 육체를 사용하여 그려내는 역사가 이 모습이었구나를 알게 됩니다. 누구를 설명하기 위하여. 그 아들 그리스도를 설명하기 위한 것들로 부여받고 태어난 것이 우리이고, 그래서 우리들의 역할은 음란, 부정으로 사용되고, 악한 정욕, 탐심이 이 땅에서 그려지는 것입니다. 그런데 이런 것들에 대하여 누가 죽었나요? 예수님입니다.

골로새서 3:5 그러므로 땅에 있는 지체를 죽이라. 곧 음란과 부정과 사욕과 악한 정욕과 탐심이니, 탐심은 우상 숭배니라.

예수님이 나를 대신하여 죽었다는 것을 믿으라는 것입니다.
땅에 지체가 무엇을 설명하는지 알게 되면 자연스럽게 나와 풀어지는 것입니다. 음란과 부정, 사욕과 정욕, 탐심, 이런 것의 관계가 이제 나를 대신하여 없어졌다는 것입니다. 죄의 값을 지불할 만한 존재는 예수님밖에 없습니다. 우리 몸으로 십자가에 달린다고 해도 해결되는 것이 아닙니다. 그러므로 땅에 음란, 부정, 사욕, 정욕, 탐심의 죄는 그분의 몸으로 말미암아 소멸되었다는 것입니다.

이타적인 눈이 없으면 다른 누군가의 말, 이내 속에서 들리지 않으면 우리가, 우리를 위하여 내 속에 내 말로 나를 해석해버리는 오류가 발생하게 되고, 이렇게 되면 우리는 이 땅에 속하고 갇혀 버리게 됩니다. 내 속에서 들리는 나와 다른 그 무엇이 나를 이끌고 간다는 것을 인정하는 것이 제3의 나라, 볼 수 없는 나라, 만질 수 없는 통치의 나라가 바로 하나님과 그리스도의 나라입니다. 그것은 그분 속에서 철저히 감추어졌고 나타나지 않는 하늘나라입니다.

하늘에 것

마태복음 18:18
18:18 진실로 너희에게 이르노니 무엇이든지 너희가 땅에서 매면 하늘에서도 매일 것이요 무엇이든지 땅에서 풀면 하늘에서도 풀리리라

공간이 있다는 것은 거리가 생기고 질량이 있어 사이가 있다는 것을 의미합니다. 그럼 이곳에서 저곳의 차이로 인하여 시간이 발생됩니다. 많은 사람들은 시간이 흘러간다고 생각합니다. 대부분이 말하고 있습니다. 누구는 시간이 흐르지 않는다고도 합니다. 하지만 성경은 조금 다르게 기록된다는 것을 여러 말씀을 통하여 나타내고 있습니다. 위의 말씀을 상고하다 보면, 하늘에서 계획된 것은 이 땅에 현상으로 반드시 나타날 것이라는 메시지의 성격이 강하다는 것입니다.

마치 서로가 다른 객체로 나누어졌는데, 그곳과 이곳의 공간 차이를 두고 연결되어 확인되는 듯한 현상이 있어서 그곳도 어디엔가 있다고 들릴 수도 있습니다. 조금 다르게 본다면, 마치 벌써 모든 것들이 이루어져서 이곳이 그림자로 반영된다고도 말할 수 있습니다. 왜냐하면 그분이 이 세상을 창조하셨다고 하시고, 위처럼 땅을 기준으로 말씀하시는 것에서 주객을 변경하면, 하늘이 주체가 되어 그곳에서의 일은 반드시 이곳, 이 땅에 나타날 거야. 그래서 너희가 용서하고 사랑하고 미워하는 모든 것은 하늘에 계획된 철저한 이야기들에 포함된 거야. 라고 들을 수 있다는 것입니다.
그곳에 가서 직접 보고 싶은 경험이 충동되는 말씀이 아닌가 합니다. 만약 필자가 제시한 대로 된다면, 사도 바울이 삼층천에 올라간 사건의 전말이

그러하듯이, 우리가 여러모로 편하게 다가오는 것들에 대하여 더욱 깊이 대할 수 있지 않을까 합니다.

우리가 과거로 돌아가고 싶은 이유가 있다면, 대부분 나에게 발생한 문제를 해결하고 수정하고자 하는 뜻이 크다는 것을 알 수 있습니다. 되돌릴 수만 있다면 하는 마음을, 평생 모든 사람이 다 가지고 있을지도 모릅니다. 가족들 간의 관계에서도 그렇고, 사회의 사람들 간에서도 그렇습니다. 이러한 상처를 가지고 살아가는 것을 후회한다고 합니다. 어쩌면 우리의 인생은 이 점을 각인시키기 위하여 이곳에 들어왔는지도 모릅니다.
되돌릴 수 없는 시간, 네, 물론 시간이 흐른다가 아니라, 제가 말하는 그 점은 우리 인간에게서 오는 상처, 트라우마의 발생과, 이에 따른 고난의 숨겨진 의미와 회복에 대한 것을 말하고자 하는 것입니다.

히브리서 12:6
"주께서 그 사랑하시는 자를 징계하시고, 그의 받아들이시는 아들마다 채찍질하심이라 하였으니."

성경은 분명 말하고 있습니다. 고난이라는 단어, 고통, 아픔, 슬픔 그리고 눈물. 예수님도 눈물을 흘린 사건이 여러 번 있었다는 것을 우리는 압니다. 공간의 차이로 시간이 발생되어, 그 차이에서 벌어지는 사람의 죄, 그리고 우리의 이기적인 욕심에서 발생되는 상처가 서로에게 아픔으로 발현된다는 말씀입니다. 그러면 시간이 좀 흘러가는 것 같아도 됩니다. 아니, 시간 속에서 우리가 24시, 12달 그렇게 그냥 인정해도 됩니다. 아니라고 해도 달은 오늘도 공간 사이를 돌고, 지구는 내일도 돌아서 볕이 들게 됩니다. 그리고 지난 것이 있다면, 잊은 것이 있다면, 그것대로 우리에게 말하고자 하는 것이 없을까요?
우리의 행동으로 이 세상이 그렇게 크게 바뀌던가요? 오히려 우리의 죄성만 드러나지는 않나요?

요한복음 8:23
"예수께서 이르시되 너희는 아래에서 났고 나는 위에서 났으며, 너희는 이 세상에 속하였고 나는 이 세상에 속하지 아니하였느니라."

인간은 자꾸 하늘에 가고 싶고, 그분과 같이 되고 싶은 본성이 있나 봅니다. 그래서 에덴에서 선악과를 먹은 사건으로 하나님을, 창조주를 넘어서려는 시도는 아직도 이곳에서 계속하여 벌어지는지도 모릅니다. 하늘에 속한 자가 이 땅에 속한 우리들에 대한 끝없는 확인 작업을 멈추지 않는다는 것으로 말씀하시는 것 같습니다. 그 확인 작업은 우리에게 고통과 고난이라는 짐이 더해져 우리의 삶에 깊숙이 간섭하고 있다는 것을 알 수 있습니다. 인간이 누려야 할 이 땅의 모든 것이 다 준비된다면 우리는 그렇게 싸우고 다투고 치열하게 살지 않을지도 모릅니다. 불완전한 이 비관론적 환경이야말로 도리어 그 나라, 완전한 그 나라의 필연성을 드러내는 것과 동시에 이 땅에서는 그로 인한 결핍에 병들어 가는 우리를 볼 수 있게 됩니다. 이 땅의 것에는 공간이 있어야 하고 시간이 흘러야 한다는 것을 의미합니다. 그곳에서 홀로 생각하며 버려지기까지 하고, 외면당하며 슬프고 괴로운 우리의 현실을 보낼 시간이 어쩌면 필연적이라는 것을 말하는 것입니다. 땅은 원래 그런 자들을 위한 공간이 되어서 다른 곳으로 갈 수 없는 유한을 상징하는 것 같습니다.

반대로 하늘이라는 곳에서 난 그분은 그 어떤 공간에 있어도, 그 어떤 시간에 있어도 상관없다는 말로 읽어집니다. 이 땅에 속한 것과 반대라고도 할 수 없는 그 존재는 어쩌면 그 치유와 회복, 그리고 영생이라는 키워드로 모든 것을 부정합니다. 공간도, 시간도, 이곳에 나타나는 사건의 종류와 현상을 단번에 왜곡시켜 버리는 그런 인물임이 틀림없다는 것입니다. 그분이 이 세상을 창조하였다는 것입니다.

그분이 이 땅에 와서 물 위를 걷고, 떡 다섯 개와 일곱 개, 그리고 생선 두 도막을 축사하여 펼친 것을 듣고 있으면 마치 공상 영화처럼 이 땅에는 어울리지 않은 듯합니다. 오히려 왜 이런 고통과 슬픔이 끊임없이 나타나는가? 왜 창조주와 그분의 가족들은 이렇게까지 이곳을 그려 나가고 있는가에 대해 의문을 가질 때가 너무 많습니다.

동양사상의 핵심은 인간이 하늘의 이치를 깨달아 땅을 조화롭게 실천하여 완전함으로 나아가라는 것일 겁니다. 마치 인간이 하늘이신 창조주의 뜻을 알아 이 세상을 구원하는 대리자로 살아야 한다는 의미인지도 모릅니다. 그럼 위의 말씀이 조금 이상한 구조라는 것을 의미합니다. 오히려 인간이 아닌 예수님만이 가능할 것이라는 단정이 더 어울립니다. 그래서 이런 학문과 철학은 더욱더 그분(예수)을 지명하게 향하고 있다는 것을 확신합니다.

인간은 먼저 말씀하셨듯이, 우리가 불가능한 것을 아시고 그것에 대한 깊은 이해 속에서 "우리가 한 것이 아니었구나"를 깨달아 가는 것을 목적으로 하는지도 모릅니다. 우리의 가슴속에 그분의 영, 성령이 역사한다는 것이 조금씩 그 모습을 드러낸다면, 잘난 척하지 말고 도리어 "왜 나는 항상 되지 않았나?"라고 물어보십시오.

요한복음 3:12
"내가 땅의 일을 말하여도 너희가 믿지 아니하거든 하물며 하늘의 일을 말하면 어떻게 믿겠느냐?"

어느 가정은 부모 능력의 부재로 인하여 그 맏이가 식모살이부터 억척같이 어렸을 때부터 그 집안의 가장으로 모든 경제적인 책임을 다하였습니다. 동생들 뒷바라지하느라 본인도 정작 하고 싶은 것보다 남을 위하여 이타적인 삶을 살아간다는 것은 너무 많은 시험과 고통이 수반됩니다. 말씀처럼 한 알의 밀이 땅에 떨어져 죽어 많은 가족의 열매가 난다는 것을 그 삶으로 살아 냈습니다마는, 그렇게 열심히 사셔서 이제는 부자로 살지 않아도 될 만한데, 아직도 짐처럼 주변 사람들과 비교되는 것이 싫은 것인지 일을 멈추지 않으십니다. 몸은 말할 것도 없이 이곳저곳 성한 데가 없습니다. 그래도 쉬지 못하시는 것은 그 하늘의 일이 땅으로 드러남을 어쩌면 믿지 못하시는 것은 아닐까 생각됩니다. 자식을 위하여, 동생들을 위하여 그렇게 스스로를 죽여서 살려 놓았다면, 이제는 그 받았던 분들이 이분을 편하게 가르쳐 드릴 차례가 아닌지 합니다. 물질보다 그 위에 그것이 말하는 진리의 말씀이 무엇인지, 오랫동안 결핍된 가정에서 어떻게든 살아낸 우리의 선배들을 위하여 배우고 깨달은 우리가 이제 그 뜻을 푸는 것이 하늘에 풀어내리는 것이라고 생각합니다.

필자의 부모님 또한 전쟁통에 가지고 계신 것 없이 맨몸으로 시골에 논과 과수원을 이루어 내셨습니다. 그래서 저는 어릴 때는 부자집 막내아들로 그림을 배우고 음악을 좋아하며 글쓰기를 좋아했던, 그런 선비 같은 시간을 보냈던 적이 있었습니다. 하지만 부모님의 노년에 자식들에 대한 묵묵한 기다림과 IMF 사태 전에 투자한 것이 회수되지 않음으로 인하여 저희 집은 기울었고, 거의 내가 열심히 일을 하지 않으면 안 되는 상황으로 강박해져 갔습니다. 우리 형제들은 아마도 한 알의 밀알의 죽음으로 그려지지 않은 것 같습니다. 부모의 희생으로 자녀들이 장성하였지만, 우리는 어쩌면 전자의 상황과 상반된, 너무나도 다른 환경을 맞이하였다는 것입니다. 이렇게 상반된 상황에서 필자는 결혼 전 부모님 두 분을 먼저 떠나보내야 했습니다. 하지만 저희 가정은 남겨진 재물은 적지만, 그분들이 다른 것을 받았다는 것을 느끼게 되었는데, 물질이 말하는 그 본연의 사랑이라는 궁극이 우리 서로의 가슴에 살아 있다는 것을 알기 시작하였습니다. 자식에게 책망하지 않고, 용서와 기회를 인내로 우리에게 대하셨다는 것을 알 수 있습니다. 오래전 아버님의 자녀를 북에 놓고 온 상실에 대한 상처가 아무래도 저희들에게 다정하게 대하신 이유가 아닌가 합니다. 저에게는 너무 짧은 부모님과의 시간이 상처로 남았지만, 받은 것을 말하는 것에 대해서는 아직도 서투른 듯합니다.

우리는 아직도 이 땅에서 그려내는 그것들을 잘 모릅니다. 우리의 시간은 아마도 이런 것들을 뒤돌아볼 수 있도록 주어진 특별한 선물이 아닐까 합니다. 서로가 다르게 우리의 삶의 모습을 이 땅에 그리는 것은, 그분이 우리와 같이 있고 싶은 것이 아닐까요? 오히려 서로가 다른 것이 아닌, 같은 모습을 다르게 나누어 어느 이에게는 재물을 이어가게 하고, 누구는 사랑이라는 흔적을 이어가게 하여, 이 둘이 말을 나눌 때 서로가 잃었던 것을 알아가는 게 아닐까 합니다. 이런 과제가 우리의 삶에 걸쳐 하늘은 말하는지도 모릅니다.

마16:19
"내가 천국 열쇠를 네게 주리니 네가 땅에서 무엇이든지 매면 하늘에서도 매일 것이요, 네가 땅에서 무엇이든지 풀면 하늘에서도 풀리리라."

예수님의 하늘의 일은 아마도 그분이 우리에게서 나타내고자 하는 사랑이라는 대주제가 이 땅에 어떻게든 아름답게 펼쳐지기를 원한 듯합니다. 그래서 우리의 결핍과 부족이 도리어 하나로 묶어내는, 그분의 십자가처럼 비슷하지 않을까 합니다.

인간의 이 유한하고 연약한 인생을 서로가 다 다르게 그려놓고 이어가려는 노력은, 우리의 스스로가 아닌 그분이 십자가에서 스스로를 죽음으로 원래의 아버지와의 화목을 이어간 것 같이, 우리 가정의 갈등과 결핍이 도리어 그분의 당위성을 찾는 과정, 즉 자기로의 회복을 말씀하는지도 모릅니다.

사회가 어지럽고 교회가 문을 닫는 이 시대에 어둠이 깔려 있어도 그 하늘은 사라지지 않는다는 것을 우리는 알고 있습니다. 이 땅의 시간을 초월하여 간섭하시는 그분이 이 암울한 시대에 그려내고 있는 이 세상의 그림은, 그래서 더욱더 사랑을 요구하는지 모릅니다.

현재 지도자의 부재로 인한 많은 경제적 손실과 신뢰의 무너짐은 그 대가가 앞으로 크게 나타나게 될 것입니다. 교회의 부재는 이제 우리의 삶에서 넉넉함과 부의 상징이 사라지고 있음을 알리는 메시지라는 것은 어느 목회자라도 알고 있습니다.

이렇게 서로의 아픔을 안고 피어나는 아름다운 매화처럼, 지금도 봄은 멀게만 느껴지지만, 이 또한 그분이 말하고자 하는 뜻이 숨어 있는 것이 아닐까요?

"나(예수) 아니면 안 된다"는 반문을 세상의 옷으로 입혀주시듯 드러내고 있지는 않을까요?

그것을 우리가 보고 알고 깨닫는다면, 이제 우리 모두가 서로에게 향하는 메시지는 이런 것이 어떨까요?

사랑한다고, 그분도 우리를.